INTRODUCCIÓN A LA LITERATURA

LITERATURA  Y SOCIEDAD

DIRECTOR
ANDRÉS AMORÓS

Colaboradores de los primeros volúmenes

ANDRÉS AMORÓS

Introducción a la literatura

Zurbano, 39. Madrid-10. Tel. 419 89 40

Impreso en España - Printed in Spain
por Unigraf, S. A. Fuenlabrada (Madrid)

Cubierta de Víctor Sanz

I.S.B.N.: 84-7039-324-3
Depósito Legal: M-41156-1979

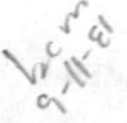

INDICE

"Sin la literatura, ¿qué sería de la vida?"

Charles du Bos

"¿La Literatura? ¿La Vida? ¿Convertir la una en la otra? ¡Qué monstruosamente difícil!"

Virginia Woolf

"En fin, literatura..."

Julio Cortázar

PRÓLOGO

ESTE LIBRO no pretende ser un manual, sino un ensayo.

Eso ha supuesto tres cosas: limitar la erudición, emplear un lenguaje no especializado y no eludir las opiniones personales.

Ante todo, quizá se sorprenda algún lector de que un libro sobre este tema no tenga ni una sola nota a pie de página. Espero me conceda que, por muy grande que sea mi ignorancia, me hubiera sido fácil multiplicar esas notas: hoy, cualquier manual de uso corriente en España o cualquier revista francesa proporcionan bibliografía suficiente para impresionar al ingenuo lector. No he querido hacerlo. El poner notas a pie de página puede llegar a convertirse en un vicio, que no tiene límites en sí mismo —como el deseo de poder o de dinero, a diferencia de lo que llaman la lujuria y la gula—: unas notas remiten a otras, como una composición "en abismo" (la etiqueta de leche condensada donde aparece una chica que tiene en la mano un bote con una etiqueta...), y el espacio de las notas se va comiendo el destinado al texto. Además, si hubiera entrado por esa vía, un libro sobre este tema se hubiera convertido en esclavo de la última novedad o la última rareza para quedar bien, demostrando que las conocía...

Sí hay en este libro, en cambio, muchas citas; no se trata —espero— de adornos eruditos, sino de recordar testimonios que me parecen interesantes, frases que me gustan. Si se saben entender, creo que la elección de estas citas —y no otras— revela, claramente, un sistema de preferencias. Son más numerosas, me parece, las citas de creadores que las de críticos.

Al no incluir la referencia exacta de estas citas, me ha parecido conveniente añadir, al final, una bibliografía de carácter general. Una vez más, tengo que insistir en que no he tratado, con ella, de epatar a nadie, sino de ser útil. No me refiero, por tanto, a libros en checo o en finlandés, ni a artículos publicados en revistas extrañas. Cito sólo algunos libros bien conocidos y fáciles de conseguir.

Es frecuente, hoy, que los libros de teoría literaria empleen un lenguaje abstruso, una nueva jerga absolutamente incomprensible para el no especialista. Mi intención ha sido la contraria: usar un lenguaje común, al alcance de cualquier lector, sin neologismos, diagramas técnicos ni fórmulas matemáticas.

Creo que cualquier lectura mínimamente reflexiva de una obra literaria supone plantearse algunos problemas de tipo general, sin necesidad de ser un especialista. Este es, pues, un libro de lector y dirigido a lectores; por eso, he buscado a toda costa la claridad, aceptando el riesgo de que me acusen de superficialidad o de ignorancia.

¿Hay algo personal en este libro? Me temo que menos de lo que hubiera querido, pero espero que algo, sí. Ante todo, he procurado repensar personalmente unas cuestiones que se han debatido mil veces, a la luz de algunos testimonios escogidos, y espero que el lector haga lo mismo, para sacar sus propias conclusiones.

Para esto, parto de unos ciertos conocimientos de historia literaria, refiriéndolos sobre todo —pero no exclusivamente— a la literatura española. Parto, también, de la afición a la literatura actual, a la literatura viva.

No me parece justo imponer un esquema ideológico previo, sea el que sea, a la realidad plural de la literatura. Insisto en proclamar algo que es obvio, pero que se olvida con demasiada frecuencia: existen muchas clases de obras, de autores, de lectores, de técnicas, de realizaciones estéticas, de funciones que puede desempeñar una obra literaria.

Por supuesto, los distintos temas imponen un tratamiento algo diferente. Por eso, algún capítulo —en concreto, el cuarto y el quinto— me han exigido multiplicar el panorama de opiniones críticas. Algún otro, en cambio —el final—, ha permitido prescindir de ellas en gran medida.

El lector advertirá —estoy seguro— que no hay en este libro fundamentos sólidos, definiciones seguras, doctrinas vertebradoras. No hay aquí una "teoría" coherente. Si se puede hablar de "estética", será sólo la que definió como más adecuada Gaëtan Picon: la nacida de la experiencia —en este caso, de la lectura—, de la familiaridad con algunas creaciones artísticas clásicas y contemporáneas. Nada más.

No he tenido miedo a incurrir en ese pecado que tantos anatematizan: hacer literatura sobre la literatura. ¿Qué otra cosa podía hacer? Y, aunque no las proclame expresamente, creo que quedan claras algunas de mis preferencias: Cortázar, Proust, Durrell, Pedro Salinas, Virginia Woolf... Espero que, en todo caso, alguna página —o algún párrafo, por lo menos— sean míos de verdad, al margen del inevitable acarreo erudito.

Valga lo que valga, en la labor crítica que uno realiza hay varios niveles diferentes: la colaboración periodística, el artículo de erudición histórica, el libro para estudiosos... Este libro, me parece, es otra cosa: por el deseo de ser útil a un sector amplio de lectores (en eso conecta con mi *Introducción a la novela contemporánea*) y por la insensatez —de la que soy muy consciente— de atreverse con un tema así.

Como todos los libros auténticos, incluso los que son tan aburridos como éste, responde a una trayectoria biográfica. De alguna manera, siento que supone una cierta conclusión de una etapa: antes, no me hubiera atrevido a escribir un libro así, y, menos, a no poner notas a pie de página. Antes, además, publicarlo hubiera podido ser muy perjudicial para mi carrera académica; eso, ahora, me importa muchísimo menos.

Detrás de un libro como éste hay un cierto caudal de lecturas, unos años —que ya no son pocos— de lector. Esa es, en mi opinión, la única base del crítico o del profesor de literatura: la afición a leer. Para mí, como para todos, supongo, todo este rollo —bueno o malo, ¿quién sabe?— empezó de niño, leyendo cuentos, tumbado en el suelo, junto a una ventana.

Hace algunos años, un escritor amigo me dijo: "A ti te gusta la literatura." Entonces me pareció algo obvio, por mi profesión, pero quizá no lo sea. Hoy sólo puedo añadir que me sigue gustando, que la literatura no es, para mí, una obligación académica ni una tarea de funcionario.

Este libro supone, también, una cierta cercanía a la creación literaria. Lo digo sin presunción, reconociendo mis deudas. He aprendido más sobre la literatura leyendo los diarios de Pavese o de Virginia Woolf, por ejemplo, que a Jakobson o a Goldmann. Me ha enseñado mucho la amistad con algunos escritores (con algunos pintores, con algunos músicos): asistir de cerca al fenómeno de la creación estética es una de las experiencias más extraordinarias que se pueden tener, si uno mismo no posee talento creador.

Detrás de este libro están, también, unos cuantos años de clases: en Madrid siempre, en la Facultad de Letras y en el Instituto "Emperatriz María de Austria", antes. Aunque las clases eran de historia de la literatura española, en las preguntas de los alumnos surgían, siempre, cuestiones generales (no me atrevo a llamarlas teóricas). En cierto modo, este libro es una prolongación de esos diálogos con mis alumnos.

Acabo el prólogo con unos nombres: este libro se ha escrito porque se ha empeñado en ello Federico Ibáñez Soler: desde hace tiempo, nuestra amistad está hecha de trabajar juntos sobre libros —y de afecto.

Dedico este libro a una serie de chicas que me han oído hablar de literatura, a lo largo de los años: Mabel Almansa, María Luisa Cerrón, María Cruz Guerra, María José Izquierdo, Feli Martínez, Menchu Mendizábal, Concha Núñez, Rosa María Olivares, Maribel Sánchez Redondo y Cecilia Yuste. Con esta lista de nombres quiero recordar a todos los que, hablando de literatura, nos hemos hecho amigos de verdad.

Agosto 1979.

I. LA LITERATURA

A PESAR de la televisión, de la ola de erotismo que nos invade y de las drogas blandas, todavía son millones de personas las que leen una novela o un poema, buscando en esa lectura distracción, evasión de sus problemas, belleza, consuelo... A la vez, miles de personas estudian la literatura como una asignatura más de los planes de estudio y se ven obligados a aprender manuales de historia o a leer y comentar textos literarios. Lo malo es que los dos grupos de personas, quizá, sean diferentes.

¿Tiene sentido estudiar unas novelas, unos dramas o unos poemas porque así lo ha decidido el Ministerio de Educación correspondiente? No sería difícil encontrar argumentos de peso contra esta práctica. En todo caso, no es más absurdo que estudiar a unos pintores o escultores porque así lo ha decidido algún experto.

Por supuesto, Cervantes no escribió para dar materia de estudio a los cervantistas; ni Dante, para que se compusieran comentarios a su *Divina Comedia*; ni Proust, para dar ocasión a las explicaciones biográficas o psicoanalíticas de *A la recherche du temps perdu*; ni Cortázar, para que los investigadores intenten descifrar y aclarar las complejidades estructurales de *Rayuela*.

Son, simplemente, libros. Libros que ha escrito un hombre y que leen otros hombres: con placer, con disgusto, con emoción, con aburrimiento. Si el aburrimiento supera ciertos límites, abandonarán la lectura a la mitad. Esto es la base de toda la literatura: el placer que alguien obtiene leyendo lo que otro ha escrito.

Pero, de hecho, existen editoriales, colecciones, revistas literarias, profesores, críticos, cursos de historia literaria, antólogos, sociólogos de la literatura, semiólogos... Para bien o para mal, estos son hechos reales.

Y esta cadena de hechos incluye también que el que lee —por gusto, por obligación, por lo que sea— un libro no se contente con escuchar la voz silenciosa del autor sino que reaccione ante ella, la critique y hasta se plantee cuestiones de tipo general. Por poco aficionado que sea a las abstracciones, no dejará de preguntarse, en muchas ocasiones, si ese libro que está leyendo es realista o no, si refleja la experiencia autobiográfica de su autor, qué tiene que ver con la vida de sus posibles lectores...

Según eso, me parece evidente que no sólo el hecho de aprender o enseñar historia literaria, o de ejercer la crítica, sino cualquier lectura mínimamente reflexiva trae consigo una cierta meditación sobre la literatura: sus funciones, medios, posibilidades, límites... Y esa reflexión no es un simple pasatiempo teórico, sino que condiciona de modo decisivo nuestra actitud como lectores.

Por eso nos volvemos a plantear esas preguntas, tantas veces formuladas. A sabiendas de que —ni nosotros, ni nadie— podremos resolverlas. Las frases de Azorín en *El escritor* son implacables: "El misterio del escritor no lo penetrará jamás nadie. El misterio de la obra literaria no será jamás por nadie enteramente esclarecido." Por supuesto, como todas las realidades —quizá— que verdaderamente nos importan. Seguiremos preguntándonos sobre ellas, sin pretensiones de resolverlas, porque en eso consiste —recordemos el título de Pavese— "il mestiere di vivere". Y, en este caso concreto, sin temor a que se nos eche en cara, seguiremos acumulando literatura sobre la literatura, intentando aproximarnos a su misterio.

Problemática

La literatura es algo esencialmente problemático. Y quizá en la época contemporánea nos hemos hecho más conscientes de ello. No se trata sólo de que la veamos así por nuestra limitación o incapacidad, sino que eso —atrevámonos a reconocerlo— forma parte de su naturaleza. Para Maurice Blanchot, se trata, simplemente, de que la literatura comienza en el momento en que llega a ser un problema. Como afirma en *La littérature et le droit a la mort,* todo puede ser dicho de la literatura, y lo contrario puede ser igualmente verdadero.

Por supuesto, esto puede repeler a cierto tipo de mentes, racionales y lógicas, pero también puede ser —de hecho: es— fuente de su atractivo profundo, para otros. En su maravillosa novela *Muerte en Venecia* (unida ya para siempre a Visconti y Mahler, como ha estudiado magistralmente Federico Sopeña), señalaba, hace años, Thomas Mann que "las masas burguesas se regocijan con las figuras acabadas, sin vacilaciones espirituales; pero la juventud apasionada e irreverente se siente atraída por lo problemático". Confiemos en que esa "juventud apasionada e irreverente" no sea sólo cuestión de edad.

En nuestro país, Guillermo de Torre planteó esta cuestión encuadrándola dentro de un marco más amplio: la crisis del concepto de literatura, la crisis general de nuestra época. La conclusión del crítico era que "la literatura se ha hecho problemática", y así debería ser estudiada; por eso tituló uno de sus libros más divulgados *Problemática de la literatura.*

Intentemos no ponernos apocalípticos: ¿es esto una novedad de nuestro tiempo? ¿Ha habido alguna época en la cual la literatura no haya sido, en lo íntimo, problemática? Por supuesto, esos problemas adquieren, hoy, tonalidades distintas, matices peculiares, de acuerdo con los cambios —objetivos, demostrables— que se han producido en nuestro mundo, y podemos entenderlos, ya, de modo algo distinto. Pero, en el fondo, ¿no era problemática la literatura para Juan Ruiz, para el innominado autor del *Lazarillo,* para Quevedo?

Bastará un paso más —y muy lógico, por cierto— para afirmar, como hace Jean Tortel, que la literatura es tan oscura como el hombre, que vive en la contradicción. A estas alturas, no parece que esta idea, con la que nos han familiarizado tantas corrientes del pensamiento contemporáneo, resulte escandalosa o intolerable; simplemente, debemos aceptarla, a la vez, como nuestra miseria y nuestra grandeza.

"El objeto de la literatura es indeterminado, como el de la vida", escribía Paul Valéry hace cuarenta años. Pero no se trata sólo de un *objeto.* Admitamos, sin más, que la literatura, como toda obra humana, como el hombre, vive en la contradicción. Y que nos interesa en la medida en que es problemática.

UN ARTE

En un trabajo justamente famoso, Robert Escarpit ha intentado precisar el término "literatura", desde sus orígenes hasta las distintas acepciones que se le han dado, a lo largo de los siglos: la cultura, la condición del escritor, las "belles-lettres", las obras literarias, la historia literaria, la ciencia literaria... En la segunda mitad del siglo XVIII se produjo un cambio semántico decisivo: la palabra pasó a designar una actividad de un sujeto y, de ahí, un conjunto de objetos. Ya a fines del siglo, pasó a referirse al fenómeno literario en general, no circunscrito por naciones: "literatura" llega así a ser la designación genérica que abarca todas las manifestaciones del arte de escribir.

Por supuesto, hablamos hoy de "literatura" refiriéndonos al conjunto de obras literarias de un país (literatura griega, inglesa); de una época (literatura medieval, contemporánea); de un género (literatura dramática, didáctica). Del mismo modo, podemos referirnos, también, al estudio y análisis de la creación literaria.

Para no perdernos en matices semánticos ni en teorías discutibles, quizá convenga buscar un punto de partida más firme. Ante todo, recordemos que no estamos tratando de abstracciones sino de obras concretas, producidas por el hombre. Rafael Lapesa nos proporciona la fórmula, sencilla y clásica: "Obra literaria es la creación artística expresada en palabras, aun cuando no se hayan escrito, sino propagado de boca en boca."

Me interesa mucho subrayar esto: la literatura es una de las bellas artes y se singulariza, dentro de ellas, por emplear como instrumento expresivo la palabra. Esto puede parecer elemental y hasta obvio. Sin embargo, no creo innecesario recordarlo; sobre todo ahora, cuando, huyendo como la peste del término "arte", muchos se limitan a presentarla como una superestructura, un simple reflejo de fenómenos sociales o un juego deshumanizado de estructuras y formas abstractas.

Obra de arte hecha con palabras... Pero, ¿qué quiere decir esto? ¿A qué arte y a qué palabras nos estamos refiriendo? ¿No estaremos poniendo unos límites demasiado rígidos para la realidad múltiple de las obras literarias? Creo que no, si lo interpretamos con la adecuada perspectiva histórica.

Al hablar de "arte" no estoy defendiendo, por supuesto, ningún criterio de selección rígidamente neoclásico, la sujeción a ninguna norma inmutable y excluyente. Todo lo contrario. La experiencia histórica nos muestra de modo irrefutable cómo el concepto de arte ha variado a lo largo del tiempo y, especialmente, se ha abierto a nuevas posibilidades en la época contemporánea. Es bien sabido cómo, a partir de Duchamp, la intención —y no la conformidad con cualquier canon o regla previos— convierte en artístico a un objeto; y, como ejemplo llamativo, los botes de sopa Campbell's o las botellas de Coca-Cola tienen valor estético en el *pop-art* norteamericano.

Pero me interesa especialmente el tema de "las palabras". Ante todo, no es cierto —como suele creerse— que las palabras malsonantes hayan entrado en la literatura sólo en la época contemporánea. Basta con asomarse a las tragedias o comedias de Shakespeare, por ejemplo, para comprobar cómo la libertad verbal va unida lógicamente al reflejo de la vida cotidiana o a la exasperación de las pasiones. En el ámbito español, *La lozana andaluza* basta y sobra como ejemplo. Es cierto, sin embargo, que el gusto neoclásico suponía un criterio de selección, tanto en los temas como en la forma.

Una anécdota histórica puede resultar ilustrativa. Se dice que, a comienzos del siglo XIX, una representación del *Otelo* provocó en París cierto escándalo por la mención del... pañuelo de Desdémona. Queda claro, aquí, que el criterio no era sólo de moralidad o inmoralidad, sino de mantener un tono noble, adecuado a los sentimientos trágicos.

Para no generalizar indebidamente, no cabe olvidar que el ilustrado siglo XVIII ofrece dos caras, la ejemplar y la libertina; en España, por ejemplo, el puritano Jovellanos frente al *Arte de las putas*, de Nicolás Moratín, o *El jardín de Venus*, de Samaniego.

En cualquier caso, parece claro que el proceso de la literatura en los siglos XIX y XX es el de una progresiva apertura en la inclusión de términos malsonantes, obscenos, escatológicos, etc. Una de las novedades que proclama el romanticismo es la sinceridad, la verdad. Para Vigny, por ejemplo, "la verdad debe ser elevada a potencia superior e ideal". Según eso, el nuevo estilo que propugnan los románticos está hecho de verdad y libertad, supone romper con los tabúes de lo tradicionalmente considerado como correcto.

Por supuesto, esta progresiva apertura en lo literario coincide de modo natural con la evolución de las costumbres, con la quiebra del puritanismo. En Galdós, pese a su realismo, la profundidad en el análisis del alma humana va unida al extremo pudor lingüístico; sus novelas están llenas de pintorescos eufemismos. Por eso, el naturalismo propugnará, entre otras cosas, una mayor crudeza en la expresión de lo fisiológico.

A partir de ahí... todos los "ismos" de nuestro siglo han supuesto, entre otras cosas, una ampliación de lo aceptado como artístico: situaciones y palabras. A veces, como en el famoso "Merde!" que inicia el *Ubu*, de Jarry, se trata de escandalizar a los bienpensantes. En general, no es sino un intento de reflejar más verazmente la auténtica realidad. Y, por supuesto, en los casos de talento literario (Henry Miller, por ejemplo, o Camilo José Cela), con materiales en principio no elevados se pueden construir obras literarias de gran belleza.

Resulta curioso comprobar cómo, a lo largo de nuestro siglo, todas las sucesivas vanguardias estéticas han acusado a la literatura "establecida" de falsear la auténtica realidad al mutilarla, limitándose sólo a alguno de sus aspectos. Lo más curioso, claro, es que los fiscales de ayer pasan hoy a ser los acusados. Desde esta perspectiva cabe preguntarse con qué rigor se juzgará, mañana, el "puritanismo" de la literatura actual y qué nuevas cotas de libertad expresiva se intentarán alcanzar.

Por otro lado, no hay que pensar sólo en el escritor que *refleja* en su obra un determinado lenguaje, sino también en el que lo *crea*: unas veces, atribuyendo sentidos nuevos a las palabras ya existentes o imaginando metáforas innovadoras; otras, formando por composición nuevas palabras. Se ha estudiado ampliamente, por ejemplo, la labor de ampliación y enriquecimiento del léxico poético que realiza Góngora. A la vez que él, el "desgarrón afectivo" de Quevedo (Dámaso Alonso) actúa sobre el lenguaje de una manera que hoy calificaríamos de expresionista. En el mundo de la novela contemporánea, James Joyce es un ejemplo claro de innovador lingüístico; a su escuela pertenece, por ejemplo, en nuestro país, Luis Martín Santos, cuando habla de que algo es "mideluéstico" (del Middle West norteamericano), o de la "avagarnez» de una chica (su belleza, parecida a la Ava Gardner).

El movimiento, muchas veces, es de ida y vuelta. Arniches, por ejemplo, no se limita —como se creía tradicionalmente— a reflejar con exactitud el lenguaje castizo madrileño. Como ha mostrado impecablemente Manuel Seco, no inventa, sino que engendra una nueva voz popular con la sustancia misma de las ya existentes; crea, pero dentro de los moldes mismos que usa el pueblo para crear él, por sí. Y, por supuesto, su creación repercute luego sobre el lenguaje del pueblo en las frases ingeniosas, las comparaciones hiperbólicas, el chiste, el piropo, la chulería...

En nuestros días, el caso claro es el del "cheli". Forges, en los pies de sus dibujos, y Francisco Umbral, en sus artículos, han creado un nuevo lenguaje. Por supuesto, su creación tiene una base real, a la vez que conecta con un cambio de la sensibilidad colectiva y posee brillantez expresiva. Muchas de sus innovaciones son aceptadas socialmente por muchos que, no sólo las encuentran graciosas, sino que sienten que reflejan bien un estado de ánimo. Así, hemos incorporado al vocabulario habitual el piropo "maciza", el despectivo "carroza", la muletilla "lo cual que", o expresiones como "tío", "cuerpo", "mola total", "truca cantidubi", "tronco", "largar", "la pastizara", "el personal", etc.

Así pues, volviendo al hilo del discurso, la literatura es obra de arte hecha con palabras, sin que esto suponga sujeción a ningún criterio estético previo. Mejor que de "belleza", quizá, sería conveniente hablar de necesidad profunda, cuando la obra de arte es auténtica. Como afirma Charles Morgan, "el arte es un informe de la realidad que no puede expresarse en otros términos". Y, como tal arte, tiene la pretensión de totalidad, de autosuficiencia, sin necesidad de más justificaciones. En *L'inmoraliste,* André Gide proclama que, "en arte, no hay problemas para los cuales la obra de arte no sea solución suficiente".

Tratemos de concretar un poco más, en el arte literario. Una vía puede ser la descriptiva, de la enumeración de elementos.

Desde un punto de vista muy concreto, cabe recordar que la literatura, como todo fenómeno semiótico, precisa de cuatro elementos:

1) Un autor, que crea o maneja un signo con intención significativa.
2) El signo.
3) Su significado.
4) Un receptor.

Con gran brillantez, un crítico español actual, Gonzalo Sobejano, resume muchas discusiones teóricas distinguiendo cuatro elementos básicos: "Si la obra literaria puede definirse como el resultado artístico que, desde una actitud, revela un contenido, en una estructura, a través del lenguaje, los elementos integrantes —y siempre integrados— de toda obra literaria serán, dada la suficiencia estética, esos cuatro: actitud, contenido, estructura y lenguaje." La posición enumerativa me parece inteligente para evitar unilateralidades. Subrayemos, de todos modos, la salvedad que aparece de modo expreso: "*dada la suficiencia estética*". Sin ella, desde luego, no cabe hablar, en sentido estricto, de literatura.

La *actitud* nos llevará a hablar de la literatura y la visión del mundo o el mito. El *contenido* nos obligará a plantearnos la relación de lo literario con la moral y con la sociedad, el problema del compromiso —social, político, moral, consigo mismo...— del escritor y los límites de la literatura.

En cuanto a la *estructura* y el *lenguaje*, para evitar tecnicismos pedantes, digamos sólo que el arte (inefable) tiene una base técnica, que, ésa sí, se puede describir y hasta enseñar.

Esta visión casi artesanal de la literatura no debe hacernos olvidar su aspecto lúdico, mediante el cual se realiza íntegramente su naturaleza. Mejor que las citas de filósofos o psicólogos, nos bastará con una, definitiva, de un poeta, Antonio Machado:

> ¿Mas, el arte?
> Es puro juego,
> que es igual a pura vida,
> que es igual a puro fuego.
> Veréis el ascua encendida.

Es bastante frecuente, hoy, oír hablar de la muerte de la novela, de la muerte del teatro... O, por otra vía, de la antinovela, de la antiliteratura... Todo esto es lógico sólo —me parece— como reacción contra formas que se consideran acartonadas, como revulsivo crítico. En realidad, si no me equivoco, esa presunta antiliteratura es imposible, en sentido estricto: será literatura de otro signo, si se quiere, pero literatura, al fin y al cabo. Sólo un concepto muy restringido del fenómeno literario, en el que de ningún modo quisiéramos caer, justificaría esa rotunda diferenciación. Y la historia nos muestra una y otra vez, con ironía implacable, que los vanguardistas que hoy parecen querer cortar todo nexo con la tradición se incorporan inevitablemente a ella, reciben honores académicos, son estudiados en las universidades... y rechazados radicalmente por los nuevos escritores. Así, a base de oleadas de presuntas "antiliteraturas", prosigue su camino la corriente plural de la literatura, por la que vamos todos los que emborronamos cuartillas.

Conciencia

Un crítico de gran sagacidad y amplitud de lecturas, Charles du Bos, dedicó en 1938 un curso al tema de qué es la literatura. Su tesis central nos puede orientar en una nueva dirección: «La literatura es, sobre todo, la vida que toma conciencia de ella misma cuando, en el alma de un hombre de genio, alcanza su plenitud de expresión." Según eso, encuentra su fundamento en el genio creador, uno de los grandes misterios humanos.

Por supuesto, este insistir en el aspecto consciente es propio, sobre todo, de artistas que son también pensadores. En concreto, de la llamada novela intelectual. Por ejemplo, en *Tristán,* la novela de Thomas Mann, el triángulo erótico se resuelve de una manera original, porque un escritor es el que explica al marido qué sentido posee su vida: "Usted ha sido el héroe de esta historia, pero sólo mis palabras serán las que aclaren el sentido de la verdad de lo que usted ha vivido (...) porque es mi vocación irresistible sobre la tierra llamar a las cosas por su nombre, hacerles hablar e iluminar lo inconsciente."

No en balde una de las funciones que se le atribuyen tradicionalmente al escritor, en el pensamiento clásico, es la de ser *vidente*, la de ver más claro que los demás hombres. En España, pocos han insistido tanto como Pérez de Ayala en este valor del escritor como conciencia de la humanidad. El tema aparece en su obra muchas veces, pero quizá ninguna de modo tan explícito como en una carta que recibe Alberto Díaz de Guzmán (alter-ego del escritor), protagonista de la novela *La pata de la raposa*: "Me habló usted siempre de las cosas extraordinarias con tanta naturalidad, que yo me veía obligado a aceptarlas como cosas naturales, y de las cosas naturales con tanta intensidad, que yo descubría en ellas nuevos sentidos. Me habló usted de los problemas más difíciles con tanta lógica y sencillez, que yo me admiraba de mí mismo y de ver tan claro, y de las ideas fáciles y habituales, de las opiniones admitidas con tanta agudeza y precisión, que yo me quedaba perplejo descubriendo que no eran tan claras como yo creía. Me parecía que usted había dado conciencia a mis ojos, a mis oídos, a mi corazón y a mi cerebro. Y *¿qué otra cosa es un escritor sino la conciencia de la humanidad?*"

Pero no estamos hablando de filosofía, así que no debemos olvidar el otro elemento de la definición de du Bos: la «plenitud de expresión". Sin ella, claro está, no hay literatura, pues no basta con ser inteligente para ser un escritor.

El lenguaje certeramente empleado puede «redimir» los temas más desagradables y hacernos admirar las conclusiones menos admisibles para nuestra personal concepción del mundo. Como antes vimos, con cualquier material (alto o ínfimo) se puede hacer una obra de arte literaria. Esa es la fuerza terrible de lo que uno de los "nuevos críticos" franceses, Jean-Pierre Richard, llama, con certera fórmula, "la felicidad de la expresión", que compensa tantas desgracias de la vida humana. En el ámbito español, nuestro gran poeta Pedro Salinas señaló, hace años, que son las "divinas palabras" de Valle-Inclán las que realizan el milagro estético de transmutar en admirable belleza el horror caricaturesco de los esperpentos.

El lenguaje

Así, pues, literatura es obra de arte hecha con palabras. Pero esto, por muy justo que sea, no deja de plantear nuevos problemas. Comenzando por lo más elemental, es evidente la diferencia entre el lenguaje científico y el literario. Cuando yo escribo: "El cuadrado de la hipotenusa es igual a la suma de los cuadrados de los catetos", he tratado de expresar con claridad una idea que, en sí misma, no busca ser hermosa ni fea, sino verdadera. No quiere provocar complejas reacciones en nuestra alma ni despertar resonancias sentimentales, sino, sencillamente, nuestra adhesión o repulsa. Para la mayoría de los mortales, no resultará excitante ni deprimente. Parece que sólo puede ser entendida rectamente de una manera. Es un ejemplo claro de lenguaje científico.

Recordemos, en cambio, dos versos de Miguel Hernández:

> Umbrío por la pena, casi bruno,
> porque la pena tizna cuando estalla...

Es evidente, incluso al nivel más elemental, que el poeta ha querido transmitirnos un significado (idea más sentimiento) pero, además, ha buscado la belleza y la expresividad mediante un lenguaje que se separa del que podemos considerar usual. Y, desde luego, lo que nos dice puede despertar en nosotros distintas resonancias. Este es un ejemplo claro de lenguaje literario.

El lenguaje científico y el literario parecen ser dos extremos opuestos, entre los que caben muchos términos medios de mayor o menor expresividad. No olvidemos tampoco el lenguaje práctico (el que se usa para un formulario, una instancia) ni el coloquial, que tanto influye sobre la literatura.

Hoy, muchos estudios teóricos (de lingüística, teoría de la literatura o poética) intentan comprender y definir con más exactitud qué es lo que singulariza al lenguaje literario. Para algunos, se tratará de la *elección* entre las distintas posibilidades expresivas que, en cada situación concreta, se le ofrecen al escritor y a cualquier hablante. En esto insistía cierta rama de la estilística y no cabe desdeñarlo por completo, me parece. Como puro ejercicio didáctico, sin más pretensiones, no resultará del todo inútil, alguna vez, realizar "permutaciones" de palabras o frases especialmente llamativas. ¿Por qué "umbrío", por ejemplo, en el verso que acabamos de ver, y no "moreno", "negro" o "manchado"?

Muchos autores admiten hoy que el lenguaje literario es profundamente *connotativo*: no se agota en su contenido intelectual, sino que su núcleo informativo está muy impregnado de elementos emotivos y volitivos. Frente a esto, el lenguaje científico es *denotativo*, limitado a la representación intelectual o lógica. Ahora bien, salvo casos extremos, ¿cabe un lenguaje exclusivamente denotativo, que no lleve aparejada una pluralidad de elementos emocionales? Parece difícil. Según eso, como es habitual, no se trataría de la exclusividad de una u otra cosa, sino de la proporción o dosis en que los elementos se combinan; desde luego, la mayor proporción de elementos connotativos sería característica del lenguaje literario.

Con otras palabras, lo que caracteriza al lenguaje literario es la *intensificación*: un especial "énfasis expresivo, afectivo o estético añadido a la información transmitida por la estructura lingüística sin alteración de sentido".

Desde diversas posiciones teóricas se ha pensado que el lenguaje literario supone una *desviación* o *desvío.* ¿Respecto de qué?: de lo usual, de lo sencillo, de lo regular, decían algunos, con criterio ya algo superado. En efecto, ¿qué consideramos, hoy, "regular", "sencillo", "usual"? No sería muy fácil ponerse de acuerdo, dada la imprecisión de estos términos.

El formalismo ruso avanzó más por este camino, señalando como esencial la "cualidad de divergencia", el *extrañamiento* frente al automatismo del lenguaje usual, que nos conduce directamente al contenido del mensaje; en cambio, el lenguaje literario nos hace fijarnos en el mensaje mismo, mediante una serie de recursos lingüísticos; por ejemplo, la recurrencia (Jakobson). Este sería uno de los caminos más serios para acercarse —como hoy pretenden amplios sectores críticos— a la "literariedad" o "literaturidad" de la obra concreta; es decir, los caracteres específicamente literarios. Y no se piense que esto es única o especialmente aplicable a la literatura actual; en nuestro país, por ejemplo, Víctor G. de la Concha se ha centrado en el estudio del arte literario de Santa Teresa, superando viejas concepciones críticas devotas o pseudopoéticas.

Es frecuente también llegar a caracterizar a la lengua literaria como algo independiente —o, por lo menos, autónomo— con relación a la lengua estándar.

Desde el punto de vista estructural, es ya clásica la teoría de Hjelmslev sobre el signo lingüístico como unión de expresión y contenido; y, en cada uno de los dos, se puede distinguir la forma y la sustancia. Pero, en todo caso, expresión y contenido son elementos inseparables, como las dos caras de una moneda.

Por otra vía, se ha intentado comprender cuáles son las funciones básicas que desempeña el lenguaje. Desde Bühler, es habitual distinguir una triple función:

1) Nocional, informativa.
2) Expresiva, que ofrece datos sobre el emisor.
3) Apelativa, que pretende influir sobre el receptor.

Con más precisión, Jakobson distingue:

1) Función expresiva.
2) Función conativa, que quiere mover a obrar al receptor.
3) Función fática, que verifica la permanencia del contacto.
4) Función metalingüística, cuando el discurso se centra sobre el mismo código lingüístico.
5) Función poética, por último, cuando la comunicación se centra sobre el mensaje mismo.

No hace falta ser muy perspicaz para advertir que algunos sectores de la crítica contemporánea proclaman (hasta límites, quizá, excesivos, en algunos casos) la reducción de lo literario a lo lingüístico. Aunque el fundamento sea lógico, las consecuencias pueden ser peligrosas, pues se corre el riesgo de que queden fuera, entonces, muchos valores espirituales, históricos, ideológicos..., humanos, en definitiva, que también forman parte, y de modo bien importante, de la obra literaria. Recordemos, en todo caso, un testimonio ya clásico: cuando Leo Spitzer titula uno de sus libros *Lingüística e historia literaria* es porque "quiere sugerir la unidad esencial de estas dos cosas".

Junto a tanto teórico, oigamos ya a un poeta. En un libro magistral, Jorge Guillén proclama que "poema es lenguaje. No nos convencería esta proposición al revés. Si el valor estético es inherente a todo lenguaje, no siempre el lenguaje se organiza como poema. ¿Qué hará el artista para convertir las palabras de nuestras conversaciones en un material tan propicio y genuino como lo es el hierro o el mármol a su escultor?".

He ahí, planteada con toda sencillez, una cuestión verdaderamente ardua. Quizá de ahí deriven casi todos los problemas teóricos: la literatura no posee un medio propio, sino que, como ha subrayado varias veces Francisco Ayala, ha de utilizar un instrumento cotidiano y significativo que tiene, obviamente, otros usos. Esa es la tarea del escritor, tal como la ve Lawrence Durrell: "¡El lenguaje! ¿En qué consiste la ímproba tarea del escritor sino en una lucha por utilizar con la mayor precisión posible un medio expresivo que reconoce como absolutamente fugitivo o incierto?"

Claro que, para aceptar esto, hay que admitir un concepto del lenguaje literario que rebasa con mucho los esquematismos del léxico o la sintaxis. Habría que hablar de la *forma*, en un amplio sentido, que constituye y concreta la obra literaria.

Los artistas son muy conscientes a su modo, quizá arbitrario y desordenado, de este problema básico. Cuando Hemingway recuerda su aprendizaje de escritor, no nos habla de la elección de un adjetivo hermoso, pero sí afirma: "Cada día seguía trabajando hasta que una cosa tomaba forma, y siempre me interrumpía cuando veía claro lo que tenía que seguir."

Si se prefiere una terminología neoescolástica, diremos, con Stanislas Fumet, que la obra literaria es una *encarnación,* y eso se traduce no sólo en el lenguaje, entendido en el sentido habitual y limitado, sino también en el tono, la perspectiva, los procedimientos que individualizan la expresión de una vivencia (Carlos Bousoño), la vieja o nueva retórica...

En la novela contemporánea, por ejemplo, podemos decir que, hoy, no es el tema el problema fundamental que suele plantearse el novelista, al comenzar a trabajar. Ni la forma, entendida como puro estilo, lenguaje más o menos culto o popular. Sí lo es la forma en sentido amplio, como principio configurador de toda la obra: tono y planteamiento estructural, de la arquitectura o composición. Y, quizá sobre todo, elección de una perspectiva para narrar, de un punto de vista desde el cual se enfocará el relato.

Con la sencillez del gran creador, nos lo dice Marcel Proust: "El estilo, para el escritor lo mismo que para el pintor, no es una cuestión de técnica, sino de visión."

Obra humana

Por muy obvia que sea la observación, no debemos prescindir de ella antes de repensarla un poco: la obra literaria —novela, poesía, drama, ensayo...— es la creación de un hombre. Por ser una obra humana, es ambigua, compleja, se presta a diversas y complementarias interpretaciones. Por suerte o por desgracia, no es como un teorema matemático, en el que dos y dos suman siempre cuatro, sin ningún género de dudas. Sin mitificar demasiado al creador, pensemos que, como cualquier hombre, vuelca en su trabajo su experiencia vital, su capacidad y sus limitaciones; sus ideas, sentimientos, inquietudes, frustraciones, afanes, sueños...

Además, mediante muy sutiles mediaciones, la obra refleja el ambiente espiritual de la época, algunos de los problemas que entonces se planteaban y de las visiones del mundo que estaban vigentes. Por eso se suele decir que lo característico de la obra maestra literaria es sobrevivir a la ruina de la ideología y de la circunstancia en que nació; es decir, su capacidad de resistir el paso del tiempo, de ser apreciada en épocas y lugares muy alejados del suyo originario.

En cuanto creación humana, la literatura es un fenómeno histórico. Eso no es contradictorio con el hecho —que acabamos de ver— de que la obra lograda resista con éxito la erosión producida por la temporalidad. La obra literaria no es una *cosa* sino un *ser vivo.* Se ha llegado a decir que la caracteriza esa capacidad que le permite ser otra, modificarse con el paso del tiempo.

Según todo esto, la literatura forma parte, en cierta medida, de la historia general del espíritu humano, expresa la visión del mundo de su autor y de su época, roza con la historia de la filosofía y la historia del arte, es un producto sociológico, nos ofrece la cristalización de mitos colectivos... Y todos estos aspectos, desde luego, no los podremos examinar con detalle, pero tampoco será posible desatenderlos por completo.

El mismo punto de partida puede servirnos, quizá, para plantear adecuadamente un difícil problema: ¿es racional la literatura? Como obra humana, sólo en parte.

Ante todo, la literatura refleja y expresa la quiebra del racionalismo y su sustitución por un vitalismo que, manifestándose en formas diversas, es una de las claves esenciales de nuestro siglo. Recordemos unas pocas frases significativas. Para Ortega, "la razón pura no puede reemplazar a la vida". Unamuno proclama: "No acepto la razón. Me rebelo contra ella. Todo lo vital es irracional." Y D. H. Lawrence: "En cuanto a mí, yo sé que la vida, la vida sola es la clave del universo... Todo lo demás es secundario." Papini ha anunciado *el crepúsculo de los filósofos,* para acabar declarando con suficiencia: "Licencio la razón." Y Julio Cortázar, por medio de un personaje que le sirve de portavoz: "No cree Persio que lo que esté sucediendo sea racionalizable; no lo cree así."

Téngase en cuenta que el vitalismo de todas estas frases no es ingenuo y elemental, sino que proceden de grandes intelectuales: ellos son los que pueden sentir con más profundidad ese ideal.

Todo esto —como he señalado muchas veces— se refleja profundamente en la literatura contemporánea. No sólo en las ideas que expone, sino en sí misma. El mundo aparece en ella, con frecuencia, como algo esencialmente inquietante, inestable, en peligro. La novela, por ejemplo, nos suele dar un enigma, en vez de una lección completa. Hay en ella desorden, complejidad, caos; igual que en la conciencia de sus personajes. Muchos escritores de nuestro siglo sienten que una realidad oscura, contradictoria, exige también ser expresada de una forma oscura y desconcertante. De ahí la dificultad que muchas obras de nuestro siglo presentan para el lector medio. De ahí, también, el interés que, lógicamente, tiene para nosotros la literatura de nuestro tiempo: por los nuevos senderos que explora y porque estas búsquedas no son gratuitas, sino que van unidas a los más hondos problemas del hombre de nuestro tiempo.

En el fenómeno humano de la creación literaria —del trabajo creador, en general— se conjugan elementos racionales, fácilmente explicables, con otros irracionales, misteriosos, que hunden sus raíces en el subconsciente y resulta muy difícil aclarar. Por eso repite Mario Vargas Llosa que él escribe relatos para liberarse de sus "demonios", y gracias a ellos. Naturalmente, la proporción en que se combinan los dos tipos de elementos varía según los casos concretos: cada autor, cada obra.

No es infrecuente el caso de un escritor notable que, personalmente, resulta mucho menos interesante que sus libros; y que, desde luego, es perfectamente incapaz de explicar lo que ha hecho o intentado hacer en su labor creadora. (Exactamente lo mismo sucede con muchos músicos o artistas plásticos.) Pero incluso los creadores más conscientes, los que son también profesores o grandes críticos, reconocen con facilidad que su creación sólo en parte obedece a estímulos racionales.

Por eso no tiene nada de raro un fenómeno que suele desconcertar a algunos lectores ingenuos: un crítico literario puede "explicar" o describir una obra mejor que su propio autor. Pero no es capaz de crearla, claro. El crítico tiene la obligación profesional de "comprender" y dispone de un lenguaje adecuado para hacer explícito lo que está en la obra.

Incluso puede darse el caso —así lo he comprobado, en la realidad— de que un crítico ilumine al propio autor sobre su obra, porque ésta fue realizada, en gran medida, de un modo intuitivo, irracional; y el crítico, si es certero, puede iluminarla —no sustituirla, claro— de un modo más racional.

Por último, esta ambivalencia razón-sinrazón de la creación estética explica de sobra que las valoraciones y preferencias de los lectores —incluidos críticos y profesores, por supuesto— sean profundamente subjetivas. En definitiva, lo que cuenta a la hora de elegir nuestros autores favoritos (escritores, músicos, pintores...) no son sublimidades estéticamente demostrables sino "afinidades electivas": así se produce, siempre, el diálogo silencioso que es la auténtica lectura.

POLISEMIA

Hasta a los programas españoles del bachillerato ha llegado la expresión, ya consagrada: "polisemia de la obra literaria". Dejando aparte la posible pedantería del término, no cabe duda de que alude a algo que es esencial en la creación literaria: su ambigüedad (Empson) o plurivalencia; el estar abierta, por definición, a una pluralidad de lecturas.

Tomemos dos ejemplos clásicos y tópicos: *El Quijote* y *Hamlet*. Naturalmente, lo que hay de logro estético mayor o menor en estas obras lo pusieron sus autores, los hombres llamados Miguel de Cervantes y William Shakespeare. Durante cierto tiempo, fue fórmula común hablar de "Cervantes, ingenio lego"; es decir, de un creador inconsciente que, en un momento dado, era favorecido por una especie de iluminación divina y, sin darse bien cuenta de lo que hacía, escribía una novela sobre un hidalgo manchego. A partir, sobre todo, de Américo Castro (*El pensamiento de Cervantes*) esta concepción ha caído en un total descrédito. *El Quijote* no es fruto del azar ni lo escribe cualquier pelagatos. Cervantes era mucho más consciente de lo que una concepción romántica del genio podía suponer. Sin embargo, es evidente que pudo no ser consciente del todo de algunos aspectos de su propia obra.

Rozamos, así, un tema general: el papel que juega en la obra literaria la intención del escritor. Este es uno de los elementos de juicio de que dispone el crítico, para ayudarle a entender la obra, pero no el único, ni, muchas veces, el decisivo. Por supuesto, los críticos corremos detrás de las autocríticas de los autores, de las declaraciones o cartas privadas en que cuentan su estado de ánimo al escribir un libro. Pero también tenemos la experiencia de que, en este terreno, todas las precauciones son pocas. Unas veces, el escritor, simplemente, intenta engañarnos, ocultando su verdadera intención, su motivación autobiográfica, o intentando dar un valor universal a lo que nació a partir de un estímulo mucho más limitado. Cualquiera de nosotros podría citar fácilmente ejemplos. Otras veces, el escritor, con la mejor voluntad del mundo, se equivoca, interpreta parcial o erróneamente su propia creación. Lo mismo le puede suceder al crítico, por supuesto, pero éste tiene la ventaja y el inconveniente, a la vez, de una mayor distancia con relación a la obra. Y, en cualquier caso, todos conocemos ya, a partir de Freud, el enorme papel que desempeña el inconsciente en toda creación artística. Así, pues, las declaraciones de los autores sobre sus obras convendrá tomarlas como un elemento de información sobre ellas, uno más, y no darles valor absoluto.

Volvamos a los ejemplos anteriores: si cada hombre y cada generación ven en *El Quijote* y en *Hamlet* algo parcialmente distinto, ¿cuál es la auténtica realidad de estas obras, que han dado lugar a torrentes de bibliografía, en gran medida contradictoria? ¿Será solamente lo que quería decir su autor? No, desde luego, sino la suma de todo lo que los lectores (pasados, presentes y futuros) encuentran en ellas. Lo esencial es que los nuevos elementos que se descubran *estén efectivamente* en el libro, con independencia de lo que pensaron su autor o sus lectores anteriores, y no sea invención, sin fundamento real, de un lector imaginativo.

A través de los teóricos anglosajones y de los novelistas hispanoamericanos se ha difundido últimamente mucho, en nuestro país, la idea de que conviene distinguir, en la obra literaria valiosa, varios niveles de significación. Por supuesto. Por eso pueden disfrutar con la misma obra personas de condiciones, edades y épocas muy variadas.

Bien conocido es el ejemplo del *Quijote,* en el que sus contemporáneos vieron sólo un libro cómico, la sátira de las novelas de caballería. Después, el romanticismo alemán, sobre todo, abrió el camino a las interpretaciones modernas que lo ven como libro serio, para pensar más que para reír. A partir de ahí, las interpretaciones se suceden: Herder lo considera como la novela de la salud moral; Turgueniev lo contrapone, como emblema de la fe, al Hamlet, héroe de la duda y el escepticismo; Unamuno se declara, paradójicamente, quijotista y no cervantista; para Ortega, encierra el problema de la cultura española... Más recientemente, construyen a partir de él su teoría de la novela contemporánea Lukács y Girard; Marthe Robert y Arias de la Canal le aplican la lente psicoanalítica; Ramiro Ledesma nos da la interpretación fascista; Ricardo Aguilera, la marxista; Gonzalo Torrente lo ve como juego, etc. En todo caso, según las edades —física y mental—, a unos dará risa, a otros motivo de meditación y a algunos, consuelo irónico.

Muy claro es también, a estos efectos, el caso del *Lazarillo*. Todos tenemos la experiencia infantil, probablemente, de habernos reído, en la escuela, con las burlas recíprocas que traman Lázaro y el ciego. En este nivel se quedarán siempre algunos lectores, que contribuyen a hacer de esta obra algo permanentemente popular. Cuando hablamos de ella a los alumnos universitarios, es posible que la primera impresión sea de frialdad y aburrimiento, a causa de la distancia histórica y el lenguaje anticuado. Sin embargo, si avanzamos un poco más, con la ayuda de la crítica reciente, los alumnos descubrirán, asombrados, todo un mundo de alusiones y problemas verdaderamente difíciles de resolver, pero apasionantes. Así, el *Lazarillo* resulta ser una obra complejísima y de permanente actualidad, tanto desde el punto de vista de la evolución formal del género "novela", como si vemos en ella un documento estremecedor sobre la religión y el honor en la España del Siglo de Oro.

Algo semejante sucede también con la comedia clásica española del Siglo de Oro. ¿Cómo podía ser popular un género compuesto por obras de tal refinamiento estético, y hasta complejidad conceptual y alegórica, en el caso de los autos sacramentales? Y, sin embargo, lo era. Evidentemente, había muchas clases de espectadores, y cada una era particularmente sensible a uno de los atractivos del espectáculo, desde la belleza de las comediantas al lirismo de los versos, la espectacularidad de los decorados o la rapidez sin desmayo de la acción dramática.

Así, pues, la obra literaria pide, por definición, una pluralidad de lecturas, que correspondan a sus diversos niveles de significación. Además, eso se produce de acuerdo con los individuos; incluso, en el caso de una misma persona, según las épocas de su vida y los momentos. Todos tenemos la experiencia de releer un libro, diez o veinte años después, y hallar en él cosas nuevas; por supuesto, el libro no ha cambiado, somos nosotros los que leemos con todo el poso que han ido dejando todas nuestras experiencias vitales. Y, como decía Ortega para la música, siempre habrá momentos propicios para que lea a Proust y otros en que me sería imposible, pues lo que "me pide el cuerpo" es una novela de la serie negra. En nuestra lectura influye también de modo decisivo esa predisposición o estado de ánimo, ese talante al que alude el título de la canción sentimental: "I'm *in the mood for* love".

Además, la pluralidad de lecturas obedece de modo muy claro, como ya hemos visto, al cambio de épocas y de generaciones. Todos redescubrimos "nuestro" Quijote. Comparándolo con el teatro existencialista y del absurdo, Ian Kott ha proclamado, en un libro famoso, que Shakespeare es hoy, una vez más, "nuestro contemporáneo".

En esa capacidad de suscitar nuevas adhesiones vitales, y no sólo eruditas, consiste el clasicismo, según Azorín: "¿Qué es un autor clásico? Un autor clásico es un reflejo de nuestra sensibilidad moderna. La paradoja tiene su explicación: un autor clásico no será nada, es decir, no será clásico, si no refleja nuestra sensibilidad. Nos vemos en los clásicos a nosotros mismos. Por eso los clásicos evolucionan: evolucionan según cambia y evoluciona la sensibilidad de las generaciones. Un autor clásico es un autor que siempre se está formando. No han escrito las obras clásicas sus autores; las va escribiendo la posteridad."

Y cada uno de nosotros puede comprobar fácilmente que pocas experiencias son tan atractivas —y peligrosas, a la vez— como la de releer un libro que nos entusiasmó, en la juventud. (Dicho con toda sencillez: o la de ver a una chica que nos gustaba.) Por eso se ha afirmado que cada crítica —cada lectura— es como un *test*, en el que, con más o menos veladuras, se proyecta y manifiesta nuestra personalidad.

Expresión

Frente a los que ven la literatura como la manifestación autónoma de un código lingüístico o un puro juego de formas estructuradas, me parece imprescindible seguir considerándola como una *expresión* personal, humana. Con ello, ciertamente, no seremos muy originales, pero no nos apartaremos del buen sentido.

Muchas tendencias críticas así lo han subrayado, desde luego; en general, los psicólogos de la literatura, que han centrado sus esfuerzos en el estudio de la psicología del genio, la actividad mental creadora, el mecanismo de la inspiración, la personalidad del creador, etc. De uno de ellos copio que comprender un libro supone, también, "intentar la anatomía del cerebro del escritor, realizar una verdadera radioscopia del acto creador". Pero este tipo de declaraciones rezuman un cientifismo que hoy nos suena algo pasado.

Muchos escritores han expresado algo semejante con mayor fortuna. Así, nuestro contradictorio e interesantísimo Torres Villarroel afirma que "son los libros una copia de las almas de sus autores". Y Thornton Wilder, en su gran novela intelectual *El puente de San Luis Rey,* proclama que "el verdadero fin y máximo alcance de la literatura es la notación del corazón"; declaración romántica donde las haya, pero que no deja por ello de ser cierta, en buena medida.

El deseo de expresarse puede predominar, muchas veces, sobre la búsqueda de la pura belleza. Sobre todo, cuando ya no parece existir *una* idea de la belleza ni estar plenamente vigente el ideal de realizarla en la obra artística, literaria o no. De hecho, así ocurre en buena parte del arte contemporáneo. Como ha señalado certeramente Gaëtan Picon, la creación literaria suele ser, para el escritor, un impulso irreprimible, no una actividad que necesita justificarse con propósitos y razones. Según eso, el escritor escribe porque siente la necesidad de desprenderse de una cosa, y sólo puede lograrlo desposeyéndose de ella en provecho de los demás. Para eso escribe, mucho más que para encarnar una determinada idea de la belleza o para realizar una obra bella.

Muchas veces, "expresión" anda muy cerca de *catarsis.* Por supuesto, el texto de Aristóteles ha sido objeto (y puede serlo todavía) de muy variadas interpretaciones, pero no parece arriesgado afirmar que esta función de la literatura sigue hoy estando plenamente vigente.

Recordemos a dos creadores españoles. Con su sinceridad habitual, rayana en el cinismo, afirma don Diego de Torres Villarroel: "Todos cuantos han escrito y escribirán no pueden hacer otra cosa que vaciar sus melancolías o sus aprehensiones, como hice yo": hermosa declaración, sorprendentemente "moderna" para los que conserven la imagen tópica de nuestro siglo XVIII como algo exclusivamente frío y racional.

Hace muy pocos años, Camilo José Cela presentó su novela *Oficio de tinieblas 5* con estas palabras: "Naturalmente, esto no es una novela, sino la purga de mi corazón." Y, en seguida, generalizando, con su habitual escepticismo hacia los géneros literarios: "¿Debe creérseme? No sé hasta qué punto, ya que, ¿qué más cosa que novela puede ser la purga de un corazón que precise drenarse, vaciarse del pus con que lo anegaron el desengaño y el dolor?"

Eso llevaría a mencionar brevemente el tema, tan amplio, de los elementos autobiográficos en la creación literaria. Por supuesto, hoy está muy pasada de moda ese tipo de crítica que pretendía explicar todas las peculiaridades de la obra por las anécdotas biográficas de su creador. Y, sin embargo, no cabe duda de que todo lo que hacemos, arte o no, está condicionado en alguna medida por el caudal de nuestra experiencia vital. Como dice Proust, el novelista es como una esponja que se va empapando de vida, y luego vacía todo ese líquido en la novela. De hecho, pocas obras nos han ayudado más a entender la gran creación proustiana que su biografía, realizada por Painter.

Claro que todo esto habrá que entenderlo (y aplicarlo) con todas las cautelas del mundo, no de una manera mecánica. No se puede colocar detrás de todas las obras importantes algún episodio biográfico de su creador, sentimental o dramático; pero detrás de algunas, sí, desde luego. Cada caso concreto necesitará, por supuesto, un tratamiento crítico singular.

Quizá un extremo es el de las llamadas obras "de clave", que disfrazan sólo relativamente personajes y episodios muy recientes. Ese es el caso, por ejemplo, de *Luces de bohemia,* de Valle-Inclán, y de *Troteras y danzaderas,* de Pérez de Ayala. Una de las labores del crítico, en este caso, será la de iluminar la obra con los datos históricos y nombres propios que eran evidentes para sus contemporáneos, pero que, pasados los años, el lector medio ya no puede reconocer. Eso es lo que hemos intentado, en esos dos casos, Alonso Zamora Vicente y yo. Y, por supuesto, el trabajo crítico no concluye con poner un nombre o un dato histórico detrás de cada párrafo, sino en mostrar, en la medida de lo posible, cómo el talento creador de un escritor ha transmutado en materia estéticamente valiosa la realidad cotidiana y qué procedimientos específicamente literarios ha tenido que utilizar para lograrlo.

Otro caso extremo es el de los escritores que están continuamente redactando su diario. Recordemos algunos títulos de obras de Francisco Umbral: *Memorias de un niño de derechas, Diario de un snob, Diario de un español cansado, Diario de un escritor burgués*... Pero no son sólo los títulos. A igual género pertenecen, por ejemplo, *Mortal y rosa* o *La noche que llegué al Café Gijón*. En realidad, puede pensarse que toda la obra literaria de Umbral, cada uno de sus libros, son fragmentos de un gran diario personal en el que, por supuesto, la realidad autobiográfica es el punto de partida para la fabulación narrativa o el escape lírico.

Quiero subrayar, con esto último, que la utilización de elementos autobiográficos no significa, en el auténtico creador, espontaneidad directa. Toda la obra de Juan Ramón (sobre todo, en su segunda época) es un gran diario poético y muy pocos escritores habrán llevado a tal manía de corregir y depurar el anhelo de perfección. Pero eso, en alguna medida, es propio de todo escritor. Baroja, situado aparentemente en el extremo opuesto, el de la espontaneidad y el estilo desaliñado, también corregía muchísimo, como he podido comprobar en sus manuscritos. Porque, desechando mitos románticos, el artista es también un artesano, y el trabajo cotidiano, la mejor fuente de inspiración, la "musa" más segura.

A propósito de la mística, se ha dicho muchas veces que su gran problema es el de intentar expresar lo inefable, decir lo que no puede ser dicho (el éxtasis, por ejemplo); entre otras cosas, porque los lectores no han vivido algo semejante. Ahora bien, ¿no es éste el sino de toda literatura, mística o no? Si expresa lo individual, también está queriendo dar forma a lo inefable, pues los sentimientos, las vivencias, los *magic moments* de una vida, no son bienes mostrencos ni elementos intercambiables. No sólo los llamados místicos han vivido momentos en los que les parece salir de sí mismos (éxtasis). ¿Cómo expresar esto y hacerlo accesible a los lectores? Por eso Bécquer se lamenta del "rebelde, mezquino idioma", y el personaje de Campoamor lanza su conocida queja: "¡Quién supiera escribir!"

Unas veces, el escritor se expresa mediante un extremado subjetivismo. Así, Virginia Woolf: "Todo el ser, toda la acción, con todo lo que hay en ellos de expansivo, de brillante, de vocal, se evapora y se reduce, con un sentimiento de solemnidad, a no ser nada fuera de sí mismo, un nudo de sombra en forma de rincón, algo invisible a los demás. Aunque continuaba haciendo punto, muy derecha en su silla, así se sentía ella, y ese yo que había dejado caer sus amarras se encontraba liberado y presto a las más extrañas aventuras. Cuando la vida besa así un momento, da la impresión de que el campo de la experiencia se amplía hasta el infinito."

Otras veces, en cambio, el escritor adopta, para expresarse, una fórmula literaria de implacable objetividad. Las novelas "negras" americanas de Dashiell Hammett o Raymond Chandler, las que interpretó en el cine Humphrey Bogart, nos proporcionarían innumerables ejemplos.

Se trata de un ideal de "distanciamiento" que ya formuló en el siglo XIX Flaubert. Pero la "objetividad" es una nueva fórmula que utiliza el creador para expresarse; no hay que confundir imparcialidad con indiferencia. En su diario, el propio Flaubert nos informa de una anécdota muy significativa: "Mis personajes imaginarios adoptan mi forma, me persiguen, o, por mejor decirlo, soy yo quien está en ellos. Cuando escribí el envenenamiento de Emma Bovary tuve en la boca el sabor de arsénico con tal intensidad, me sentí yo mismo tan auténticamente envenenado, que tuve dos indigestiones, una tras otra; dos verdaderas indigestiones, que llegaron a hacerme vomitar toda la cena..." Ya se ve hasta dónde puede llegar la "impasibilidad" del artista.

Según eso, el creador (y el crítico) tienen que habérselas forzosamente, en su tarea, con la psicología, aunque hoy se pretenda que el análisis psicológico está superado, en la literatura. Recordemos las juiciosas palabras de Sábato: "Pero ¿es que hay novelas que no sean psicológicas? No hay novelas de mesas, eucaliptos o caballos; porque hasta cuando parecen ocuparse de un animal (Jack London), es una manera de hablar del hombre. Y como todo hombre no puede no ser psíquico, la novela no puede no ser psicológica. Es indiferente que el acento esté colocado en lo social, en el paisaje, en las costumbres, o en lo metafísico: en ningún caso pueden dejar de ocuparse, de una manera o de otra, de la psiquis. So pena de dejar de ser humanas."

No entremos ahora en los pormenores y problemas de la llamada crítica biográfica. Apuntemos sólo una cuestión: ¿es bueno conocer a un escritor cuya obra nos gusta? Por supuesto, en principio es atractivo, teniendo en cuenta lo que hemos dicho de la importancia de las "afinidades electivas". Pero también puede ser contraproducente, y no sólo por las habituales dificultades de la comunicación personal. Recordemos la frase de Lawrence Durrell, en su *Cuarteto de Alejandría*: "Los poemas son espléndidos. Pero naturalmente no me gustaría encontrarme con un artista al que admiro. La obra no tiene relación con el hombre, me parece." Y, en otra novela de la misma serie: "Un artista no vive una vida personal como nosotros; la oculta, obligándonos a acudir a sus libros si queremos alcanzar la auténtica fuente de sus sentimientos."

Frente a esto, tan sagaz, no cabe olvidar la experiencia contraria: muchas veces, conocer a un escritor sirve realmente para comprender mejor su obra. Y, en algunos casos, la unión entre vida y obra produce una admirable armonía. ¿Y no podría eso extenderse a casi todos los casos, si de verdad lográramos entender al hombre y a su obra?

La literatura es expresión de un individuo, sí, pero, también, y de modo muy importante, expresión de una colectividad. No hace falta ser un estricto sociólogo para apreciarlo así. Muchas veces, el talento del escritor consiste en ser capaz de expresar con acierto creencias y sentimientos comunes. Francisco Umbral, por ejemplo, no sólo es buen escritor por su ingenio irónico o la brillantez de su prosa, sino porque ha logrado dar expresión a una nueva sensibilidad, la característica de una nueva etapa en la vida española. Como decía un poeta romántico francés: "Quand je parle de moi, je parle de vous."

Por eso, en algunos momentos y circunstancias, el gran escritor ha sido considerado un intérprete o delegado de la humanidad, que muestra a los hombres la significación del drama universal del que todos son actores.

Recordemos las palabras tajantes de Alfonso Reyes: "La literatura no es una actividad de adorno sino la expresión más completa del hombre. Todas las demás expresiones se refieren al hombre en cuanto especialista de alguna actividad singular. Sólo la literatura expresa al hombre en cuanto hombre, sin distingo ni calificación alguna."

Retengamos esta hermosa fórmula: la expresión más completa del hombre. Dicho con toda sencillez: por eso nos interesa la literatura, por eso ha llegado a poseer una importancia en nuestra vida. Si nos limitamos a ver en ella un juego de formas, su grandeza se evapora, en gran medida. Si no la vemos como expresión del hombre, no podremos comprender su significado ni su trascendencia.

Comunicación

Junto a la expresión, por supuesto, la comunicación. Como decía el romántico Delacroix, un cuadro no es sino un puente entre el alma del artista y la del espectador.

Después de nuestra guerra, Vicente Aleixandre proclamó, con su magisterio unánimemente reconocido: "Poesía es comunicación." Esta declaración fue aceptada por poetas muy diversos, de Carlos Bousoño a Gabriel Celaya, e interpretada de modos también muy diferentes; así, pudo ser inspiradora, a la vez, del personalismo más o menos existencialista y del realismo social.

El propio Aleixandre lo expresó bellamente en su poema "En la plaza", del libro *Historia del corazón*:

> Hermoso es, hermosamente humilde y confiante, vivificador y profundo
> sentirse bajo el sol, entre los demás, impelido,
> llevado, conducido, mezclado, rumorosamente arrastrado.

El poeta, todo poeta, está "en la plaza". Si es consciente de ello, esa vivencia determinará de modo evidente el tipo de poesía que va a escribir. Por eso el poema concluye con una exhortación entusiasta:

> Así, entra con pies desnudos. Entra en el hervor, en la plaza.
> Entra en el torrente que te reclama y allí sé tú mismo.
> ¡Oh, pequeño corazón diminuto, corazón que quiere latir
> para ser él también el unánime corazón que le alcanza!

Además del deseo de comunión, expresado incluso mediante el ritmo poético, nótese cómo, para el poeta, eso no significa la pérdida de la propia identidad; al contrario, no hay que buscarse a uno mismo en el espejo, "en un extinto diálogo en que no te oyes", sino en la fusión con los demás, que es también el mejor reconocimiento de uno mismo.

En el terreno teórico, toda la literatura puede ser explicada como un fenómeno de comunicación humana, oral y escrita, en relación con los "mass media" y teniendo en cuenta las aportaciones de la teoría de la información. Así lo ha hecho, por ejemplo, Robert Escarpit en su libro *Escritura y comunicación,* que desemboca en una visión social de la comunicación escrita "como medio de promoción, de toma de conciencia e incluso como agente de revolución".

¿Qué hombre de letras no ha tenido que responder alguna vez a la cuestión de para quién escribe? Según los casos (y las ocasiones) unos responden que para el pueblo o la humanidad; otros proclaman rotundamente que para sí mismos, ante todo. Si no me equivoco, las dos respuestas son ciertas, y no tan contradictorias como a primera vista pueda parecer.

El verdadero escritor —ya lo he mencionado— no busca los premios, el dinero, la fama, etc., sino que, ante todo, escribe por una necesidad íntima. En ese sentido, no cabe duda de que, ante todo, escribe para sí mismo.

A la vez, se escribe siempre para comunicarse con alguien, con la secreta esperanza —por mucho que lo disimulemos— de que alguien nos leerá. De manera más o menos consciente, escribimos siempre para un lector, real o posible, actual o futuro. Si no fuera por eso, sencillamente, no emborronaríamos un papel más. No escribiría Robinsón Crusoe si no pensara en que alguien llegue alguna vez a su isla y descubra el manuscrito. Si se produjera una catástrofe atómica, el último hombre sobre la tierra, ¿tendría ánimos para escribir su experiencia?

Muchas veces se ha afirmado que hay que escribir para sus contemporáneos, para los hombres de su tiempo e incluso de su país. Es lógico que esos sean los primeros destinatarios, pero no los únicos. ¿Se negará algún escritor a que se traduzcan —en condiciones aceptables— sus obras?

En un libro ya clásico, afirma Jean-Paul Sartre que "el escritor habla a sus contemporáneos, a sus compatriotas, a sus hermanos de raza o clase". Por supuesto. Y también —si se me permite hacer el papel de Pero Grullo— a los hombres de otros países, de otras razas y clases sociales, de todas las épocas.

¿Pondrá inconvenientes algún escritor marxista a que le lean los burgueses reaccionarios? ¿Me ofenderé si me proponen traducir mis libros al tailandés? La respuesta es demasiado obvia.

Por supuesto, escribimos en primer lugar para los cercanos a nosotros; después, para todos los demás. Y todos guardamos la esperanza de que alguien nos sabrá comprender: si no muchos, unos pocos; si no ahora, en el futuro. Por eso escribimos, sin más. A estos efectos, como proclamaban los ilustrados, un sueco o un africano puede serme más próximo que un ignorante que ha nacido en mi mismo pueblo.

De hecho, a lo largo de la historia de la literatura, los grandes escritores han superado las barreras de lugar y tiempo: Shakespeare, Cervantes, San Juan de la Cruz, Calderón, Dostoiewski... Además, el cambio en la sensibilidad estética ha permitido revalorizaciones tan espectaculares como la de Góngora, en 1927. ¿Cómo se puede explicar científicamente el éxito de Calderón en Alemania, de Tagore en España? De algunos escritores especialmente innovadores se puede pensar que se adelantaron a su tiempo y que ha hecho falta el paso de los años para poder apreciarlos con justeza: Sterne, Stendhal, Clarín... Todos ellos, por unos motivos o por otros, han sido comprendidos especialmente por hombres de épocas y países que no son las suyas.

Por otro lado, cualquiera que tenga una mínima experiencia literaria conoce bien hasta qué punto condiciona nuestro modo de expresión la imagen que nos hagamos de nuestro "lector ideal". No puede ser igual una obra dedicada "a la inmensa minoría" o a los "happy few" que la que pretende convertirse inmediatamente en un "bestseller". Incluso en la crítica literaria, suele ser muy distinto el tono que emplea una misma persona si escribe una monografía académica, un artículo para una revista especializada o un periódico de masas.

Por eso se ha podido decir que el lector forma parte de la estructura interna de la obra literaria. Y, dentro de los estudios de sociología literaria, un importante sector se ocupa especialmente de las relaciones entre "creación y público".

Claro está que la comunicación es, en sí misma, un fenómeno complejo, que no puede reducirse a esquemas demasiado simples. Lingüísticamente, la función comunicativa supone, en la práctica, una unión de expresión, apelación, deseo fáctico de sentirse acompañado, comunicación afectiva, etc.

La comunicación se produce con más facilidad, por supuesto, entre los que tienen puntos en común. Por eso muchos teóricos se han fijado en la literatura como sinfronismo, coincidencia entre dos sensibilidades. Recordemos el texto clásico de Plotino, en sus *Eneadas*: "Es preciso que el vidente se haya hecho afín y semejante a lo visto para que pueda darse a la contemplación, porque jamás ojo vio el sol sin haberse hecho semejante al sol, ni alma alguna vería lo Bello sin haberse hecho bella".

Todos tenemos la experiencia de que con algunos autores u obras "conectamos" con facilidad, mientras que, con otros, nos resulta imposible, por mucho que lo intentemos. Por supuesto, los profesores y críticos tienen más obligación que los simples lectores de ampliar su horizonte de estimaciones; pero, en todo caso, ellos también son lectores y, como cualquier hijo de vecino, tendrán sus preferencias y rechazos que nunca podrán explicar científicamente.

El problema gravísimo, que no se puede eludir, es que, muchas veces, la expresión y la comunicación se oponen en sus exigencias. Cuanto más fielmente pretenda expresarse un autor, más estará limitando, quizá, sus posibilidades comunicativas o el número de sus lectores. En el extremo, una vivencia expresada con absoluta singularidad sería incomunicable; y, por el otro lado, lo que todos podrían entender fácilmente, quizá no respondiera a ninguna experiencia personal auténtica. Así, la obra literaria nace de esta dialéctica constante entre el impulso de expresión libre y la necesidad de lograr la comunicación.

A esta última obedece, por ejemplo, más que a un prurito retórico o estético, la puntuación, que introduce orden en el discurso, expresa la entonación y facilita la lectura. Tienen razón los escritores contemporáneos cuando prescinden de ella por considerarla falsa: su racionalismo no es el de la auténtica realidad. Pero, a la vez, crean una nueva dificultad para el lector, un nuevo obstáculo para la comunicación.

Generalizando, éste es el problema de toda la literatura y el arte contemporáneo. Respetando todos los gustos individuales, es preciso afirmar que la aparente "oscuridad" de muchas obras de nuestro siglo no es gratuita y malintencionada, como algunos piensan ingenuamente, sino que responde a motivos profundos. Como dice Michel Butor, "a realidades diferentes corresponden diferentes formas de relato. Ahora bien, está claro que el mundo en el que vivimos se transforma con gran rapidez. Las técnicas tradicionales del relato son incapaces de incorporarse todas las nuevas aportaciones así originadas".

A nuestro nuevo mundo corresponde, inevitablemente, una nueva literatura. En ella, el escritor auténtico seguirá luchando por decirnos su palabra personal, aunque se le tache de oscuro y esnob, pero será consciente de los problemas de comunicación que, de esta forma, él mismo se está creando. En eso consiste su trabajo y su lucha cotidiana. Con toda sencillez nos lo dice Virginia Woolf: "Estamos repletos de cosas interesantes, experiencias, ideas, emociones..., pero, ¿cómo comunicárnoslas?"

Conocimiento

La literatura es, también, en cierto sentido, un modo de conocimiento. A través de los tiempos, ha desempeñado realmente el papel de intentar comprender al hombre y sus relaciones con el mundo. Pensemos en algunos grandes creadores: Sófocles, Shakespeare, Cervantes, Rousseau, Dostoiewski, Kafka... Evidentemente, cada uno de ellos ha logrado expresar con acierto una nueva concepción del hombre y de la vida.

Por eso, la novela contemporánea, por ejemplo, no es sólo un divertimento, sino que, de hecho, influye sobre la ideología de los lectores. Puede pensarse que la gran masa aprende en las novelas filosofía (Sartre), psicología (Proust, Maurois, Somerset Maugham), teología (Thomas Mann, Bernanos), crítica literaria (Clarín, Pérez de Ayala), ética (Camus), etc.

La cuestión se plantea especialmente en la llamada novela intelectual, portadora de toda clase de ideas, que responde a un deseo cognoscitivo. Muy curioso, por ejemplo, es el caso de Hermann Hesse, excelente novelista que estaba bastante olvidado y ha vuelto al primer plano del éxito mundial al ser leído con fervor por los jóvenes más o menos cercanos al movimiento "hippy".

Lo que buscan esos jóvenes en *Siddhartha,* por ejemplo, no son, evidentemente, primores estilísticos o complejidades estructurales, sino una aventura existencial, la búsqueda que realiza el protagonista acerca de cómo debe vivir un hombre. Así, este tipo de novelas nos proponen una respuesta a la cuestión de qué significa nuestra vida; por supuesto, no nos interesarán si no nos preocupa ese tema (por tenerlo suficientemente claro o por creerlo insoluble) o lo que el escritor pueda decirnos sobre él.

En el ámbito español, parece forzoso citar el caso de Pérez de Ayala, que en su etapa de madurez cultiva la llamada novela-ensayo, construida en torno a la discusión de un tema intelectual: los inconvenientes de una educación sexual basada en la ignorancia (en *Las novelas de Urbano y Simona*), el filósofo y el dramaturgo como dos tipos de hombres, junto al problema del lenguaje (en *Belarmino y Apolonio*), la crítica del concepto clásico español del honor calderoniano (en *Tigre Juan* y *El curandero de su honra*), etcétera.

Otro caso muy claro es el de Unamuno. Para él, la novela es una búsqueda, un método de conocimiento, un intento, entre otros muchos, de desvelar el misterio de la existencia. Como ha mostrado Julián Marías, se trata de un empeño condenado al fracaso, desde un punto de vista estrictamente filosófico, porque la novela usa el lenguaje común y carece de sistema. ¿Cuál es su sentido, entonces? Pensemos que el libro filosófico *Del sentimiento trágico de la vida* y la novela *San Manuel Bueno, mártir* "dicen lo mismo", prácticamente. ¿Para qué escribir la novela? Me parece claro que ésta puede ofrecer intuiciones muy profundas sobre la condición humana, además de llegar a un público mucho más amplio que el de los libros estrictamente filosóficos; y, sobre todo, en la novela los problemas no aparecen en abstracto, sino encarnados en personajes "vivos", de humanidad patética y dolorida. No es lo mismo plantearse el problema de la inmortalidad que revivir el drama vital de don Manuel Bueno, sus vacilaciones entre la fe y la duda.

En general, el problema ha sido formulado con su habitual sagacidad por Francisco Ayala: "La poesía es, a su modo, un método de conocimiento, conocimiento por vía intuitiva, que sin duda posee mayor amplitud y quizá mayor calado que el ofrecido en la vía racional de filosofía y ciencia; y tal es la razón de que filosofía y ciencia vayan redescubriendo tardíamente verdades que desde muy pronto la humanidad había recibido en revelaciones fulgurantes a través de la imaginación poética". Aquí, por supuesto, "poesía" vale por "creación literaria, en general" y no como género concreto. Y ese sería, en definitiva, el sentido profundo de la fórmula clásica "enseñar deleitando", al resumir para qué sirve o debe servir la literatura.

Fácilmente se comprenderá, me parece, que han subrayado el valor de conocimiento de la obra literaria los críticos que se acercan al ensayo filosófico más que los esteticistas o los lingüistas. Por ejemplo, Lukács, cuando considera que el núcleo de la novela moderna es la búsqueda de los valores en una sociedad que los ha perdido, realizada por un héroe problemático.

Como método de conocimiento, la literatura nos permite multiplicar nuestras experiencias: ¿Qué sabría yo, sin las novelas, de la vida del pirata malayo o del espía doble? ¿Qué sabría yo de las experiencias y problemas de una prostituta de Nueva Orleáns antes de leer el *Réquiem por una monja,* de William Faulkner? Los ejemplos son voluntariamente grotescos, pero me parece que concluyentes. Como dice Simone de Beauvoir, "una novela permite realizar experiencias imaginarias tan completas, tan inquietantes como las vividas".

Multiplicando mis experiencias, la literatura me multiplica a mí mismo. Pensemos, cada uno, en lo terriblemente limitada que suele ser nuestra experiencia personal. Si me quitaran todo lo que, en mi personalidad actual, procede de las lecturas, ¿qué quedaría? No me refiero a los conocimientos concretos, aprendidos en los libros de estudio o científicos, sino en lo que hemos obtenido de los llamados libros de entretenimiento, los que poseen una finalidad estética. ¿Qué conservaría, en ese caso imaginario, de mis ideas, sentimientos, gustos, aficiones, visión del mundo, sistema de valores? Imposible saberlo con precisión, por supuesto, pero no cabe duda de que resultaría un ser totalmente diferente del que ahora soy.

Ante cualquier nueva situación vital, reacciono de una determinada manera. Mi reacción está determinada por mi fisiología, mi carácter, las experiencias que he vivido... y también, sin duda, por los libros que he *leído de verdad,* los que han dejado una huella en mí. Esos son, además, los que han ampliado un poco —al menos— las barreras de todas mis limitaciones.

La literatura resulta ser un diálogo personal con los más ilustres espíritus que ha producido la Humanidad. Así lo proclama ya, en el Renacimiento español, Fernán Pérez de Oliva: "El gran misterio de las letras nos da facultad de hablar con los ausentes y de escuchar ahora a los sabios antepasados las cosas que dijeron. Las letras nos mantienen la memoria, nos guardan las ciencias, y, lo que es más admirable, nos extienden la vida largos siglos, pues por ellas conocemos todos los tiempos pasados, los cuales vivir no es sino sentirlos."

La literatura nos permite atisbar ciertos aspectos de la realidad o encarnar ciertos valores que no sólo suelen estar fuera de mis límites, sino que, además, en su pureza extremada, son incompatibles entre sí. A la vez, puedo sentir la aventura y el orden, la lujuria y la pureza, la ortodoxia y la transgresión... Refiriéndose a Gide y Malraux, escribe Claude-Edmonde Magny: "Así, heroísmo y santidad podrán ser 'vividos literariamente' hasta el fondo (para el lector lo mismo que para el autor), mientras que, quizá, ninguna de esas dos actitudes hubiera podido serlo efectivamente. La literatura realiza una 'experimentación mental' de un cierto número de formas de vida espiritual."

Podrían ponerse otros muchos ejemplos en la literatura española, desde luego. No hace falta ser muy creyente para apreciar los valores de poetas como Berceo o Jorge Manrique, cuya visión del mundo es profundamente religiosa. Del mismo modo, San Juan de la Cruz es estimado fervorosamente por críticos y lectores cuyo sistema ideológico está en las antípodas del de este poeta. Como escribía Azorín, "se puede comprender y amar El Escorial y se puede tener una sensibilidad contraria a todo lo que El Escorial significa".

En todo caso, la observación principal —me parece— permanece válida: la literatura nos permite vivir en cierta medida algunas experiencias que en la práctica ignoramos. Resignémonos a admitir que todos somos en cierto sentido —según la irónica fórmula de Benavente— "el príncipe que todo lo aprendió en los libros".

Puede objetarse que todo esto es un mezquino consuelo frente a nuestra limitación vital, un engaño más. Por supuesto, pero recordemos "Question Mark", la película de Orson Welles, en la que concluye que todo arte auténtico es un engaño, un fraude, pero que termina por ser verdad, si aceptamos las reglas del juego que estamos jugando.

Recordemos el poema que antes cité de Vicente Aleixandre: uno no se encuentra a sí mismo en la soledad del espejo, sino en los demás: "¡Hermano mío! Yo no soy verdaderamente yo, más que yo, que contigo" (Gide: *La puerta estrecha*).

Por supuesto, uno se busca a sí mismo en los libros que lee; también —no olvidemos la perspectiva complementaria— en los libros que escribe. La declaración de Lawrence Durrell, en *Clea,* es tajante: "No es el arte en realidad lo que perseguimos, sino a nosotros mismos." Y, mientras escribo estas líneas, oigo en el pequeño transistor una canción de Silvio Rodríguez:

He escrito tanta inútil cosa,
sin descubrirme, sin dar conmigo.

Si literatura supone conocimiento, podríamos hablar también de *revelación,* de apertura a nuevos mundos. Así sucede, en general, con el arte. Como afirma Paul Klee, "el arte digno de este nombre no da lo visible, abre los ojos".

Desde este punto de vista parece inevitable citar el surrealismo. Por debajo de la rutina de la vida cotidiana, el escritor surrealista busca la Maravilla, lo inefable, el misterio: "La Maravilla en la cual, de la primera a la última página de este libro, mi fe no ha cambiado" (André Breton).

Claro que, en este sentido, el surrealismo no es sólo un movimiento de vanguardia, un "ismo" más, sino que enlaza con la necesidad de "cambiar el mundo" (Rimbaud), de transformarlo (Marx), de hallar "luz, más luz" (Goethe). La experiencia surrealista no se reduce a lo literario, sino que pretende ser total: más que a la crítica habitual, sus teorías se parecen al yoga, al psicoanálisis, a la alquimia, al espiritualismo más o menos esotérico... Busca la sorpresa, el hallazgo, lo que estaba dentro de nosotros sin que lo sospecháramos. Pero todo esto desemboca en un problema específicamente literario, el de lograr una forma que exprese adecuadamente esa revelación y la haga comunicable. La literatura resulta ser la revelación de esa maravilla, alcanzada personalmente: "¿Cómo podré hacerme entender?", se pregunta André Breton en *Nadja.*

La literatura contemporánea se ha centrado especialmente en esta función de revelación de la realidad; como es lógico, por una vía mucho más intuitiva que racionalista. Como dice bellamente Musil, "para mí el mundo está lleno de voces silenciosas".

En un fragmento ya clásico, Sartre nos revela *la náusea* que se esconde detrás de un objeto trivialísimo; la raíz de un árbol aparece como algo vivo, repugnante, amenazador, que nos hace sentir el absurdo de nuestra existencia.

Del mismo modo, en el cuento "El perseguidor", de Julio Cortázar, un músico de jazz advierte que "todo era como una jalea, que todo temblaba alrededor, que no había más que fijarse un poco, sentirse un poco, callarse un poco, para descubrir los agujeros... Todo lleno de agujeros, todo esponja, todo como un colador colándose a sí mismo".

A un nivel mucho más concreto, es de sobra conocido el hecho de que los escritores del noventa y ocho (Azorín, sobre todo) nos han enseñado a *ver* el paisaje castellano de una manera nueva. Gracias a ellos, encontramos belleza en lugares que antes no hubieran parecido nada "pintorescos". Y todos tenemos una cierta sensibilidad proustiana al recordar nuestra infancia, al intentar la búsqueda del *tiempo perdido.*

Es algo común a las demás artes. La pintura holandesa me enseña a ver la belleza de ciertos efectos de luz, el brillo de un tapiz en la oscuridad, los azulejos relucientes. En el periódico leo que una foto es goyesca; una señora gorda, felliniana; una fiesta de alta sociedad, de Antonioni. Hoy, el cine nos ha acostumbrado a todos a encuadres inesperados, a ver la realidad con "travellings", fuera de los puntos de vista habituales.

Un escritor romántico alemán escribía: "Hay otro mundo, pero se encuentra en éste; para que alcance su perfección es preciso que se le reconozca distintamente y que se adhiera a él." De esta cita parte Cortázar, por ejemplo, para su concepto de la novela como búsqueda metafísica, como persecución (recuérdese el título del cuento: "El perseguidor") de una verdad que se nos escapa y que la literatura puede revelarnos. Esa verdad —sigamos con Cortázar— está en todas las cosas; mejor dicho, puede estarlo, por detrás de su aparente y habitual sentido... Hay que buscar un nuevo significado a cada cosa para encontrar ese punto misterioso del "cielo" de la *Rayuela,* del *aleph* de Borges. En definitiva, se trataría de encontrar, quizá, un nuevo sentido al mundo y a las relaciones humanas auténticas, una vez que la ironía haya barrido la costra de lo convencional.

Así pues, existe una íntima unión entre la revelación de un mundo nuevo y un hombre nuevo, unas nuevas relaciones personales y una nueva literatura; entre otros recursos, ésta usará ampliamente la enumeración caótica, porque detrás de todo puede estar (como piensa el místico que busca a Dios) la clave del universo.

La literatura puede intentar abrirnos los ojos, revelarnos esa clave.

Consuelo

La literatura puede servir de consuelo ante las penalidades y limitaciones de la vida. Para el lector, puede desempeñar un papel de evasión, en sus diversas formas. Para el creador, muchas veces, va unida a la lucha contra el tiempo: por detrás, intenta recuperar el "tiempo perdido"; hacia delante, prolongar el eco de una voz.

El escritor —ya lo hemos visto— no se dirige sólo a sus contemporáneos. En 1835, Stendhal afirma que escribir es igual a comprar un billete de lotería cuyo único premio es ser leído en 1935. (De hecho, así ha sido, y sigue siéndolo.) Por eso sueña con que "los ojos que leerán esto mañana hoy apenas se abren a la luz, pues supongo que mis futuros lectores tendrán ahora diez o doce años". O, simplemente, no habían nacido.

Cien años después, André Gide se plantea lo mismo: "¿Qué problemas inquietarán mañana a los que vengan? Para ellos es para quienes quiero escribir. Proporcionar un aliento a curiosidades aún distantes, satisfacer exigencias todavía sin precisar, de tal modo que el que hoy es sólo un niño, se asombre mañana en su camino".

Así, el creador sueña con derrotar al tiempo, con vencer al olvido. Flaubert formula la ley general: "Escribo (hablo de un autor que se respete) no sólo para el lector de hoy, sino para todos los lectores que puedan presentarse mientras la lengua exista. Si vuestra obra es buena, si es verdadera, sincera, íntegra, alcanzará su lugar, tendrá su eco en seis meses, seis años o después de vuestra muerte."

¿Tendrá la literatura la fuerza mágica necesaria para superar el poder del olvido, que arrasa lo más valioso simplemente "dans un mois, dans un an"? Si es así, será una fuente preciosa de consolación. Pedro Salinas ha insistido muy bellamente en este valor trascendental de la creación literaria. A Jorge Manrique, desgarrado por la muerte de su padre, la memoria hecha poema le da consuelo: "Cuando expiran las palabras de la elegía, en un último aliento, tan sereno y tan conforme con el del Maestre, el soplo de esos dos vocablos —consuelo, memoria— persiste, agitando delicadamente las capas del alma, como viento que ya pasó, y cuyos rizos aún quedan en la faz del agua. *¿No será siempre y dondequiera, la poesía, consuelo, magia consolatoria, por excelencia?* Consolación que nos tiende, muda, en sus manos, esa figura veladora siempre, la memoria."

Ningún escritor se muestra, normalmente, satisfecho de la difusión que ha alcanzado su obra. Si nos asomamos, por poco que sea, a las estadísticas sobre edición de libros y bibliotecas en el mundo, la sensación de vértigo será inevitable. Y, sin embargo, todos seguimos escribiendo, pensando que podemos decir una palabra personal y que esa palabra nos sobrevivirá al encontrar —no importa dónde o cuándo— el lector que sabrá entenderla, sentir la vida que late detrás de las letras de imprenta.

En otro sentido, la literatura puede producir efectos catárticos en el lector y en el escritor. El texto clásico, comentado cien veces a lo largo de la historia, es el de Aristóteles en su *Poética*: "Es, pues, la tragedia imitación de una acción esforzada y completa, de cierta amplitud, en lenguaje sazonado, separada cada una de las especies de aderezos en las distintas partes, actuando los personajes y no mediante relato, y que *mediante compasión y temor lleva a cabo la purgación de tales afecciones*" (traducción de Valentín García Yebra).

Por supuesto, estos efectos terapéuticos puede producirlos la obra literaria de cualquier género (no sólo la tragedia), como todos hemos experimentado alguna vez. Y son muchísimos los testimonios de los creadores que lo confirman. Goethe, por ejemplo, al escribir el *Werther,* anota en su autobiografía: "Con esta composición, más que con ninguna otra, me había liberado de aquel estado tempestuoso y apasionado al que había sido arrastrado violentamente por culpas propias y ajenas... Escrita la obra, me sentí aliviado y gozoso como tras una confesión general y dispuesto a emprender otra vida. El viejo remedio me había sentado esta vez perfectamente."

De un modo menos romántico, Lawrence Durrell precisa: "He hablado de la inutilidad del arte, pero no he dicho la verdad sobre el consuelo que procura... Por medio del arte logramos una feliz transacción con todo lo que nos hiere o vence en la vida cotidiana, no para escapar al destino, como trata de hacerlo el hombre ordinario, sino para cumplirlo en todas sus posibilidades: las imaginarias."

Llegamos ya, quizá, a una cumbre (o a un extremo, según se prefiera): para algunos escritores, la literatura puede ser un intento de conseguir una *salvación* personal.

El caso de Unamuno es bastante claro en este sentido. Para él, como para cualquier existencialista, la meditación sobre la muerte es el tema fundamental de toda filosofía. Más aún: el problema vital inexcusable. Si vamos a morir (definitivamente, se entiende) nada de esta vida tiene sentido. Unamuno rechaza la solución religiosa, así como su negación. Se queda en la incertidumbre, no escéptica sino angustiada y buscadora, agónica. Según eso, ¿para qué escribir? Por supuesto, no por gloria, dinero o afán de belleza. El tema es muy otro: ya que no podemos tener la seguridad de saciar nuestra "hambre de inmortalidad", nos quedan dos consuelos, dos pequeñas inmortalidades: los hijos y los libros. Así, la literatura resulta ser un medio más (pequeño, imperfecto, pero indudable) de luchar contra la muerte:

> cuando vibres todo entero
> soy yo, lector, que en ti vibro.

Claro que esto postula un tipo de lector y una relación con el libro que nada tienen que ver con la frialdad académica de estudiar a un autor que está en el programa. Unamuno busca un lector que *vibre,* que haga suyas y reviva las cuestiones que a él le angustiaron. (Un lector activo, como pide toda la novela contemporánea). Y esa pequeña inmortalidad —por lo menos— es seguro que Unamuno la ha conseguido, pues su obra sigue suscitando, en el mundo entero, pasión fervorosa y polémica.

En otro autor aparentemente muy alejado de todo esto, Rubén Darío, encontramos algo comparable. Su erotismo comienza por lo más inmediato: "Carne, celeste carne de la mujer." Se auxilia luego de la imaginación, de la mitología, en un clima utópico de inconsciencia e intemporalidad, para llegar a una visión panerótica del mundo:

> Amar, amar, amar, amar siempre, con todo
> el ser y con la tierra y con el cielo,
> con lo claro del sol y lo oscuro del lodo:
> amar por toda ciencia y amar por todo anhelo.

Pedro Salinas nos ha mostrado admirablemente las etapas de este proceso. Después, "Venus desde el abismo me miraba con triste mirar". El tiempo trae el dolor; la conciencia, la pesadumbre. Lo erótico se ha hecho agónico, lucha por no morir. Su poesía es la pasión y la muerte de lo erótico, y la salvación final trascendente:

> y si hubo áspera hiel en mi existencia,
> melificó toda acritud el arte.

Así, del ansia de placer y del dolor, surge una poesía que es lucha contra la muerte. Y que, en cierto sentido, es salvación frente al tiempo. El escritor, así, no pasa en vano; deja una huella, algo que permanece: su obra. A eso responde, en palabras de Virginia Woolf, "ese insaciable deseo de escribir alguna cosa antes de morir".

Vida y literatura

Este es —me parece— el tema de fondo de este libro, el que puede darle unidad, si es que tiene alguna. Me gustaría que el lector lo percibiera así, por debajo de las referencias y las digresiones: como el oyente retiene la importancia de un tema musical, por muchas que sean las variaciones; como la "petite phrase", en la obra de Proust.

Vida y literatura: en eso —en cómo interpretamos eso— se resume todo. No cabe comprender la literatura al margen de la vida. Claro que esto tiene múltiples aspectos, y los problemas que de aquí surgen son muchísimos, imposibles de resolver. Recordemos algunos, en todo caso, a nivel elemental.

La literatura refleja, en primer lugar, ambientes, costumbres, modos de ser. Pero refleja también un paisaje espiritual, un conjunto de creencias. Y, sobre todo, una personalidad creadora. Según la sagaz distinción de Henry James, la literatura aspira a reflejar la realidad *profundamente,* no exactamente. Así pues, es evidente que dependerá, ante todo, del concepto que el escritor tenga de la vida. Por eso, no cabe prescindir, al hacer crítica literaria, de la visión del mundo que poseen los autores.

Ya he mencionado que Proust compara al escritor con una esponja que absorbe sustancia vital: todo lo que él vive se refleja y expresa en su escritura. Por eso, cada obra da testimonio de su autor y de la época en que fue escrita. A la vez, la obra literaria puede influir sobre la sociedad, contribuyendo a modificarla. De hecho, así sucede, muchas veces. De este modo, el escritor y la sociedad se influyen mutuamente.

No pensemos sólo, sin embargo, en las ideas o visiones del mundo. La literatura tiene mucho que ver con la sensualidad, con la capacidad de "ver" las cosas, de sentir su sabor y su perfume. Citando a los novelistas norteamericanos, insiste hoy Francisco

Umbral en que la literatura debe contener "cosas", más que ideas y palabras. En efecto, el mejor Hemingway, por ejemplo, no es el que nos hable directamente de la vida y la muerte —si lo hace alguna vez—, sino el que nos hace *sentir* la picada del pez gigantesco, la frescura de las aguas de un río truchero, en Navarra, o el sabor de las primeras fresas, en Aranjuez.

Desde el punto de vista del lector, también es preciso tener los sentidos despertos para apreciar una obra de Gabriel Miró, por ejemplo. Para este autor, la sensualidad es igual a sensibilidad: un bien. El puritanismo, en cambio, supone insensibilidad, dureza, crueldad, hipocresía: el mal. En *Nuestro padre San Daniel* y *El obispo leproso,* se trata de dos sacerdotes, el padre Bellod y don Magín, dos figuras individuales y a la vez símbolos de dos maneras de entender la vida. El primero es el puritano y cruel que martiriza a las ratas: "con certero pulso, iba torrándoles el vello, el hocico, las orejas, todo lo más frágil, y les dejaba los ojos para lo último, porque le divertía su mirada de lumbrecillas lívidas". Don Magín, en cambio, es el sacerdote sensual que disfruta con los colores, olores, sabores... Al final, su meditación concluye así: "¡Ay, sensualidad, y cómo nos traspasas de anhelos de infinito!" El lector, naturalmente, no sólo ha de entender racionalmente esto, sino sentir, físicamente, el "placer del texto".

Quedamos en que el escritor hace literatura con el bagaje de experiencias acumulado a lo largo de una vida. Como ha subrayado bien Camilo José Cela, escribir no es, exclusivamente, "cosa mental". Escribimos todos —mejor o peor— con la inteligencia, pero también con la sensibilidad, con el sexo, con la nostalgia, con la infancia perdida, con los recuerdos que atesoramos, con la melancolía que la vida va depositando en nosotros; con una musiquilla popular que oí hace años y se me quedó dentro; con un lugar que se ha convertido en lo que Unamuno llamó "paisajes del alma"; con el recuerdo de un "momento privilegiado"...

Como dice un poeta chino, "La vida no se puede discutir. / Defenderla resulta difícil y absurdo". Pero el escritor puede escapar de los problemas refugiándose en su labor. Recordemos los consejos que da Flaubert: "Trabaja, trabaja, escribe tanto como puedas, tanto como tu musa te arrebate. Este es el mejor corcel, la mejor carroza para escapar de la vida. El cansancio de la existencia no nos pesa cuando componemos (...). El único medio para soportar la existencia es aturdirse en la literatura como en una orgía perpetua. El vino del Arte causa una larga embriaguez y es inagotable. Para no vivir me sumerjo desesperadamente en el arte; me embriago con tinta como otros con vino." De estos párrafos extrajo Vargas Llosa el título para su libro sobre *Madame Bovary: La orgía perpetua.*

Sin llegar a estos extremos, hay que reconocer que, de hecho, muchas veces, nuestra vida está impregnada de literatura. Como señaló sagazmente Montesinos, "la vida humana es siempre literaria en cuanto es vida ritmada y normada, en cuanto recibe su verdad por modo trascendente". Esto puede ser verdad para un lector, pero lo es, sobre todo, para un escritor. La literatura es su auténtica vida, a la vez que su vida está tejida de literatura. ¿Juego de palabras? No es sólo eso, desde luego.

Como dice Blas de Otero, "todo son libros y yo quiero averiguar cómo se salva la distancia entre la vida y los libros". Por eso he titulado yo un estudio sobre una novela de Pérez de Ayala *Vida y literatura en...*: ése es el gran tema que suele estar al fondo de toda crítica literaria y que, más allá de la pura biografía, muy pocas veces llegamos a comprender de verdad.

La conexión de la literatura con la vida es algo muy difícil de definir con precisión, pero, para mí, al menos, absolutamente evidente. Como dice Valéry, el objeto de la literatura es indeterminado, porque también lo es el de la vida.

En otro sentido, la creación literaria supone una intensificación de la vida. Para Henry James, "la vida es confusión, derroche de valores; el arte selecciona y economiza". Pérez de Ayala nos da una fórmula semejante: "La novela es una mayor densidad o condensación de la vida vivida." Y Thomas Mann, en su magnífica *Muerte en Venecia*: "El arte significa para quien lo vive una vida enaltecida. Sus dichas son más hondas y desgasta rápidamente."

A nivel teórico, Raymond Jean, que ha dedicado un libro al tema, concluye que lo real y lo literario no son extraños, exteriores el uno al otro; así pues, no conviene hablar de los dos en términos de relación, es decir, de exterioridad, sino en términos de equivalencia, identificación o superposición: "¿Quién no percibe que la literatura procede exactamente del mismo modo con la realidad? La cubre tan estrechamente que se sustituye a ella, desbordándola, y la prolonga, la desarrolla, dice mucho mejor que ella lo que tiene que decirnos, y con mucha más prodigalidad."

Y, un poco más adelante, concluye: "No hay, por un lado, la cosa escrita, y, por otro, la cosa real. Lo que existe es una constante superación dialéctica de esta oposición en el acto de escribir, como en el acto de leer, y esta superación es una creación continua que enriquece el arte y la cultura, pero que también modifica y hace 'avanzar' la realidad."

La conclusión mejor puede ser la famosa —y terrible— frase de Marcel Proust: "La verdadera vida, la vida al fin descubierta y aclarada, la única vida, por consiguiente, realmente vivida, es la literatura."

Por este camino, parece que desembocaremos inevitablemente en una forma de idealismo o esteticismo absoluto. Pero no es tan seguro como puede parecer, a primera vista. La relación profunda, dialéctica, entre vida y literatura puede traer también como consecuencia cierto imperativo ético. Para Michel Butor, por ejemplo, escribimos porque sentimos que hay un hueco entre la literatura y la vida; la literatura surge del sentir la necesidad de que hay que cambiar o añadir algo al mundo.

Del mismo modo, Mario Vargas Llosa afirma que la literatura surge de una situación de disconformidad con la realidad: "El escritor ha sido, es y seguirá siendo un descontento." Incluso en una época futura y teórica en la que reinara la justicia, "tendremos que seguir, como ayer, como ahora, diciendo no, rebelándonos, exigiendo que se reconozca nuestro derecho a disentir, mostrando que el dogma, la censura, la arbitrariedad, son también enemigos mortales del progreso y de la dignidad humana".

Así pues, habrá que convenir, en resumen, que la literatura está hecha de vida: vida seleccionada, concentrada, personalizada, universalizada.

Las fronteras, por supuesto, no son rígidas. Recordemos un párrafo de Lawrence Durrell: "Advertía también que la verdadera ficción no se encontraba en las páginas de Arnauti, ni en las de Pursewarden, ni tampoco en las mías. La vida era la ficción, y todos intentábamos expresarla a través de diferentes lenguajes, de interpretaciones distintas, acordes con la naturaleza propia y el genio de cada uno." Y concluye, después, el narrador: "Una obra de arte es algo que se parece más a la vida que la vida misma."

A la vez, la literatura se hace vida, la vida se ajusta a patrones literarios. Y lo que era "boutade" en Oscar Wilde lo podemos comprobar en la vida cotidiana: la naturaleza imita al arte (literario, en este caso).

Desde el punto de vista del destinatario, no cabe duda de que leemos con la vida; y con la literatura anterior, por supuesto, que ya se ha hecho vida en nosotros.

Recordemos la fórmula clásica: "ars longa, vita brevis". ¿Qué quiere decir esto para nuestro tema actual? Ante todo, que hay mucho "arte" (ciencia, literatura...) para tan breve vida.

Además, que la vida pasa, mientras que la literatura permanece. Gautier lo expresó, en su poema "El arte":

> Todo pasa. Sólo el arte augusto
> tiene eternidad.
> Un busto sobrevive a una ciudad.
> Los dioses mismos perecen,
> pero los versos inmortales
> duran más que el metal más duro.

Por último, atendiendo al origen y a los efectos, la literatura nos interesa de verdad por ser concentración de vida y en cuanto siga conservando energía vital.

Quizá podamos concluir este apartado recordando la frase de Charles du Bos que ya he usado como lema: "Sin la literatura, ¿qué sería de la vida?", y volviéndola del revés, claro: sin la vida, ¿qué sería de la literatura?

Realismo

La unión de vida y literatura hace pensar, lógicamente, en el término "realismo". ¿Qué quiere decir esto? Se trata de un término extremadamente vago y ambiguo, que suele encubrir significaciones muy diferentes. Si calificamos, simplemente, de realista a la obra que se muestra más o menos acorde con la realidad, nuestra calificación dependerá, ante todo, del concepto que se tenga de la realidad.

Por ejemplo, un marxista como Adolfo Sánchez Vázquez llama arte realista al que, "partiendo de la existencia de una realidad objetiva, construye con ella una nueva realidad, al que nos entrega verdades sobre la realidad del hombre concreto, que vive en una sociedad dada, en unas relaciones humanas condicionadas histórica y socialmente y que, en el marco de ellas, trabaja, lucha, sufre, goza o sueña".

Otro pensador del mismo campo ideológico, Roger Garaudy, se fijará sobre todo en que "un realismo es insuficiente si no reconoce como real más que lo que los sentidos pueden percibir y lo que la razón puede ya explicar. El verdadero realismo no es el que dice el *destino* del hombre, sino el que está más atento a sus elecciones. Porque la realidad propiamente humana es *también* todo lo que no somos todavía, todo lo que proyectamos ser, mediante el mito, la esperanza, la decisión, el combate". Por eso propugnará un realismo sin orillas concretas, sin fronteras que lo limiten.

La indudable inteligencia de la Pardo Bazán le hace plantear la cuestión, en su novela *La Quimera,* con gran claridad: "—¿Y qué es para usted lo real?— preguntó el arcaizante. ¿Llama usted real a lo material? ¿No es real el sentimiento que preside a la labor, por ejemplo, de un maselista o de un mosaista? ¿Considera usted real únicamente lo popular y zafio? ¿Es usted un realista de la carne, como Rubens; un realista del dibujo y del color, como Velázquez; un realista de la luz, como Ribera; un realista de la caricatura y del color local, como Goya? Porque *hay cien realismos.*" (El subrayado es mío.)

Cien años después, en su *Cuarteto de Alejandría,* Lawrence Durrell afirma lo mismo, por boca de su personaje: "'Hay tantas realidades como usted quiera imaginar', escribe Pursewarden."

Tomemos el ejemplo del esperpento, deformación sistemática de la realidad que Valle-Inclán estima necesaria para expresar adecuadamente esa caricatura de la civilización europea que es, en sí misma, la vida española. En los últimos años, varios críticos han insistido en el carácter lúdico de este procedimiento, idealización al revés, pero tan evasiva como la del modernismo. Frente a esto, Ricardo Gullón ha postulado la realidad básica de un estilo aparentemente tan desrealizador: "El esperpento tiene, por supuesto, la irreal realidad del arte. Pero, además, y hablando de la realidad en términos más amplios, en lugar de negarla, la revela. Contrariamente a lo que suele pensarse, el esperpento, valleinclanesco o no, lejos de ser una técnica desrealizadora, fue concebido para aproximarse a la realidad de manera más lúcida y desengañada que la habitual en el llamado realismo, intentando descubrir en ella lo que no sé si atreverme a llamar su esencia."

Quizá de estas dudas sobre su interpretación nacen, en buena parte, las discusiones y vacilaciones acerca del montaje escénico que corresponde adecuadamente a una creación dramática tan original como es el esperpento.

De un modo semejante, he intentado yo demostrar cómo Pérez de Ayala, en *Las novelas de Urbano y Simona,* utiliza una técnica de exageración o caricatura que le sirve de excelente vía de acceso para aproximarse críticamente a una realidad típicamente española: los errores en la educación erótica.

Así pues, el realismo puede adoptar múltiples posibilidades. Para Drieu la Rochelle, "un realismo que goce de buena salud llega a ser surrealismo". Por este camino llegamos a la actitud omnicomprensiva de Mario Vargas Llosa, que considera igualmente realista a todos los grandes escritores dignos de este nombre, ya pertenezcan —por poner casos extremos— a la escuela de Hemingway o a la de Musil y Kafka. O, en el extremo opuesto, podemos desembocar en el escepticismo de Claude Simon: "En sentido absoluto, no hay arte realista."

Esto último es una reacción lógica frente a la seguridad de épocas anteriores; en el siglo XIX, en concreto, los novelistas creían poseer una visión del mundo sólida y segura. Para Walter Scott, lo que caracteriza el nuevo estilo es "el arte de copiar de la naturaleza, tal como se presenta en los caminos corrientes de la vida, y de presentar al lector, en lugar de las espléndidas escenas de un mundo imaginario, una representación correcta e impresionante de lo que diariamente tiene lugar a nuestro alrededor". Lo mismo opina Thackeray: "El arte de novelar es representar la Naturaleza, transmitir con tanta fuerza como sea posible el sentimiento de realidad."

Copiar la naturaleza... Hoy, esto, ya no nos parece un ideal tan evidente. Si lo fuera, la literatura habría quedado anticuada ante el cine sonoro, la televisión en color o el videocasette. Pero está claro que el arte no puede ser nunca una pura reproducción mecánica, automática, de la realidad. El artista, siempre, consciente o inconscientemente, debe elegir la porción de realidad que considera y la transformación artística a que la somete. Un realista como Flaubert afirma que, "en mi opinión, la realidad no debe ser más que un trampolín".

Parece lógico, entonces, desplazarse de "la realidad" a "lo verosímil". ¿Cuáles serán sus límites? A mediados del siglo XVIII, Fielding, en su *Tom Jones,* nos da una respuesta de tipo psicológico: "Los hechos deben ser tales que no sólo puedan caer dentro del ámbito de la actuación humana, y que se suponga pueden realizar probablemente seres humanos, sino que deben ser verosímiles en los mismos actores y personajes que los ejecutan, ya que lo que puede ser maravilloso y sorprendente en un hombre, puede convertirse en inverosímil e incluso imposible cuando se atribuye a otro."

Apunta esto a lo que hoy llamaríamos la coherencia psicológica del personaje. Pero, desde nuestro punto de vista actual, ¿hasta qué punto funciona en la vida real todo esto? Después de Freud y la bomba atómica —por citar sólo dos ejemplos— consideramos posible y verosímil, tanto a nivel individual como colectivo, cosas que hubieran parecido increíbles, quizá, a Henry Fielding y sus contemporáneos.

En cualquier caso, hay que aceptar que algunas obras literarias nos parecen creíbles y otras no. Quizá el quid resida en la coherencia entre las partes, en el tono general que se ha conseguido. El lector de *Cien años de soledad,* por ejemplo, acepta perfectamente que una chica sea tan guapa que, por esa sola virtud, se eleve al cielo: el talento de García Márquez logra que ese episodio fantástico aparezca como natural dentro de ese mundo cerrado ("hermético", diría Ortega) que es la novela.

La credibilidad afecta también al narrador: hoy aceptamos una voz limitada, que ha adoptado una perspectiva individual —como sucede en la realidad— mejor que al narrador omnisciente que era frecuente en las novelas del siglo pasado. Del mismo modo, hoy nos parecen más reales el espacio y el tiempo si están tratados vitalmente, en cuanto afecten a una persona, que su pura consideración objetiva, local y cronológica.

La simple observación de los hechos literarios bastará para convencernos —me parece— de que nuestra noción del realismo no debe ser abstracta, inmutable, fijada de antemano; se tratará, más bien, de algo humano, histórico, cambiante. Existe, desde luego, un concepto estricto del realismo literario, limitado a los procedimientos que dominaron en la literatura europea de la segunda mitad del siglo XIX. Pero también existe un concepto más amplio y más actual del realismo, que excede con mucho a esas técnicas concretas, y que, siendo más difícil de concretar, me parece mucho más interesante.

En definitiva, el artista no nos puede dar nunca "la realidad", sino su visión personal de ella. A lo que más puede aspirar, en este sentido, es a la que nos parezca creíble y verosímil, a que aceptemos esa ilusión de verdad. Maupassant lo vio ya con toda claridad: "El realista, si es artista, no buscará darnos una trivial fotografía de la vida, sino una visión de ella más plena, aguda y convicente que la realidad misma (...). Ser verdadero consiste en dar la plena ilusión de verdad. Así pues, los realistas de talento debieran ser llamados, más bien, ilusionistas. Es pueril creer en la realidad cuando cada uno de nosotros lleva su propia realidad. Los grandes artistas son los que imponen su ilusión particular a la Humanidad."

Tradición y originalidad

En el mundo del arte (como en la adolescencia), una de las tentaciones más frecuentes es el adanismo: creer que con uno mismo empieza el mundo, no reconocer padres ni antecedentes. En realidad, como definía Eugenio d'Ors, la cultura supone conciencia de continuidad.

Me parece indudable que la obra literaria se sitúa, desde su nacimiento, como un eslabón más de una enorme cadena: la tradición literaria. En nuestros días, varios estudios lo han subrayado especialmente: así, Highet puso de manifiesto la existencia de una tradición clásica ininterrumpida que llega, por ejemplo, hasta James Joyce; Ernest Robert Curtius mostró la dependencia de las literaturas europeas respecto de la Edad Media Latina, concretada en una serie de "tópoi", fórmulas o lugares comunes nacidos de la tradición retórica y de la enseñanza; en el ámbito de lo español, en fin, Otis H. Green se ha opuesto a los que subrayan la peculiaridad de nuestra cultura (Américo Castro, por ejemplo) para mostrar su conexión con la occidental.

Téngase en cuenta que la búsqueda de la originalidad (que hoy llega, en ocasiones, a extremos verdaderamente grotescos) es de origen romántico. En todas las épocas, el creador ha escrito con su experiencia vital y su capacidad imaginativa, pero también, y de modo esencial, con todo su caudal de lecturas. No cabe mayor ingenuidad que la del jovencito aprendiz de escritor que no quiere leer para no perder su originalidad. Sin la aportación y asimilación de la literatura anterior, por ejemplo, ¿que quedaría de la obra de Garcilaso, Cervantes o Góngora? En nuestra época, por citar sólo algunos casos llamativos, ¿qué quedaría de Borges, Francisco Ayala, Alvaro Cunqueiro o Gonzalo Torrente Ballester?

Todo esto es perfectamente compatible con algo que ya he señalado antes: cada escritor quiere aportar su palabra personal, nueva, al mundo de la literatura; y cada escuela, por supuesto. Por eso, en la época contemporánea, se suceden los movimientos de vanguardia, con una velocidad acorde con la de las comunicaciones en nuestro tiempo. Cada grupo cree poder aportar una nueva visión del mundo y un nuevo estilo. Algunos de estos ismos pasarán con la rapidez de las modas; otros, dejarán su huella permanente y, por muy heterodoxos y antiacadémicos que hayan querido ser, se incorporarán a la tradición viva de la historia literaria.

Este proceso (incorporación a la tradición de los fenómenos estéticos que nacieron para oponerse a ella) es algo absolutamente habitual e inevitable.

En este sentido, me parece falsa la oposición que se establece tan frecuentemente entre los escritores clásicos y los contemporáneos. Los verdaderos clásicos son los modelos permanentes, vivos, que siguen teniendo algo que decir a nuestra sensibilidad actual. A la inversa, detrás de un cuento de Borges o unos versos de Luis Cernuda hay toda una cadena tradicional sin la cual no existirían.

Como decía Strawinski, el que no aprecia el arte de su tiempo no aprecia, en realidad, el arte de ninguna época. Limemos las aristas polémicas de la frase y vayamos a lo esencial: ver la obra literaria como una experiencia viva. En el caso de la enseñanza, me parece indudable la conveniencia de que los alumnos presten atención a lo que se está escribiendo hoy en nuestro país, a lo que refleja la sensibilidad del momento presente. Escuchar con atención la voz de Cela, Delibes, Buero o Torrente Ballester, por supuesto, pero también de Umbral y Nieva, de Gimferrer y Celso Emilio Ferreiro.

Claro que lo esencial no es la fecha de los libros, sino la actitud del lector ante ellos: enfrentarse con la obra literaria como con algo vivo, no con una ruina venerable; como una experiencia que puede ser decisiva en nuestro modo de afrontar los problemas cotidianos; como una "voz humana" que debe ser discutida críticamente, no aceptada con sumisión; como algo, en fin, que proporciona placer. En este sentido, puede ser más "viva" una lectura del *Lazarillo* que la de una mediocre novela contemporánea.

Para ello será preciso, me parece, no quedarse en asépticas descripciones formalistas, sino poner el texto en conexión con la experiencia histórica y estética de su autor y su lector. Para mostrar, como decía Pedro Salinas, "the pastness of the present" y "the presentness of the past"; es decir, la auténtica vitalidad de la obra literaria.

Cada vez se habla más de la posibilidad de enseñar a escribir, ya sea en clases universitarias, al modo americano, o en "talleres de escritura". Parece claro que algo sí se puede enseñar: corregir errores, describir técnicas... Resulta evidente, también, que esto, como el aprendizaje en las Escuelas de Bellas Artes, es sólo el punto de partida para que se desarrolle y manifieste en libertad la capacidad creadora del individuo. Para ello, no cabe olvidar, también, la importancia de que exista una tradición literaria, un ambiente —creador y crítico— que, si no crea genios, por lo menos eleva el tono medio.

En definitiva, todo se resolverá en la lectura: personal, viva, que se asimila y se incorpora a nuestra personalidad. Lo afirma tajantemente Virginia Woolf: "ser lector es el único camino para llegar a ser escritor".

Hablar de tradición y originalidad no significa ser conservador o tener un gusto estético trasnochado. De esta relación dialéctica surge, realmente, la creación literaria. Una vez más, Pedro Salinas ha planteado la cuestión en sus justos términos: "Lo cierto es que la tradición es la forma más plena de libertad que le cabe a un escritor." Siempre, claro está, que no se limite a repetir esa tradición de modo pasivo, sino que la asimile personalmente, con autenticidad creadora: "Cada gran obra de arte es una exploración más, hecha en ese territorio de lo humano eterno, poco a poco surcado por caminos que corren en direcciones distintas y aun opuestas y que, sin embargo, anhelan todos el mismo imposible: dar con la realidad entera de la vida. Y dejarla fijada en formas perfectas. El explorador, el artista de hoy, se halla con más caminos abiertos que nunca: son los trazados por sus antecesores. Apoderarse del sentido de la tradición es ir conociendo mejor esa red, aparentemente contradictoria, por tantos cruces: saber por dónde anduvieron los demás le enseña a uno a saber por dónde se anda. El artista que logre señorear la tradición será más libre al tener más carreras por donde aventurar sus pasos."

Jorge Manrique sería inexplicable sin la tradición medieval ante la muerte, el "contemptus mundi", la fórmula "ubi sunt", la técnica de "exempla"; *La Celestina,* sin la comedia latina; el *Lazarillo,* sin el auge de la técnica autobiográfica en el clima erasmista; el *Quijote,* en fin, es la síntesis y superación de todas las formas narrativas anteriores.

Un poeta que encarna en sí mismo esta tensión de tradición y originalidad, Jorge Luis Borges, nos da el resumen en estos versos, dirigidos a cualquier escritor:

> tú mismo eres la continuación realizada
> de quienes no alcanzaron tu tiempo
> y otros serán (y son) tu inmortalidad en la tierra.

Ciencia o lectura

Desde la posición que estoy manteniendo, no cabe duda de que la literatura no es una ciencia exacta, y de que los intentos de considerarla así no sólo la desvirtuarán, sino que estarán condenados al fracaso. En todo caso, a lo que más se acercaría es a las ciencias culturales, históricas, pero muchos han caído en la tentación de aplicar a la literatura concepciones procedentes de campos muy alejados. Hoy, en que el mito de la objetividad científica se ve potenciado por los avances técnicos, resulta inevitable partir de que la literatura no es una ciencia exacta sino un arte, que no es objetiva, que no es mensurable cuantitativamente y que no sirve para nada; mejor dicho, que su posible utilidad no se puede calibrar con exactitud ni sirve a ningún propósito práctico concreto.

Esto no impide que la literatura —como todo arte— tenga una base técnica, cuyo interés es evidente: para el creador, se trata de poder elegir, en cada caso concreto, el camino apropiado para comunicar algo del modo más efectivo; para el crítico, de un instrumento insustituible para aproximarse a la obra literaria. Pero, como en el caso de la pintura, la escultura o la música, la obra de arte no se reduce sólo a la descripción de su técnica. Hoy, por ejemplo, el abuso de fórmulas matemáticas, esquemas y diagramas obedece al mito de lo científico objetivo y sólo posee un valor instrumental, al servicio de la sensibilidad interpretativa del crítico.

Parece lógico que, ante la sucesión de obras singulares, el historiador y el crítico traten de hallar principios orientadores, criterios, ritmos, reglas... No es éste el momento de detenerme a describir lo que supuso la retórica clásica, por ejemplo, que ha perdurado a lo largo de tantos siglos. Lo que sí parece seguro es que hoy no podemos admitir reglas abstractas, teóricas, basadas en una autoridad (por grande que sea), que determinen nuestra valoración de las obras concretas, según éstas se ajusten más o menos a aquellas reglas. Tampoco cabrá otorgar validez universal a las reglas lógicas que intentó formular, hace algunos años, la ciencia literaria alemana.

Lo único aceptable, me parece, serán las reglas prácticas, nacidas *a posteriori* y no *a priori*, de nuestra experiencia de lectores atentos. Y, en todo caso, será necesario saber interpretarlas con la debida flexibilidad, estando dispuestos a alterarlas siempre que una nueva creación literaria lo exija. Y eso, en nuestro siglo, ha tenido que suceder con notable frecuencia. Recordemos que, como dice Albérès, la mayoría de las grandes novelas del siglo XX son, precisamente, las que, al aparecer, suscitaron el reproche: "Esto no es una novela."

Me parece absolutamente imprescindible, además, partir de la pluralidad de lo literario. El no hacerlo así suele ser síntoma de grave ignorancia o de tendenciosidad manifiesta. Me echo a temblar siempre que oigo o leo frases de este género: "El único camino para la literatura es...", sea cual sea ese camino concreto que se propone de modo tan excluyente. Aceptemos como punto de partida que hay muchas clases de *literaturas,* en plural, muchos cánones estéticos distintos, y todos ellos pueden ser válidos, si dan lugar a una obra de arte valiosa.

De hecho, no existe "la literatura", sino las obras literarias concretas. De hecho, también, la literatura se hace realidad viva y actuante en el acto de escribir, en el acto de leer. Y en todo lector, de modo espontáneo e inevitable, existe un crítico, una voz interior que susurra: "me gusta", "no me gusta".

En el acto de leer un libro, Virginia Woolf distingue tres etapas:

1) Leer con sensibilidad, recogiendo impresiones y experiencias.
2) Juzgar.
3) Deducir de los casos concretos cualidades abstractas, e incluso formularlas como normas generales.

Es curiosa, por cierto, la coincidencia básica de estas etapas con los tres tipos de conocimiento de la obra poética que ha señalado Dámaso Alonso: el del lector, el de la crítica y el de la estilística.

Ya he aludido repetidamente a la pluralidad de lecturas posibles que es consustancial a la obra literaria: según el momento, según el lector, según la época.

En definitiva, no es tan fácil como parece leer bien, con la disposición de ánimo adecuada. Como concluye Virginia Woolf, "si esto es así, si leer un libro como debiera ser leído requiere las más raras cualidades de imaginación, perspicacia y juicio, se puede concluir, quizá, que la literatura es un arte muy complejo y que es improbable, incluso después de toda una vida de lecturas, que seamos capaces de hacer una contribución válida a la crítica. Debemos quedarnos en lectores, no pretenderemos la gloria adicional que corresponde a esos raros seres que son también críticos".

Detrás de esta modestia existe un profundo conocimiento de la complejidad de la obra literaria, pero también, por supuesto, una considerable ironía. En la práctica, cualquiera de nosotros conoce bien los distintos tipos de lecturas que realizamos: la mayoría de las veces, leemos rápidamente, con una finalidad informativa y práctica (averiguar un dato, resumir, hacer una recensión, incluso) o para llenar un hueco en el aeropuerto o prepararnos para dormir. Muy poco tiene que ver todo esto con aquellos casos en que *leemos* de verdad un libro, en que la lectura sirve para establecer una corriente de afinidad espiritual, nos enriquece y constituye una verdadera experiencia vital insustituible.

Por eso se suele hoy decir que no es la belleza la cualidad fundamental que pedimos a un libro, aunque sin un cierto valor estético caería fuera de la literatura. Más bien sería, como afirma Vargas Llosa, la capacidad de ser convincente, de encerrar al lector en su mundo imaginario (ése es el "hermetismo" de que hablaba Ortega, refiriéndose a la novela) y hacérselo aceptable.

Esta lectura de que hablo no tiene, por supuesto, un carácter pasivo, sino que supone una verdadera recreación y asimilación personal: es, en palabras de Sartre, una "creación dirigida por el autor".

En esa lectura se resume todo lo referente a la obra literaria. Esa es la que incorporamos al caudal de nuestras experiencias más queridas: la que se une de modo inseparable a un momento de nuestra vida e influye de modo real sobre ella; la que luego recordaremos como algo precioso. No ha escapado tampoco esta experiencia al gran especialista en recuerdos, Marcel Proust: "quizá no haya días infantiles tan plenamente vividos como (...) los que pasamos con un libro predilecto". Quizá al fondo de todo escritor, bueno o malo, e incluso de cualquier profesor aburrido, está ese niño que no se enteraba de nada, a su alrededor, mientras leía un cuento.

Pregunta

En un mundo en el que continuamente se están quebrando los dogmas tenidos antes por más sólidos, cada día vemos más claro que la literatura busca, inquieta, pregunta. Recordemos la máxima del pintor Braque: "El arte está hecho para inquietar; la ciencia, tranquiliza." Quizá hoy ni siquiera la ciencia nos tranquiliza: armas nucleares, peligro real de autodestrucción, ruptura del equilibrio biológico... La literatura, fiel a su papel de siempre, sigue preguntando, planteando las grandes y pequeñas cuestiones que afectan al hombre, aunque no sea capaz (¿quién podría hacerlo?) de darles una respuesta satisfactoria.

Hasta un formalista como Roland Barthes le concede este papel "esencialmente *interrogativo* (...) en una sociedad alienada". Sin hacerse ninguna ilusión sobre sus poderes, concluye Barthes que "la literatura es entonces verdad, pero la verdad de la literatura es, a la vez, esa impotencia misma para responder a las preguntas que el mundo se hace sobre sus desgracias, y ese poder de formular preguntas reales, preguntas totales, cuya respuesta no se presuponga, de un modo o de otro, en la forma misma de la pregunta: empresa en la que quizá ninguna filosofía haya triunfado, y que entonces pertenecería verdaderamente a la literatura". Por eso pudo decir Jacques Rivière que es trágico el problema de las posibilidades y los límites de la literatura: porque ha asumido, hoy, el lugar y la forma del problema religioso.

Me parece claro que la literatura no se reduce a un puro juego fónico o estructural, ni a un escapismo para clases ociosas. Creo que está unida a las más nobles preocupaciones e inquietudes del espíritu humano. Es, en suma, un instrumento esencial del humanismo, siempre en crisis, siempre necesario. Para Andrenio, "por lo mismo que es un depósito de las emociones nobles que han florecido en el alma humana, y han afinado su sensibilidad, *es el gran instrumento de humanismo*, el medio de evitar que a fuerza de ser civilizados dejemos de ser hombres. Júzguese si es útil".

Por eso, la literatura ha de elegir entre limitarse a divertir o aspirar a inquietar. En cualquiera de los dos casos, la calidad estética puede ser mayor o menor, pero no cabe desconocer la mayor trascendencia del arte que nos saca de nuestras casillas habituales, de la literatura que se aparta de los caminos trillados y nos embarca por rutas que no sabemos adónde nos conducirán. Ernesto Sábato lo ha expresado con una metáfora brillante: "Decía Donne que nadie duerme en la carreta que lo conduce de la cárcel al patíbulo, y que, sin embargo, todos dormimos desde la matriz hasta la sepultura, o no estamos enteramente despiertos. Una de las misiones de la gran literatura: despertar al hombre que viaja hacia el patíbulo." Aunque todos nos resistimos a que nos despierten.

II. ALGUNAS CONEXIONES

LITERATURA Y VISIÓN DEL MUNDO

Las obras literarias sirven, entre otras cosas, de vehículo a la difusión de ciertas ideas. Esto sucede así, de hecho, con independencia de que nos guste o no, y no hace falta ser ningún especialista para comprobarlo cualquier día. Curiosamente, ésa es la justificación que esgrimen todos los dirigismos oficiales, sean del tipo que sean, y todas las censuras políticas, morales o religiosas. Si la literatura fuera sólo un juego de formas, no sólo serían inútiles (como, en cierta medida, siempre lo son), sino que ni siquiera se plantearía su existencia.

Recordemos un ejemplo clásico: *La cabaña del tío Tom,* de Harriet Beecher Stowe, una novela sentimental y humanitaria, muy discutible estéticamente, pero que influyó poderosamente en favor de una causa tan justa como la abolición de la esclavitud. En España, fue traducida por Wenceslao Ayguals de Izco, el folletinista romántico, a causa de su contenido democrático.

Lo mismo se puede decir de las novelas de Dickens —de mucha mayor categoría, eso sí— que atrajeron la atención de la sociedad inglesa sobre las crueles condiciones de trabajo de los niños y determinaron la promulgación de nuevas leyes de signo social positivo.

En nuestros días, las doctrinas del existencialismo francés se han difundido universalmente, quizá, gracias a los dramas y novelas de Sartre y Camus mucho más que a los serios tratados filosóficos.

Todo esto, repito, es así, de hecho, con independencia de cuál sea nuestra opinión general sobre ello. Por eso, si yo he estudiado un poco las novelas rosa de Corín Tellado no ha sido, ciertamente, fascinado por sus posibles bellezas literarias, sino pensando en la repercusión negativa que puede tener la amplia difusión de unos ideales de vida (lujo, erotismo disimulado, aproblematismo...) que me parecen socialmente perniciosos.

Claro que el caso de la literatura no es aislado, sino que se plantea, en general, como con el arte, que puede ser considerado atendiendo preferentemente a los valores formales o a los de contenido.

Al repasar brevemente la crítica de arte contemporánea, no es posible olvidar la actitud de Max Dvorak, para quien la historia del arte se identifica con la historia del espíritu y los nuevos estilos suponen nuevas actitudes ante el mundo.

Incluso Wölfflin, tenido por arquetipo de los críticos formalistas, en su clásico libro *Conceptos fundamentales en la historia del arte,* afirma que el cambio de estilo se explica por una doble necesidad: formal (cansancio del estilo anterior) y espiritual. Según eso, las formas artísticas serían símbolos materiales de los sentimientos que, en cada momento, le parecen al hombre más valiosos.

Para Dvorak, al que sigue en alguna medida Panofsky, la religión, la filosofía y el arte son aspectos inseparables de una misma realidad cultural.

Dentro de eso, la obra literaria se singulariza claramente por tener más capacidad que las plásticas y musicales para encerrar y expresar valores humanos, culturales, filosóficos, históricos, etc. El fundamento es absolutamente obvio: la palabra no es un puro sonido más o menos armonioso sino que, por definición, *significa* algo. Así, pues, las formas literarias que utilice cada autor serán expresión de su actitud ante el mundo y ante la vida, con independencia de que sean más o menos felices, estéticamente hablando.

Por eso, T. S. Eliot sostiene que "la grandeza de las obras literarias no puede medirse sólo desde el punto de vista estético; recordemos, sin embargo, que éste es el único desde el cual podremos decidir si una obra es o no literaria".

Hemos hablado de un autor, de una obra; generalizando, podríamos decir lo mismo de una época: detrás de una serie de obras significativas del mismo período podemos hallar coincidencias técnicas o estilísticas, pero también de sensibilidad, de visión del mundo. Por eso algunos críticos han intentado realizar una historia de las ideas y los sentimientos a través de la literatura, en cuanto que los escritores han sido antenas sensibles e intérpretes de su tiempo.

En el caso de la novela española contemporánea, por ejemplo, Sherman H. Eoff la ha puesto en relación con las principales corrientes del pensamiento moderno y ha analizado el ideal de personalidad que una serie de grandes novelas españolas plantean, inseparable —según el crítico— de una perspectiva religiosa, en cada caso.

Quizá todo esto suene a demasiado abstracto y académico. ¿No nos estaremos alejando demasiado del estilo, del escritor, de la obra concreta? Creo que no. Un agudo novelista español, Vicente Blasco Ibáñez, identificó el estilo con la visión del mundo: "Para mí, lo importante de un novelista es su temperamento, su personalidad, su modo *especial y propio* de ver la vida. Esto es verdaderamente el estilo de un novelista, aunque escriba con desaliño."

El lector habrá advertido —espero— que no hablo tanto de las ideas como de la visión del mundo que expresa la obra literaria, de acuerdo con una noción muy difundida a partir de Dilthey. Muchas han sido las corrientes teóricas que han defendido este tipo de estudio.

Dentro de la "ciencia de la literatura" alemana, Max Wundt defendió resueltamente que la forma de la obra de arte expresa el sentido de una concepción del mundo. Según esto, la creación literaria se acerca íntimamente a la filosófica: "La poesía nos ofrece la sabiduría, el sentido total, a través de imágenes plásticas y, por tanto, como un todo directo (...). En ella, cada cosa concreta se articula y ocupa su puesto dentro de una concepción total, presente en cada momento, y que, por consiguiente, abarca todos y cada uno de los detalles (...). Por tanto, una poesía no llega nunca a comprenderse en toda su profundidad cuando no se comprende también la concepción del mundo que alienta en ella."

Lo curioso (y discutible) es que, a partir de esto, Wundt, lo mismo que otros críticos y filósofos, intenta establecer una clasificación de los tipos fundamentales de cosmovisión («Weltanschaung»), y estas tipologías, además de prestarse a fáciles caricaturas, tienen el riesgo de que, por definición, no pueden adaptarse con exactitud a los casos individuales.

La crítica marxista insiste muchísimo, también, en la importancia del contenido y de la visión del mundo que aparece en las obras literarias. Por eso Lukács, por ejemplo, en su *Significación actual del realismo crítico,* sostiene que hay que hacer hincapié en los problemas ideológicos de la literatura mucho más que en los formales o técnicos.

Algo semejante cabría decir de la crítica confesional. Así, el jesuita belga Charles Moeller, que ha analizado la literatura del siglo XX a la luz del cristianismo con un espíritu de notable apertura, afirma tajantemente que "hablar de la crítica literaria supone saber qué es la literatura; en la base de la literatura se encuentra una visión de la vida". Y, en otra ocasión, concluye: "En nuestra opinión, como en la de todo hombre que ha alcanzado la madurez, lo que hay que considerar en las obras maestras del arte es su contenido, sus ideales." Cabría oponer a eso que, según la conocida paradoja, en la verdadera obra de arte, la forma es el contenido.

Incluso dentro de la *nouvelle critique* francesa, que suele estar más atenta a los valores estrictamente formales, existen excepciones como la de Serge Doubrovsky. En contra de las opiniones de Roland Barthes, afirma que "si el sentido de una obra literaria se define por la relaciones, simples o complejas, directas o indirectas, que mantiene con lo real, y por los lazos, apretados o flojos, sutiles o patentes, que la unen a la realidad, será imprescindible aclarar la naturaleza exacta de esas relaciones y esos lazos; es decir, comprender la *visión del mundo* que esta obra constituye". Notemos, de pasada, este último verbo: no dice que esta obra *tiene* o *posee,* sino *constituye,* subrayando así una identidad básica.

Esta cuestión se plantea regularmente en los congresos internacionales de literatura y resulta curioso comprobar cómo los representantes de las nuevas universidades africanas, chinas y del tercer mundo suelen opinar que el estudio de la literatura debe inclinarse hacia la historia de las ideas.

Así se ha hecho muchas veces, en obras que hoy son ya clásicas en el mundo entero, en las que se estudian las ideas y las letras medievales (Etienne Gilson), el alma romántica y el ensueño (Albert Béguin), la gran cadena del ser (Arthur Lovejoy), la crisis de la conciencia europea en la segunda mitad del XVII (Paul Hazard), la historia literaria del sentimiento religioso en Francia (abbé Brémond), la alegoría del amor (C. S. Lewis), la carne, la muerte y el diablo en la literatura romántica (Mario Praz), etc.

Estas obras, y otras muchas semejantes, no se dedican explícitamente a la literatura española, pero resultan indispensables también para el que la estudia. Por ejemplo, el estudio de Paul Hazard sobre el pensamiento europeo en el siglo XVIII nos puede servir de excelente introducción a obras como las de Sarrailh y Herr, que se ocupan específicamente de la Ilustración española. Claro que también existen obras importantes de este género dentro de nuestro ámbito cultural, como las magistrales de José Antonio Maravall y Francisco Rico.

En España, además, resulta inexcusable mencionar dos obras que, al plantearse el sentido general de la historia de nuestro pueblo, han hecho correr ríos de tinta. Me refiero, como el lector ya habrá imaginado, a las de Américo Castro y su contradictor Claudio Sánchez Albornoz, dos figuras igualmente ilustres de la erudición española. Don Américo procedía de la escuela filológica del Centro de Estudios Históricos, pero la guerra y el exilio americano le condujeron a una visión de España, basada en nuestros textos literarios, más cercana a la filosofía de la historia: esto supone el libro *España en su historia* (1948), que suscitó la réplica de Sánchez Albornoz, más atenida a la historia positiva: *España, un enigma histórico*. Después, Castro puso al día su obra en una serie de sucesivas ediciones que incorporan datos y puntos de vista nuevos, variando incluso el título y la estructura; la nueva obra se titula ya, a partir de 1954, *La realidad histórica de España*. Dejando a un lado ahora sus tesis más polémicas, no cabe duda, en mi opinión, de que el libro de don Américo abre caminos muy sugestivos para el lector de nuestros textos literarios.

En efecto, las obras maestras de nuestra literatura resultarían incomprensibles si no situáramos la visión del mundo que encarnan dentro de las coordenadas culturales de la época. Mencionemos, de pasada, unos pocos casos.

Jorge Manrique escribe sus *Coplas a la muerte de su padre* dentro de una tradición literaria de la muerte en la Edad Media castellana. Cervantes no es un "ingenio lego", como alguna vez se pensó, sino que su creación está enraizada en el pensamiento renacentista italiano. El idealismo de la novela pastoril responde a la filosofía neoplatónica, que busca la auténtica realidad en las ideas o arquetipos de las cosas, y trata de suprimir de la naturaleza, mediante un proceso de abstracción, todo lo que moral o físicamente le parece feo. La prosa española del siglo XVI está impregnada del espíritu erasmista, magistralmente estudiado por Marcel Bataillon. Los autos sacramentales de Calderón dramatizan la teología tomista de acuerdo con la sensibilidad del barroco contrarreformista. En muchas obras de los ilustrados españoles, el interés ideológico e histórico supera con creces al placer estético que hoy puedan producirnos. La novela naturalista nace con un signo cientifista que tiene su origen en el positivismo de Comte y Claude Bernard. Etcétera.

En realidad, se trata de un tema tan amplio que corremos el riesgo de que se nos escape por multitud de lados. Desde nuestro punto de vista actual, quizá lo sensato sea recordar que, en cada caso concreto, debemos concentrar nuestra atención sobre el problema de cómo las ideas de una época o la cosmovisión de un autor se han transmutado en una obra de arte literaria.

Dentro de nuestro ámbito, se trata de un tema tratado con su habitual maestría por Amado Alonso, al advertirnos de que la visión del mundo, sin más, no constituye la obra de arte; es sólo una materia que se hace forma artística. Refiriéndose a la estilística, precisa que necesita de esos conocimientos, pero "lo específico de su tratamiento consiste en que ve la visión del mundo de su autor también como una *creación poética,* como una construcción de base estética (...). La estilística se interesa por este carácter de creación de la visión del mundo de un autor, y, por lo tanto, por su naturaleza estético-poética y no filosófico-racional".

Material, por lo tanto, para la creación literaria, pero material de importancia suma y de análisis absolutamente inexcusable. Las referencias a la cosmovisión de un autor no son pedantería novedosa, sino uno de los instrumentos cotidianos para el trabajo del crítico.

En el campo de la literatura de nuestro siglo, la cuestión se sigue planteando con toda crudeza: no cabe entender buena parte de ella sin referirse al existencialismo, el psicoanálisis, el vitalismo, el neorrealismo... Como afirma Francisco Ayala, la novela moderna y la filosofía moderna han desempeñado una función cultural análoga. Hoy, las dos confluyen y la novela, "antes maltratada como infame, se convierte así en instrumento de un conocimiento superior, capaz de comunicar en forma inmediata a los lectores (como a los oyentes el cuento folklórico, derivado de arcaicas mitologías) una intuición del sentido de la existencia humana".

Recordemos, para concluir, la afirmación de Jean Paul Sartre: una técnica nos reenvía siempre a la metafísica de su autor (sentir sus relaciones recíprocas sería el ideal del lector y del crítico). Por eso, en expresión de R. M. Albérés, la novela contemporánea es una de las grandes "aventuras intelectuales de nuestra época", porque está unida a las más íntimas aspiraciones y problemas del hombre del siglo XX.

LITERATURA Y MITO

Varios sectores de la crítica contemporánea se han centrado especialmente en las relaciones entre literatura y mito: persistencia de la mitología clásica, psicoanálisis literario de los grandes temas míticos, sustrato mítico de algunas grandes creaciones literarias... En general, casi toda la crítica reconoce, hoy, y pone de manifiesto, la existencia de importantes vínculos entre la creación literaria y los mitos que actúan con fuerza sobre la imaginación colectiva.

Por supuesto, el mito no es algo arbitrario ni tampoco premeditado, dirigido. Se trata, sencillamente, de un producto espontáneo que intenta dar respuesta a las cuestiones más profundas y más graves que se plantea un grupo humano. Unas veces, se tratará, simplemente, del origen de un determinado alimento, de las armas de guerra o de caza, de algunos ritos, del sexo, del dolor, del mal, de las enfermedades. Otras, de cuestiones que interesan universalmente al hombre: orígenes, destino, la realidad del mundo, el más allá, los poderes sobrehumanos...

Sobre todo, lo que expresa Rubén Darío con sus famosos versos:

> y no saber adónde vamos
> ni de dónde venimos.

Ya hemos visto aquí, simplemente, un punto de contacto con la poesía. No será difícil advertir otros.

En principio, el mito supone una intuición privilegiada que ha descubierto una conexión insospechada; como dice Cencillo de estas intuiciones, "en épocas más recientes, sólo los grandes pensadores volverán a obtener, aunque dándoles una expresión abstractiva y lógicamente articulada, en vez de mítica".

En épocas más racionalistas, el término solía tener un sentido peyorativo; se solía tomar como equivalente a ficción, algo falso desde el punto de vista científico o histórico. A partir del romanticismo, la valoración cambió de signo, y no digamos en un siglo como el nuestro, en el que renace lo mágico y se extiende, a todos los niveles, el vitalismo. Así, es frecuente parangonarlo con la poesía, en cuanto vehículo de una verdad que es distinta de la verdad científica o histórica, pero que no la niega, sino que la complementa.

En el ámbito hispánico, las relaciones entre mito y literatura han sido estudiadas por Marcelino C. Peñuelas; siguiéndole, podemos esquematizar así las características del mito que más nos interesan desde nuestro punto de vista:

1) Es un fenómeno inseparable de la naturaleza humana, espontáneo.
2) Es un fenómeno colectivo, de cultura.
3) No es racional; se desarrolla en zonas psíquicas hundidas en el inconsciente. Está más cerca de la poesía que de la ciencia.
4) Es producto y, a la vez, agente de cultura.
5) En los tiempos primitivos, suele concretarse en una personificación de fenómenos naturales o un relato de los hechos humanizados de seres sobrenaturales.
6) Es una realidad vivida, antes que una explicación o un relato.
7) Tiene relación directa con el lenguaje, la religión, la metafísica, la sociología...
8) Hay que captarlo directamente, como la poesía o la música. Supone un modo propio, imaginativo o poético, de captar y expresar ciertos aspectos de la realidad.

Según esto, el fenómeno mítico llega a los niveles más profundos de la naturaleza humana y se encuentra, difuso, en los últimos resortes de nuestras creencias, actitudes y comportamientos. Lo mismo que la poesía, el mito encierra su propia verdad, que suele funcionar como un complemento vital de la realidad histórica y la verdad científica. Por debajo de muchas convicciones —lo adviertan o no— suele existir una mitología. Así pues, el mito es una parte esencial de la dimensión humana de la realidad.

Desde sus orígenes, la literatura ha estado unida indisolublemente al mito. En un primer momento, el contenido mítico era máximo en el origen del lenguaje; luego ha ido predominando la parte lógica. Pero, en cualquier caso, ese contenido mítico subyacente en el lenguaje no ha desaparecido del todo.

La literatura temprana es la expresión escrita de la mitología; al fijarse por escrito, los mitos corren el peligro de morir, fosilizados. En todo caso, el proceso creativo es la zona oscura donde se unen, más o menos profundamente, lo mítico y lo literario, porque, como ya vimos, lo inconsciente es un factor decisivo en la creación artística.

La creación literaria sigue un proceso parecido, en muchos aspectos, a la formación del mito. El escritor (el artista, en general) plasma en su obra algunas esencias culturales vivas en su época, junto a los propios mitos personales. (Vargas Llosa ha repetido muchas veces que escribe novelas para liberarse de sus "demonios" y todos podemos ver hoy, en la realidad literaria española, cuántas obras evocan, con sabor agridulce, la época franquista y la inmediata postguerra.) La literatura es, en este sentido, una de las posibles objetivaciones del mito.

La conexión con el mito no se produce sólo desde el punto de vista del creador, también desde el público. La relación de afinidad del escritor con el público se verifica también en los planos donde el mito nace, vive y prolifera. Siguiendo con la terminología anterior, podríamos decir que el escritor que logra amplia difusión es el que expresa con éxito "demonios" que son comunes a un amplio sector, o el que consigue que sus "demonios" personales sean aceptados como propios por un público más o menos extenso.

En este sentido, el mito da expresión —o respuesta artística— a los sueños, las frustraciones colectivas, las vagas aspiraciones del escritor y del lector. Por eso Jung consideraba a la literatura y al mito como plasmaciones del inconsciente colectivo.

Hay que reconocer que nos hallamos en una zona limítrofe con la antropología, la historia de las religiones, el psicoanálisis... Muchas veces, las metáforas poéticas surgen de una visión mágica del universo, claramente perceptible en los pueblos primitivos. Como señala Anderson Imbert, "el cuento y la novela, la comedia y el drama, la épica y la lírica han perpetuado, en el plano de la literatura, hábitos psicológicos que dimanan de un ancestro inmemorial. En cierta medida, el desarrollo mental de un escritor recapitula el de toda la raza humana. Al escribir desciende a un fondo oscuro que es común a todos y de allí saca mitos que reconocemos porque también los lectores los hemos conocido en nuestros propios descensos. La descripción de la mente de un salvaje ayuda, pues, a comprender la de un refinado esteta (...). El estudio de la literatura puede beneficiarse, pues, con las contribuciones de la antropología a la comprensión de los elementos no racionales de toda obra poética".

En el ámbito español, unas veces se tratará de catalogar la presencia de las fábulas mitológicas (como ha hecho Cossío) o la persistencia y función de los mitos clásicos en la literatura contemporánea (Díez del Corral). Mucho más interesante es el caso de algunos autores singulares; por ejemplo, Federico García Lorca. Cualquier crítico puede haberse planteado cuál es la causa última de su éxito universal, de la fascinación que ejerce su poesía y su teatro sobre públicos tan alejados del ambiente andaluz. Un gran historiador de las religiones, Angel Alvarez de Miranda, señaló cómo su poesía está enraizada en creencias míticas populares, que coinciden de modo sorprendente con convicciones muy arraigadas de religiones de tipo primitivo: el cuchillo, la sangre, el toro, la fecundidad, la tierra... Este camino ha sido continuado, luego, por otros críticos literarios, como Gustavo Correa y Allen Josephs.

Dentro de la crítica literaria contemporánea, me parece inexcusable mencionar a dos grandes figuras que han abierto nuevos caminos en la visión mítica de la obra literaria. Ante todo, el francés Gaston Bachelard, uno de los autores que han influido más en la *nouvelle critique* (sobre todo, en Georges Poulet y Jean-Pierre Richard). Para Bachelard, nuestro espíritu, ante las materias fundamentales (agua, fuego, aire y tierra), tiene una verdadera "hambre de imágenes"; siente alegría, en función de tendencias profundas, soñando con las imágenes que "valorizan" tanto la roca como el agua, la llama como la arcilla que modelamos. Los complejos ligados a esas imágenes dan unidad a "centros de ensueño" espontáneos: por ejemplo, la emoción que sentimos al remover la tierra, al talar un árbol... Ahora bien, para que las imágenes y metáforas de los escritores *lleguen* al lector es indispensable que penetren en una "realidad onírica profunda". El crítico, por lo tanto, debe ser capaz de juzgar desde el punto de vista de este inconsciente colectivo, debe intentar un doble comentario de la obra concreta, ideológico y onírico. Y este propósito, que puede parecer algo vago, lo ha realizado Bachelard, por su parte, con auténtica agudeza.

En el ámbito anglosajón ha ejercido una profunda influencia el método crítico de Northrop Frye, que atribuye papel preeminente a la crítica mítica o arquetípica, considerando al mito como principio estructural de organización de la obra literaria. Esos principios se relacionan con la mitología y la religión comparada, tanto como los de la pintura se relacionan con la geometría.

No olvidemos mencionar lo que puede considerarse, a primera vista, una reacción contra todo esto. Me refiero a una de las palabras que se han puesto de moda en nuestro siglo: desmitologización. De la teología y crítica escriturística, ese término ha pasado a todas las esferas de la actividad cultural. Y quizá, irónicamente, la desmitologización sería uno de los grandes mitos de nuestro tiempo.

La realidad es que, por paradójico que parezca, muchas veces se desmitologiza para volver a mitificar de nuevo, y con más fuerza. Los viejos mitos mueren (o se adormecen transitoriamente, nadie puede saberlo con exactitud) y dejan su puesto a mitos nuevos, recién nacidos o renacidos; muchos de ellos, como es natural, proceden de los nuevos ámbitos culturales: el cine, la televisión, los comics... Recordemos, simplemente, los nombres de Humphrey Bogart, Supermán, James Dean, el agente 007, Greta Garbo, Marilyn Monroe, los Beatles...

Se trata, muchas veces, de un proceso de acciones y reacciones; también, de modas, en lo que tienen de verdaderamente significativo para la sensibilidad viva de un momento histórico. Por ejemplo, como puesta al día del *western* surge la fórmula de Sergio Leone, el *western spaghetti* y el intelectualizado. Y, otra vez, como la pescadilla que se muerde la cola, el cansancio de las nuevas sofisticaciones vuelve a traer al plano de lo vivo a las películas clásicas de John Ford y John Wayne, etc.

El mito no ha muerto, desde luego, y la literatura sigue siendo campo preferido para la actuación de lo mítico. Cabría afirmar, incluso, que hoy los mitos se multiplican y adquieren nuevas facetas, acomodándose a la realidad de los nuevos tiempos.

Si he mencionado antes el enraizamiento mítico de algunas metáforas poéticas, no cabe olvidar la importancia del mito para la constitución misma del género narrativo. En efecto, parece claro que la novela surge en un terreno común con el cuento y que posee puntos de contacto más o menos grandes con el folklore, la literatura de viajes, la epopeya y el mito. Algunos de estos acordes pueden hoy seguir resonando junto a la compleja melodía que es la actual narración. En efecto, como señala Francisco Ayala, si algunos cuentos "apelan con tanta energía a la imaginación de las gentes adquiriendo perennidad tal, es porque su contenido apunta de algún modo hacia nexos de fascinante atracción para el espíritu humano, y deben remitirse, por consiguiente, al campo de lo mítico, donde la creación poética radica".

Sin esta presencia subterránea del mito no se podría explicar, por ejemplo, el deslumbramiento mundial ante *Cien años de soledad,* de García Márquez. Pero no es preciso, a estos efectos, que la calidad estética sea extraordinaria; muchas novelas medianas se benefician de haber sabido acertar con un foco mítico de permanente fascinación.

Quizá esto explica, en alguna medida, la universalidad de las grandes obras de la literatura y el arte. Al arrancar de las profundidades de lo humano personal, tocan puntos sensibles de lo humano colectivo, universal y permanente. Los grandes escritores captan las corrientes subconscientes, subterráneas, les dan forma y las transmiten.

Para que una obra sea importante no basta, por supuesto, con que el tema lo sea; la realización artística es lo esencial, claro, pero, a partir de ella, la conexión con el mito puede darle a la obra una resonancia especial.

Así pues, el mito y la literatura pueden coincidir en esa zona, difícil de precisar pero máximamente interesante, en que el hombre entra cuando trata de hallar sentido a las cosas y a la vida, cuando se plantea interrogantes que, por definición, no pueden encontrar una respuesta segura y definitiva.

Literatura y arte

Viejísimo y siempre nuevo tema es el de las relaciones entre la literatura y las otras artes. Recordemos el viejo aforismo clásico, tantas veces citado: "Ut pictura poesis." O la otra sentencia, paralela y complementaria, de Simónides: "La pintura es una poesía muda y la poesía, una pintura parlante." En el campo español, Lope dirá magníficamente, en su *Epístola a Claudio*:

> Dos cosas despertaron mis antojos,
> forasteras no al alma, a los sentidos:
> Marino, gran pintor de los oídos,
> y Rubens, gran poeta de los ojos.

En este caso concreto, la crítica ha insistido siempre en el acierto caracterizador de Lope, por la vía intuitiva y poética.

El tema de estas relaciones —literatura y arte— puede ser enfocado desde múltiples puntos de vista y suscitar un número casi infinito de respuestas. Evidentemente, cada arte tiene un objetivo peculiar, aquello para lo que está dotado propia y únicamente, que las otras artes no pueden conseguir igual o mejor. Así plantea la cuestión Lessing en su *Laocoonte,* subtitulado significativamente *Sobre los límites entre la pintura y la poesía.*

Pero este planteamiento, tan válido en principio, ha recibido después matizaciones e interpretaciones diversas, de acuerdo con la evolución de las doctrinas estéticas. Pensemos, por ejemplo, en la íntima unión de lo poético y lo pictórico que se da en el prerrafaelismo; por ejemplo, en Dante Gabriel Rosetti.

Resulta necesario mencionar ahora las correspondencias de sensaciones y sinestesias. Por supuesto, éstas existen desde el lenguaje cotidiano: "colores chillones", "voz dulce"... La literatura ha utilizado estos modos de decir en todas las épocas; según Ludwig Schrader, que ha estudiado su prehistoria, la sinestesia puede hallarse, por lo menos, desde Homero, en diversas modalidades, según la mayor o menor fusión de las impresiones sensoriales, enlazadas a un tiempo. Muchas veces, responden a una tradición religiosa. La mística supone la vivencia de estados extraordinarios (el éxtasis) que son inefables por definición; a la hora de expresarlos, el poeta rompe las barreras de la lógica y utiliza, muchas veces, las fusiones de la sinestesia.

Esta se desarrolla, por supuesto, en el romanticismo. Un solo texto español será suficientemente claro. Bécquer quiere escribir un himno

> con palabras que fuesen a un tiempo
> suspiros y risas, colores y notas.

El procedimiento se consagra definitivamente a fines del siglo XIX, con los poetas simbolistas. Baudelaire explica así el sentido de las correspondencias: "Es admirable, ese inmortal instinto de lo Bello que nos hace considerar la Tierra y sus espectáculos como una apariencia, como una *correspondencia* del cielo. La sed insaciable de todo lo que está más allá, y que revela la vida, es la prueba más evidente de nuestra inmortalidad. A la vez, por la poesía y *a través* de la poesía; por la música y *a través* de la música: así es como el alma entrevé los esplendores situados detrás de la tumba." Así, el poeta tendrá que captar intuitivamente esas misteriosas correspondencias "para alcanzar una parte de ese esplendor" sobrenatural.

El ideal de las correspondencias sensibles lo expresa Baudelaire en su famoso soneto:

> La Nature est un temple où de vivants piliers
> Laissent parfois sortir de confuses paroles:
> L'homme y passe à travers des forets de symboles
> Qui l'observent avec des regards familiers.
>
> Comme de longs échos qui de loin se confondent
> Dans une ténébreuse et profonde unité
> Vaste comme la nuit et comme la clarté.
> Les parfums, les couleurs et les sons se répondent.
>
> Il est des parfums frais comme des chairs d'enfants,
> Doux comme les hautbois, verts comme les prairies,
> —Et d'autres, corrompus, riches et triomphants,
>
> Ayant l'expansion des choses infinies,
> Comme l'ambre, le musc, le benjoin et l'encens,
> Qui chantent les transports de l'esprit et des sens.

Todo esto, además de espléndida poesía, fue novedad revolucionaria de una escuela y ha pasado después a convertirse (como tantas veces sucede con las innovaciones artísticas) en adquisición permanente, recurso puesto a la disposición de los poetas de todas las escuelas y que sigue hoy vigente.

No cabe olvidar tampoco, aunque hoy se suele limitar su importancia, el famoso poema de Rimbaud sobre las vocales, que comienza así:

A noir, E blanc, I rouge, U vert, O bleu: voyelles,
Je dirai quelque jour vos naissances latentes.

Con estas asociaciones sorprendentes, Rimbaud nos invita a seguirle por el camino misterioso de las sinestesias. Todo esto puede sonarnos hoy a un poco pasado, pero no cabe negar su valor experimental ni su importancia histórica, en el proceso de la poesía contemporánea.

Frecuentes son también las interpretaciones poéticas de los temas pictóricos. Recordemos, por ejemplo, que para Góngora, el Greco "dio espíritu a leño, vida a lino". Sin hacer ningún recorrido histórico, que sería enfadoso, no cabe olvidar que, en la poesía española contemporánea, tiene gran importancia lo que Guillermo Díaz-Plaja ha denominado "línea culturalista".

Solamente dos ejemplos ilustres. El libro *Apolo,* de Manuel Machado, se subtitula *Teatro pictórico*, y, en su primera edición, cada uno de los poemas aparece como "explicación" de un cuadro concreto, cuya estampa se reproduce al lado. El acierto descriptivo, plástico, del poeta es innegable en su famosa glosa del Felipe IV de Velázquez:

Es pálida su tez como la tarde.
Cansado el oro de su pelo undoso,
y de sus ojos, el azul, cobarde.

No es sólo hacer "literatura" decir que el poeta está "pintando" con palabras. De hecho, el escritor se ha fijado en un detalle pictórico que expresa con gran elegancia la psicología del personaje y logra traducirlo a poesía:

Y en vez de cetro real, sostiene apenas
con desmayo elegante, un guante de ante
la blanca mano de azuladas venas.

Lo curioso es que ese detalle del guante se da en otros retratos velazqueños (el del infante don Carlos, por ejemplo), pero no precisamente en el de Felipe IV. No importa, claro. Eso prueba —por si hiciera falta— que el poeta no es un puro "ilustrador" literal, y que, conscientemente o no, ha incorporado un elemento plástico cuya eficacia para caracterizar la psicología del personaje es evidente.

Otro ejemplo magistral, inolvidable, es el de *A la pintura (Poema del color y la línea)*, de Rafael Alberti, pintor él también, de gran sensibilidad plástica. Quizá resulta especialmente interesante cuando canta a los pintores contemporáneos, protagonistas de una aventura estética cercana a la de Alberti. Así, Picasso:

> La fábrica de Horta de Ebro.
> La Arlesiana.
> El modelo.
> Clovis Sagot.
> El violinista.
> (¿Qué queda de la mano real, del instrumento,
> del sonido?
> Un invento,
> un nuevo dios, sin parecido.)
> Entre el ayer y el hoy se desgaja
> lo que más se asemeja a un cataclismo...

Y el propio Picasso era escritor también, como Oskar Kokoschka o Miguel Angel.

Pero no nos perdamos con ejemplos, por muy atractivo que resulte glosarlos. Enunciemos una pequeña conclusión provisional: la correspondencia entre lo lírico y lo pictórico no debe ser recusada *a priori*; el problema será, como señaló certeramente Guillermo de Torre, intentar superar la pura comparación exterior para adentrarse en la estructura y en el espíritu del arte que se toma como eje, alcanzando así sustantividad estética. Por supuesto, en muchos casos esto no llega a suceder, pero eso no debe bastar para descalificar por principio cualquier intento.

Si la poesía se ha inspirado con frecuencia en cuadros, esculturas o composiciones musicales, no menos real es el caso contrario: la pintura o música que tienen temas literarios. ¿Cómo comprender a Schubert o Schumann al margen de la letra de los *lieder* que eligen; a Wagner o Strauss sin tener en cuenta a Nietzsche y Schopenhauer; a Mahler al margen, entre otras cosas, de la poesía china? En nuestro país, los trabajos de Federico Sopeña y Enrique Franco muestran bien esta unión de música y literatura.

Por otra parte, dentro de la historia del arte ha surgido un movimiento de sumo interés (citemos sólo el nombre de Panofsky) que estudia el sentido conceptual y simbólico de las obras de arte, su "iconología", relacionándolas también con la literatura.

Muchos efectos literarios no sólo recuerdan sino que, probablemente, están inspirados en la pintura contemporánea. Así, el tipo de descripción de Pereda hay que relacionarlo con los paisajes decimonónicos (Montesinos), y Galdós se ve influido por los grandes cuadros de tema histórico (Hinterhauser), lo mismo que Pedro Antonio de Alarcón (Baquero Goyanes).

Otro tipo de cuestiones es el que se plantean al preguntarse por los efectos musicales. Por supuesto, la poesía puede utilizar sistemáticamente una serie de recursos (rima, aliteraciones...) que permiten ese acercamiento.

En un estudio clásico, Dámaso Alonso ha señalado el valor musical de versos como éstos de Garcilaso:

en el silencio sólo se escuchaba
un susurro de abejas que sonaba.

O el valor significativo y musical, a la vez, de San Juan de la Cruz:

uno no sé *qué que que*dan balbuciendo.

En esta línea, recordemos lo que significan las series rítmicas del romanticismo. Por ejemplo, las que hallamos al final de *El estudiante de Salamanca*, de Espronceda, disminuyendo progresivamente la longitud de los versos, con la variación de ritmo que eso trae consigo:

...la frente inclina
sobre su pecho,
y a su despecho,
siente sus brazos
lánguidos, débiles,
desfallecer.

Y vio luego
una llama
que se inflama
y murió;
y perdido,

oyó el eco
de un gemido
que expiró.

Tal, dulce
suspira
la lira
que hirió,
en blando
concepto,
del viento
la voz,

leve,
breve
son.

Hemos visto la sucesión de versos de cinco, cuatro, tres y dos sílabas, hasta llegar al mínimo posible en nuestra métrica: un verso, "son", de una sola sílaba, equivalente a dos sílabas métricas.

El ritmo contrario, de versos cada vez más largos, nos lo ofrece, por ejemplo, Gertrudis Gómez de Avellaneda en su poema *La noche de insomnio y el alba.* Veamos sólo el comienzo:

Noche
triste
viste
ya,
aire,
cielo,
suelo,
mar.
Mirando
del mundo
profundo
solaz,
esparcen
los sueños
beleños
de paz.
Y se gozan
en letargo...

Como se ve, se va pasando de la medida inicial de dos sílabas a tres, cuatro, etc., hasta llegar, al final del poema, a versos de dieciséis sílabas. Así, toda la composición responde al principio musical del "crescendo". Para subrayar el clima musical romántico, el subtítulo del poema es "Fantasía". Por supuesto, todo poema debe leerse en voz alta, pero éstas series rítmicas, más aún, de modo inexcusable. Viendo su disposición gráfica y oyendo su musicalidad, no resulta difícil imaginar las manos del pianista sobre el teclado, haciendo "estudios" (los de Chopin o Listz, por ejemplo) en los que el virtuosismo sea la cara más patente del hondo sentimiento.

Un poco después, la poesía de Verlaine basa su poder de sugestión en los efectos musicales: rima evocadora, aliteraciones, verso impar, sintaxis emocional que parece transcribir las inflexiones de la voz... En su *Arte poética* proclama como principio tajante: "De la musique avant toute chose." Y lo lleva a la práctica con resultados musicalmente tan espectaculares como éste:

Les sanglots longs
Des violons
  De l'automne
Blessent mon coeur
D'une langueur
  Monotone.
Tout suffocant
Et blême, quand
  Sonne l'heure
Je me souviens
Des jours anciens
  Et je pleure,
Et je m'en vais
Au vent mauvais
  Qui m'emporte
Deça, delà
Pareil à la
  Feuille morte.

Aquí, por supuesto, los efectos musicales están expresando por sí mismos, además del significado de las frases, la melancolía del poeta.

No hace falta insistir en que el modernismo realiza una revolución métrica (versos, estrofas, ritmos) que significa, ante todo, potenciar y multiplicar los efectos musicales. Recordemos, simplemente, el ritmo nuevo del famoso verso de Rubén:

¡Oh, Sor María! ¡Oh, Sor María! ¡Oh, Sor María!

Y el virtuosismo rítmico, con "crescendo" y "ritardando", de un fragmento de la *Marcha triunfal*:

Ya pasa los arcos ornados de blancas Minervas y Martes.
Los arcos triunfales en donde las Famas erigen sus largas trompetas,
la gloria solemne de los estandartes,
llevados por manos robustas de heroicos atletas.
Se escucha el ruido que forman las armas de los caballeros,
los frenos que mascan los fuertes caballos de guerra,
los cascos que hieren la tierra
y los timbaleros,
que el paso acompasan con ritmos marciales.
¡Tal pasan los fieros guerreros
debajo los arcos triunfales!

Pasando a otro punto, al establecer paralelismos entre la literatura y bellas artes cabe limitarse a las impresiones semejantes que producen en un buen aficionado: así, un poema de John Donne evocará en mi ánimo, seguramente, el mundo de los madrigalistas ingleses. Del mismo modo, los sainetes de don Ramón de la Cruz parecen pertenecer al mismo clima espiritual y estético de los cartones para tapices de Goya y de las tonadillas escénicas.

El problema surge cuando no queremos quedarnos en la pura impresión subjetiva, sino que deseamos profundizar y concretar más. Cabe, entonces, atender a las intenciones y teorías estéticas de los artistas. Sin embargo, el procedimiento sigue siendo arriesgado: muchas veces, la intención no corresponde al resultado, y el gran artista desbarra cuando intenta extraer una teoría de su creación.

Con frecuencia, además, el desarrollo estilístico de las distintas artes no coincide en su cronología. Pensemos, como ejemplo gráfico, que los autores tenidos habitualmente por "clásicos", en música, son los románticos: Beethoven, Schubert, Schumann, Chopin, Brahms...

Es posible, entonces, establecer comparaciones entre las artes a base de su común fondo social y cultural, refiriéndose al "espíritu de la época". No cabe olvidar, sin embargo, que estaremos recurriendo, en ese caso, a una vía indirecta y externa, en vez del análisis de las obras de arte concretas, con sus singularidades formales y de contenido.

Llegados a este punto, parece necesario volver a referirse al problema de los estilos, y, en concreto, a la teoría de Wölfflin, uno de los estudios capitales que ha producido la historia del arte en nuestro siglo. Distingue este crítico el arte renacentista del barroco mediante una serie de parejas de contrarios: el arte renacentista es *lineal,* mientras que el barroco es *pictórico*; el primero emplea una *forma cerrada,* el segundo prefiere una *forma abierta;* a la pintura *plana* se opone la pintura *en profundidad*; las obras renacentistas son *múltiples*, las barrocas están *unificadas*; las primeras son *claras*, las segundas, relativamente *confusas*.

Pese a los muchos reproches que todo esto ha suscitado, no cabe negar que, en un momento histórico, las parejas de conceptos que acuñó Wölfflin han sido verdaderamente fecundas en la crítica de arte. Por ello, desde muy pronto (la primera edición alemana es de 1915), se intentó trasladarlas a la literatura: Walzel y Stricht las aplicaron a las literaturas alemana e inglesa; en una serie de trabajos, Federico Sánchez Escribano trató de mostrar su utilidad en el campo de la comedia clásica española.

El empeño, de todos modos, no deja de plantear graves cuestiones. En general, no cabe pensar en un "sistema de las artes" que sea conceptualmente satisfactorio por completo. El sentido mismo de la forma artística puede trazar determinados límites a un arte. Históricamente hablando, la órbita de poder de cada arte (su hegemonía o no, su influencia sobre las demás artes) cambia con el tiempo. Todo ello por no detenerse en el tema de los graves desajustes cronológicos que se producen al pasar de una esfera artística concreta a otra; o, del mismo modo, la extrañeza que nos produce el hecho innegable de que ciertas épocas y naciones son muy fecundas en algún arte, pero estériles o mediocres en las restantes.

No faltan los estudiosos españoles que se hayan ocupado de las relaciones entre la literatura y las demás artes. Así, Moreno Báez comparó la Egloga Primera de Garcilaso con obras como el Palacio de Carlos V en la Alhambra, la catedral de Granada, "La Escuela de Atenas" de Rafael, las fachadas del Hospital de la

Sangre en Sevilla y del Hospital Tavera en Toledo. Del mismo modo, señaló el carácter manierista de Ginés Pérez de Hita, los rasgos románicos del *Cantar de Mio Cid* y el estatismo renacentista (según las categorías de Wölfflin) de la *Diana* de Montemayor.

No cabe olvidar tampoco los trabajos de Emilio Orozco, al relacionar la poesía mística y la pintura, o al delimitar los conceptos de manierismo y barroco, con aplicación a textos españoles.

No es cuestión de acumular aquí referencias bibliográficas sino, sencillamente, de mostrar que este método ha suscitado el interés de los investigadores españoles y ha sido aplicado con fruto a las obras de nuestra literatura. Modestamente he de añadir que, al ocuparme de la novela contemporánea, he señalado cómo, a mi modo de ver, no cabe entenderla adecuadamente sin tener en cuenta sus conexiones con las artes plásticas, la música y, de modo muy especial, el arte de nuestro tiempo, el cine.

Quiero concluir ya, señalando que el peligro evidente de este tipo de trabajos es que se prestan a los paralelismos puramente subjetivos, que caen más cerca del ensayismo que de la verdadera crítica. En todo caso, eso no bastaría para descalificarlos si consiguieran iluminar efectivamente (aunque sea de manera asistemática, poco científica) la obra literaria de que se trate. El peligro son los paralelismos fáciles, baratos, convertidos en lugares comunes o traídos por los pelos.

Pero no siempre tiene que ser así. Cuando, por ejemplo, Azorín nos dice que Miró "con pinceladas pequeñitas va pintando el mundo", alude claramente a una técnica impresionista que existe realmente, en el texto literario, y que puede servirnos para comprender mejor el peculiar arte descriptivo de Gabriel Miró.

Cada una de las artes, por supuesto, posee su objetivo, sus medios propios, su estructura interna de elementos, su evolución, sus condicionamientos técnicos peculiares. Es indudable, también, que se relacionan de modo constante, pero esto no hay que entenderlo de un modo mecánico, sino, como señalan sensatamente Wellek y Warren, "más bien como complejo esquema de relaciones dialécticas que actúan en ambos sentidos, de un arte a otro y viceversa, y que pueden transformarse completamente dentro del arte en que han entrado".

Así, se tratará de respetar, a la vez, la peculiaridad de cada parcela artística (arte, época, país, individuo creador) y la unidad profunda de la creación humana, de la aventura estética, sin reducir a esquemas demasiado simples la complejidad indudable del proceso histórico. Y sin caer, tampoco, en el "bárbaro especialismo", pues el fenómeno literario se encuadra, sin duda, dentro de unas amplias coordenadas estéticas e históricas.

III. LITERATURA Y SOCIEDAD

PARECEN SER los románticos los que subrayan claramente las relaciones entre la literatura y la sociedad, formulando principios tajantes. El axioma que establecen Madame de Stäel o De Bonald es el que luego hemos oído tantas veces, en reuniones y coloquios: "la literatura es una expresión de la sociedad".

En España, nuestro más profundo romántico, Larra, afirma que "la literatura es la expresión, el termómetro verdadero de la civilización de un pueblo"; y, en otra ocasión: "la literatura es la expresión del progreso de un pueblo".

Al realizar estas afirmaciones, los románticos están pensando en defender su propia escuela, nacida —según ellos— como expresión natural de la nueva sociedad, que tiene su origen en la Revolución francesa. Pero, por esta vía, están proclamando con valor general el principio de la historicidad de la literatura; en el futuro, cuando surja una nueva sociedad, el Romanticismo —admiten los más lúcidos— también tendrá que ser sustituido, de acuerdo con sus propias teorías, por un nuevo estilo.

Esta es, me parece, una de las aportaciones románticas de validez permanente; si se sabe entender bien, puede seguir sirviéndonos de buen punto de partida para plantear el tema. Por supuesto, al margen de cualquier dogmatismo de escuela es preciso reconocer que las relaciones entre literatura y sociedad son muy amplias y abarcan perspectivas casi innumerables: una gran parte de las cuestiones literarias pueden ser planteadas también, por lo menos en última instancia o como derivación, como cuestiones sociales.

Por supuesto, este capítulo no tiene ninguna pretensión, salvo la de repensar problemas bien conocidos y recordar algunos puntos concretos. Ante todo, la literatura refleja costumbres, ambientes, modos de pensar, creencias y problemas colectivos. Por lo tanto, la literatura es, según la fórmula clásicamente aceptada, la expresión de una sociedad concreta.

A la vez —no lo olvidemos—, la obra literaria es la expresión de un individuo creador. Pero este escritor (novelista, poeta, ensayista, dramaturgo...) es también un ser social, condicionado por la sociedad concreta en la que vive, y se dirige a un público.

La obra literaria ya concluida se convierte en un producto social e influye, a su vez, sobre la sociedad de la cual ha surgido, suscitando reacciones en cadena, adhesiones y repulsas, contradicciones y prolongaciones que muchas veces se expresan por escrito, dando lugar a nuevas obras literarias, críticas o de creación...

Como se ve, el proceso es inacabable. Por una y otra parte, desde los más distintos puntos de vista, literatura y sociedad se influyen mutuamente, se condicionan, actúan la una sobre la otra y a la inversa.

He insistido en todo esto, tan obvio, para hacer ver, una vez más, que las relaciones entre literatura y sociedad no se producen en un solo sentido. Me importa mucho subrayar, frente a cualquier sociologismo barato, elemental, que esas relaciones son recíprocas, dialécticas, muy complejas. No cabe expresarlas adecuadamente —me parece— en términos de un determinismo mecánico.

Ante todo, porque el modo de actuar de la sociedad sobre la literatura no es directo, inmediato, sino que existe todo un cúmulo de mediaciones. Un sociólogo de tan amplia influencia como es Arnold Hauser proclama rotundamente que "ninguna sociología que supere las formas más ingenuas del materialismo verá en el arte un reflejo directo de situaciones económicas y sociales". Casi todas las escuelas de sociología de la literatura suelen reconocer, hoy, que entre las condiciones económicas, por ejemplo, y la obra cultural concreta existe una larga serie de mediaciones, que matizan, a veces de modo decisivo, esa influencia.

Desde el punto de vista contrario, tampoco la literatura suele actuar sobre la sociedad de un modo inmediato, urgente. En muy pocas ocasiones ha sucedido así, a lo largo de la historia de la literatura; y, en la mayoría de esos casos, se trataría de denuncias inmediatas o de panfletos propagandísticos, más que de auténticas obras de arte de un valor perdurable, al margen de la circunstancia concreta para la cual nacieron.

La influencia de la literatura sobre la sociedad suele ser más sutil e indirecta; a la larga, quizá, más profunda. Una obra literaria de signo social casi nunca suele producir un cambio político inmediato. (Un ejemplo muy próximo: el régimen de Franco y la literatura de crítica social y política que se oponía a él.) Lo que sí puede hacer —de hecho, muchas veces lo hace— es contribuir a cambiar la sensibilidad colectiva, creando un clima de creencias que hará posible, quizá, el día de mañana, el cambio político concreto. Usando la fórmula más manida: la literatura puede servir para la toma de conciencia colectiva ante una determinada situación.

Por otra parte, me parece necesario afirmar con toda rotundidad que la complejidad de la obra literaria no se puede explicar por completo con un método entera y exclusivamente sociológico.

Creo no haber sido insensible al interés del método sociológico; de hecho, he creado una colección que se denomina "Literatura y sociedad" y un libro mío es, quizá, uno de los primeros estudios literarios españoles que aludía a este método desde su título: *Sociología de una novela rosa.*

Quizá esto me dé una pizca de autoridad para recordar, una vez más, la vieja y permanente verdad de que la obra literaria no es sólo un producto social, sino también una obra de arte.

Como tantas veces sucede, los dos aspectos no se excluyen, sino que se complementan. Frente a una concepción puramente idealista y esteticista, o exclusivamente formal (las dos se han sucedido en nuestros medios académicos), habría que recordar los condicionamientos sociales de la obra literaria. Frente a tanto sociologismo burdo y politizado, quizá sea urgente recordar, hoy, lo contrario.

Uno de los maestros de la sociología del arte, Arnold Hauser, proclama que "todo arte está condicionado socialmente, pero no todo en el arte es definible socialmente. No lo es, sobre todo, la calidad artística, porque ésta no posee ningún equivalente sociológico. Las mismas condiciones sociales pueden producir obras valiosas y obras desprovistas de valor (...). Lo más que puede hacer la sociología es referir a su origen real los elementos ideológicos contenidos en una obra de arte; pero, si se trata de la calidad de una obra artística, lo decisivo es la conformación y la relación recíproca de estos elementos".

Fijémonos en esta expresión: "la calidad artística". ¡Qué pocas veces se menciona esto —que es lo decisivo— en las infinitas reuniones más o menos "progresistas" sobre literatura y sociedad!

Desconfiemos de la fórmulas demasiado simples, que traicionan la complejidad de lo real. En este tema, una figura que reúne la triple condición de sociólogo, ensayista y creador, Francisco Ayala, al estudiar la función social de la literatura, señala que, de hecho, a lo largo de la historia, "la literatura ha cumplido las funciones sociales más diversas, aunque, en cuanto arte, sus productos hayan siempre de salvarse o sucumban en el olvido según la calidad estética lograda, que es, en definitiva, el criterio de toda creación artística".

La base sociológica era primordial, por ejemplo, en la novela realista decimonónica. Recuérdese que Balzac se consideraba a sí mismo como un historiador social. En el prólogo a *La comedia humana* (1842), escribe esto: "La sociedad francesa iba a ser el historiador, yo no iba a ser más que el secretario. Haciendo el inventario de los vicios y las virtudes, reuniendo los principales hechos pasionales, pintando los caracteres, escogiendo los acontecimientos principales de la sociedad, componiendo tipos mediante reunión de rasgos de muchos caracteres homogéneos, quizá podría llegar a escribir la historia olvidada por tantos historiadores, la de las costumbres."

A la vez, Balzac era un verdadero artista, más allá de escuelas y programas: Albert Béguin ha estudiado su carácter "visionario"; Ernest Robert Curtius, su "sustancia poética inagotable", y el novelista del *nouveau roman* Michel Butor afirma que los verdaderos herederos de Balzac son Proust y Faulkner.

Muchas veces, una novela de esta escuela realista expone un caso concreto que es símbolo o ejemplo de un proceso general de la evolución social. Así, Galdós generaliza sociológicamente el tema de su novela *Torquemada en la hoguera*: "En los tiempos que vienen, los aristócratas arruinados, desposeídos de su propiedad por los usureros y traficantes de la clase media, se sentirán impulsados a la venganza..., querrán destruir esa raza egoísta, esos burgueses groseros y viciosos, que después de absorber los bienes de la Iglesia se han hecho dueños del Estado, monopolizan el poder, la riqueza y quieren para sus arcas todo el dinero de pobres y ricos, y para sus tálamos, las mujeres de la aristocracia."

Galdós, como hemos visto, es muy consciente del problema social concreto, referido a la sociedad española de un momento histórico, que presenta; pero no se limita a plantearlo en abstracto sino que lo expresa en forma de un relato artístico y crea una figura humana conmovedora, la del avaro Torquemada. Dentro de su novela, el problema social citado ha pasado a ser uno de los muchos elementos artísticamente configuradores.

Para el naturalismo, que da un paso más adelante, la novela se convertía en un estudio cuasi-científico de una realidad social determinada. De modo paralelo a la crítica de arte de Taine, subraya Zola la importancia decisiva del medio ambiente: "estos fenómenos no aparecen aislados de lo que tienen a su alrededor, es decir, en el vacío. El hombre no está solo, sino que existe dentro de la sociedad, dentro de un ambiente social, y en lo que a nosotros, los novelistas, respecta, este ambiente está constantemente modificando los hechos. Nuestro gran estudio está ahí, en el trabajo recíproco de la sociedad sobre el individuo y del individuo sobre la sociedad." En este sentido, la novela se aproxima notablemente al estudio sociológico.

La validez de los géneros literarios es hoy contestada ampliamente, como veremos más adelante. Y, en la práctica, se experimenta con nuevas formas que combinan elementos procedentes de varios géneros tradicionales. En el caso de la novela, es muy claro que, hoy, no acepta ninguna frontera e intenta incorporar a su corriente vital los más diversos materiales; entre ellos, por supuesto, el documento más o menos sociológico: en Francia, por ejemplo, así ha sucedido con *Las cosas,* de Georges Perec, que obtuvo el Premio Renaudot en 1965. En el ámbito hispanoamericano, recordemos *El diosero,* de Rojas González; *Juan Pérez Jolote, biografía de un totzil,* de Ricardo Pozas, y, sobre todo, el gran éxito universal de *Los hijos de Sánchez*, de Oscar Lewis. No anda esto lejos de la novela cercana al reportaje periodístico, tan frecuente después del ejemplo magistral de Truman Capote con *A sangre fría.*

En el momento en que escribo estas líneas (julio de 1979), una de las obras más significativas para comprender el actual momento español, pese a que sea muy discutible como obra de arte literaria, es la primera novela de una excelente periodista, que lo sigue siendo al escribir un relato: me refiero a la *Crónica del desamor*, de Rosa Montero.

Pasando a otro terreno, es evidente que, dada la organización actual del mercado del libro, el escritor ha de crearse un público de aficionados que "consuman el producto" que él les ofrece. En principio, cierto tipo de "productos" (de obras literarias) atraen más fácil y rápidamente a un público amplio. Otros tipos de obras, en cambio, difícilmente pueden suscitar el interés de grandes masas.

En este punto, como en todos, no cabe dar fórmulas muy simples y tajantes, sino que juegan factores muy diversos. Ante todo, el género literario. No parece fácil que un libro de poesía se convierta en un *best-seller*. Sin embargo, no es imposible: hace ya varios años que ha salido la edición conmemorativa del millón de ejemplares vendidos de los *Veinte poemas de amor y una canción desesperada*, de Pablo Neruda. Quizá el intérprete pretenda que eso no se debe a la calidad literaria sino al contenido sentimental, que no es lo mejor del libro..., pero eso serían interpretaciones y, en alguna medida, sucede siempre.

En el ámbito español, sin llegar a esas cifras en pocos años, cabría recordar el éxito permanente de las *Rimas* de Bécquer entre cierto tipo de lectores, por razones equiparables a las anteriores, quizá. Y, en la poesía de nuestro siglo, al margen de lo que diga la crítica y de las modas, la venta constante de las llamadas *Poesías completas*, de Antonio Machado, en la que debe influir, junto a su hondura y autenticidad humana, la relativa sencillez formal. O el éxito enorme, en los últimos años, de Miguel Hernández, compensación lógica de la anterior censura. Y, en los dos casos, desde luego, nos guste o no, la influencia de la canción como vía para popularizar una obra poética.

Influye muchísimo, también, la casa editorial del libro. Las editoriales importantes no sólo garantizan una distribución aceptable sino que poseen una cierta imagen, cultivan una política editorial de un signo determinado y llegan con facilidad a la crítica, a los medios de comunicación, a los círculos especializados...

Señalemos un sólo ejemplo: no hace mucho se ha publicado en España un estudio de base experimental, clínica, sobre la sexualidad de la mujer española, al modo del informe Kinsey. Pocos libros cabría imaginar más predestinados a convertirse en un *best-*

seller. Sin embargo, no ha sido así: editado dentro de una serie poco conocida, de escasa distribución y promoción, ha pasado prácticamente inadvertido.

Para el éxito comercial de un libro, ejercen también gran influencia su título y hasta la cubierta. No es nada fácil, desde luego, titular bien un libro: con gracia, con originalidad, con fidelidad al contenido, con atractivo para el posible lector que ve el libro en un escaparate o lee su título.

Citemos un par de ejemplos de signo contrario. Por un lado, ¿quién puede negar la importancia que ha tenido para el éxito masivo —junto a otros factores, por supuesto— un título llamativo como es *Monólogo de una mujer fría,* de Manuel Halcón? Caso inverso: el de un libro espléndido perjudicado por su título. No es difícil encontrar el ejemplo: hace unos años apareció en Madrid el libro titulado *La metáfora y el mito,* de Angel Alvarez de Miranda. Nadie que no sea un especialista hubiera podido sospechar que ese título ocultaba un estudio de la obra poética de Federico García Lorca relacionándola con los mitos y religiones primitivos. Creo que el éxito popular de este libro hubiera sido muy distinto con un título del tipo *Sexo y religión en García Lorca,* o algo semejante.

Por supuesto, este factor no es el único que determine el éxito o fracaso de un libro, al margen de su calidad literaria. Sin embargo, creo que sería una equivocación despreciar este tipo de condicionamientos del libro como producto comercial. Quizá, en un futuro no muy lejano, todas las editoriales algo importantes dispongan de un técnico en publicidad, dedicado sólo a aconsejar títulos.

En principio, el público busca lo que ya conoce, lo que no le molesta, lo que no contradice sus hábitos mentales: es decir, lo consabido, tanto en visión del mundo como en estilo. En ese sentido, la mayoría de los *best-sellers* serían obras de técnica literaria más o menos "clásica", tradicional, y no radicalmente revolucionaria; por eso, las obras de signo vanguardista o renovador no parecen estar llamadas a suscitar un amplio éxito popular. Sin embargo, no siempre sucede así. Junto a esto, que parece tan claro, intervienen una serie de elementos (la crítica, la publicidad, los premios, el esnobismo...) que pueden producir consecuencias poco esperables. Recordemos, por ejemplo, el éxito mundial inmenso de una obra tan profundamente original como *Cien años de sole-*

dad, de Gabriel García Márquez. En un ámbito más limitado, los relatos de Juan Benet, cuya lectura supone una dificultad más que mediana, se han impuesto con sorprendente facilidad.

Al decir todo esto, por supuesto, no estoy olvidando la categoría literaria de esos libros. Cabe confiar en que las obras maestras acaben imponiéndose, muchas veces, aunque algunos genios que se adelantaron a su tiempo hayan de esperar bastantes años para que se les comprenda justamente.

Claro está que el éxito popular masivo (ambicionado por todo escritor, lo confiese o no) también tiene sus inconvenientes. Supongamos que el escritor ha alcanzado ya una cierta fama y —lo que es más importante, a estos efectos— posee un público lector, más o menos amplio, que le sigue con fidelidad. En ese caso, no es aventurado suponer que los lectores, en general, seguirán pidiendo siempre a "su" autor el mismo tipo de obra; si se atreve a defraudar estas esperanzas, es fácil que sus ventas desciendan y que le acusen de haber traicionado su auténtica línea, de que ya está en decadencia... A la vez, cualquier escritor *vivo* sentirá la necesidad íntima de renovarse, de abrirse a nuevos horizontes estéticos y vitales. En algunos casos, el conflicto puede llegar a plantearse con cierto dramatismo. El problema, por supuesto, no es exclusivo de los escritores; pensemos en el caso de los pintores de éxito, que forman parte de la "cuadra" de un *marchante* y se ven condenados, por razones comerciales, a repetirse monótonamente.

En términos generales, la imagen pública muy definida ayuda a vender un producto, pero también puede encadenar a su creador. Como se ha dicho tantas veces, se plantea el juego dialéctico entre la máscara y el rostro: algunos escritores crean su máscara, componen su propia figura; así, el público siente el placer de reconocer unos rasgos conocidos (como el visitante del museo disfruta comprobando que las figuras del Greco son alargadas y las mujeres de Rubens, opulentas).

La máscara puede ser falsa, claro está, pero no caigamos en el prejuicio romántico de pensar que siempre lo es. Por otro lado, la experiencia cotidiana, en cualquier terreno vital, nos muestra que una máscara voluntariamente asumida —por las razones que sea, ésa es otra cuestión— influye sobre la cara que está debajo. A la larga, simplemente, el rostro va adquiriendo los rasgos de la careta que la cubre; si se quitara la máscara, quizá ya nadie lo advertiría... Como dijo agudamente Jean Cocteau, Víctor Hugo fue un loco que se creyó Víctor Hugo. Me parece que ésta no es sólo una frase más o menos ingeniosa, sino que encierra varios sentidos interesantes. Fijémonos sólo en uno: para convencer de algo al lector, hay que estar profundamente convencido de ello, o ser un simulador notable; y, si esa simulación es constante y profunda, ¿en qué se diferencia de la verdad?

En el ámbito de la literatura española, famosas "máscaras", por ejemplo, han sido las de Valle-Inclán o Ramón Gómez de la Serna, y hoy lo es la de Francisco Umbral. El lector puede quedarse en los aspectos más anecdóticos y superficiales, por supuesto, pero eso no basta para creer que esas máscaras sean "mentira"; por lo menos, más mentira-verdad que lo es el juego vital de la literatura, en cualquier caso.

Me he referido antes al público en relación con los géneros literarios. Se impone mencionar un caso muy especial: todo este tipo de cuestiones se plantea más agudamente en el teatro, por su doble condición de arte literario y de espectáculo (que, como tal, moviliza hoy considerables sumas de dinero).

Ante todo, cabe plantearse si es posible que triunfe una obra que se opone a las creencias colectivas de la comunidad en que se estrena. Una respuesta negativa sería la de Eugenio d'Ors: "Como el teatro es un arte de multitudes, cuanto en él se exponga como idea ha de basarse en la seguridad de que en éstas existe (...) un ya ganado convencimiento (...). Lo nuevo turba, desorienta, suscita incomprensión, dudas... Nada de ello conviene al valor de inmediata eficacia que ha de tener cuanto se ve llevado a la escena. Lo del teatro no puede ser otra cosa que una rumiación."

No nos aferremos al a letra de esta última frase, que algunas gentes de teatro podrían sentir como un insulto. Tratemos de reflexionar sobre el problema que suscita. D'Ors trata de confirmar su teoría —discutible por definición, claro está— con algunos ejemplos concretos de obras dramáticas: *La vida es sueño, Nora, Seis personajes en busca de un autor*... Igualmente se podrían citar casos que demostrasen lo contrario. Pensemos, limitándonos a nuestra época, en el carácter profundamente revolucionario de cierto teatro político. De hecho, si la censura (por ejemplo, la de la época franquista) ha sido rigurosa con el teatro es porque sentía la capacidad de convencimiento y arrastre que posee, cuando sus distintos elementos se conjugan felizmente en un espectáculo logrado.

A otro nivel, no cabe olvidar la difusión de ciertas visiones del mundo no unánimemente aceptadas que ha realizado, de hecho, el teatro existencialista, del absurdo o de la crueldad. No cabe duda, sin embargo, de que estas obras respondían, en cierta medida, a un deseo difuso, a una determinada sensibilidad colectiva que está en el aire, antes que en los libros o sobre un escenario. Para desentrañar plenamente su mensaje, por supuesto, sería preciso la reflexión lenta de una lectura posterior, pero esto no tiene que ver con el impacto inmediato que produce de hecho un espectáculo teatral.

Si retrocedemos históricamente, es bastante claro el caso de la comedia clásica española, basada en una serie de ideales en los que comulgan el autor, los farsantes y el público: patriotismo, monarquía, religión, culto al honor... Cuando un dramaturgo como Ruiz de Alarcón se aparta de las soluciones habituales, recibe inmediatamente la sanción popular en forma de "cierta redomilla de olor tan infernal". Muchas veces se ha señalado, también, que la original solución de un conflicto de honra que desarrolla Cervantes en *El celoso extremeño* es posible, entre otras cosas, por tratarse de una novela; sobre las tablas de un corral de comedias, no es aventurado suponer que hubiera atraído las iras y, muy concretamente, los objetos arrojadizos de los mosqueteros.

Los condicionamientos económicos actúan sobre el teatro, por definición, con mayor fuerza que en el caso de los otros géneros literarios. Quizá no sea inútil que mencione unas cifras, por muy aproximadas que sean: la edición de un libro de poemas puede costarle hoy a su autor, si ninguna editorial lo acepta, menos de cien mil pesetas; el costo físico de imprimir una novela o ensayo de dimensiones medias puede ser inferior a trescientas mil pesetas. En el caso de una obra de teatro que tenga varios personajes, no es raro que los gastos de montaje se eleven a un par de millones.

Con todo el carácter aproximativo que se quiera, me parece que estas cifras ilustran, de modo muy significativo, la dimensión económica del espectáculo teatral. Antes de arriesgar una cantidad de ese calibre (más los gastos que supone la nómina de cada día de representación), no es raro que el empresario intente buscar lo que él cree que el público pide. Eso explica, también, que muchas obras de interés no puedan subir a los escenarios, si no reciben una subvención, y que tantos montajes —de los clásicos, por ejemplo— adolezcan de una insuficiente preparación.

En todo caso, el problema del público teatral, básico para la supervivencia del espectáculo, es mucho más complejo de lo que parece (y de lo que ahora puedo desarrollar). En realidad, coexisten siempre varios públicos posibles, y sus reacciones son relativamente imprevisibles, por mucho que se pretenda conocer la realidad del mundillo teatral. (La experiencia de tantos fracasos nos lo muestra todos los días). Como ha señalado Antonio Buero Vallejo, tenemos el hecho innegable de que un público madrileño al que todos calificarían de mayoritariamente burgués ha acogido con entusiasmo obras de Valle-Inclán, de García Lorca o de Bertolt Brecht, cuyo sentido parece ser opuesto a las convicciones de ese público. ¿Contradicciones de la burguesía? ¿Razones de oportunidad política y cultural? Por supuesto, pero con todo ello hay que contar si no queremos tener una imagen demasiado simple de nuestro público teatral. Y, por otro lado, no es fácil conocer con exactitud en qué medida influyen esas obras, a la larga, modificando a su público y haciendo posibles otros espectáculos futuros.

No es raro que las obras literarias que susciten una adhesión más amplia (o una polémica, lo que también supone ventas) sean las que defienden explícitamente una tesis controvertida: obras monárquicas o republicanas, católicas o anticlericales, defensoras del campo o de la ciudad, gays o feministas...

Recordemos cómo, en la segunda mitad del XIX, la técnica de una aparente objetividad imparcial suele estar puesta al servicio de la defensa a ultranza de una tesis. Sociológicamente, esto provocó polémicas que afianzaron el éxito popular del género en España. Literariamente, no importan tanto nuestras simpatías por un tipo u otro de tesis, sino las concretas consecuencias estéticas que estas tesis producen. Así, el folklorismo y los prejuicios ideológicos condicionan de tal modo la visión del mundo de Fernán Caballero que un sector de la crítica ha puesto en entredicho su realismo. Incluso en el caso admirable de Galdós, no cabe duda de que alcanza su plenitud como novelista cuando supera los prejuicios anticlericales de su primera época: *Fortunata y Jacinta* o *Misericordia* me parecen muy superiores a *Doña Perfecta*.

En general, la tesis suele determinar una simplificación de la realidad: dividir el mundo en dos categorías tajantes, los buenos y los malos. Además, es frecuente que, en este tipo de obras, los personajes pierdan complejidad humana y tiendan a convertirse en "tipos" o símbolos de una actitud: a doña Perfecta podemos definirla como "la beata intransigente y fanática", o algo así; a Fortunata, en cambio, con su rica humanidad vital y contradictoria, no cabe intentar definirla con ninguna fórmula.

Busquemos un paralelismo fácil: hoy nos parecen pueriles las simplificaciones de las películas norteamericanas del Oeste, en las que todos los blancos son buenos y caballerosos, mientras que todos los indios son totalmente malvados; pero idéntica simplificación sería la de las nuevas películas contestatarias, en las que todos los pieles rojas son seres angelicales y todos los rostros pálidos, monstruos abominables.

Igual sucede con las obras de tesis. En ellas, además, el autor suele "aparecer" para darnos directamente su opinión, en técnica que hoy nos parece muy superada, y abundan los "sermoncitos" que unos personajes dirigen a otros.

Por supuesto, no son abominables todos los monárquicos, ni todos los republicanos, ni todos los comunistas, ni todos los ateos, ni todos los... Sin embargo, una obra que así lo asegura tendría buenas posibilidades de hacerse popular: la comprarían muchos que opinan así... y muchos otros que opinan lo contrario, para poder criticarlo. Así sucedía ya con la novela decimonónica, y mucho más sucede hoy, con las modernas técnicas de propaganda. Claro que todo esto tiene muy poco que ver con la literatura, en sentido estricto. En todo caso, hay que convenir que la visión maniquea, que divide tajantemente el mundo en buenos y malos, es una tentación permanente; pero es una simplificación de la realidad que suele limitar gravemente la calidad de la obra literaria.

Eso no impide, por otro lado, que obras puestas absolutamente al servicio de una idea o concepción del mundo puedan alcanzar elevados niveles estéticos. Santa Teresa, por ejemplo, escribe porque se lo manda su confesor y, sin buscar la gloria literaria, consigue obras de una categoría literaria (no sólo religiosa) excepcional. Por supuesto, desde una actitud religiosa semejante se podrían escribir obras de escaso o nulo valor literario; la crítica justa será la que estudie sus recursos literarios (como ha hecho Víctor de la Concha), que son inseparables de su vivencia mística. En un campo muy alejado, obras de Máximo Gorki o Bertolt Brecht unen su eficacia propagandística, política, a un valor estético innegable. En literatura —me parece—, es inútil dar reglas tajantes y seguras, que sirvan para todos los casos.

La influencia social que pueda tener la literatura es causa de que se intente utilizarla desde posiciones muy variadas (políticas, religiosas...), así como que se intente frenar su posible peligrosidad; es decir, que explica tanto la literatura dirigida como la censura. (Subrayo: he dicho *explica,* no *justifica.*)

El problema salta una y otra vez a la actualidad mundial con motivo del escándalo (real o hipócritamente fingido) que causan algunas obras. En esos casos, no faltan voces puritanas que se eleven contra una literatura inmoral, corruptora de la sociedad, ni otras que defiendan como valor básico la libertad artística del creador. En nuestro mundo, tan comercializado, todo suele quedarse en un escándalo circunstancial que, muchas veces, sirve de eficaz propaganda al libro. Así sucedió, hace años, con *El amante de lady Chatterley,* de D. H. Lawrence, o la serie de los *Trópicos,* de Henry Miller: estas obras fueron llevadas a los tribunales y sufrieron obstáculos legales en países anglosajones, de tradición liberal..., provocando que grandes masas de lectores se precipitaran a leerlas; así ha sucedido, una vez más, al editarse hace poco la serie de Miller en España.

Otras veces, la prohibición suscita una demanda desorientada, que busca en la obra algo muy distinto de lo que ésta ofrece: parecidos inconvenientes legales sufrió el *Ulises,* de James Joyce, y los que se lanzaran luego a leerla pensando encontrar una obra escandalosamente erótica debieron de quedarse profundamente chasqueados ante una novela que les parecía tan rara y aburrida. Es el mismo caso de la película "El último tango en París", de Bertolucci, cuya profunda desesperanza debió de sorprender a tantos españoles que buscaban anécdotas escabrosas.

La cuestión no es exclusiva de los últimos tiempos. Quizá no sea inútil recordar el caso de una obra clásica como es *Madame Bovary*: publicada a la vez que la *Fanny,* de Feydeau, que planteaba un caso semejante, fue ésta la que atrajo el interés masivo del público, logrando trece ediciones en un solo año. Sin embargo, la obra de Flaubert fue acusada ante los tribunales de provocar un escándalo público. El caso resulta especialmente interesante porque la acusación de inmoralidad iba unida a razones literarias. En efecto, en su acusación, el fiscal citó estas frases de la novela:

"Elle se répétait: J'ai un amant! se délectant à cette idée comme à celle d'une autre puberté qui lui serait survenue. *Elle allait donc enfin posséder ces plaisirs de l'amour, cette fièvre de bonheur dont elle avait désespéré. Elle entrait dans quelques chose de merveilleux, où tout serait passion, extase, delire...*"

Todas las frases subrayadas eran consideradas por el fiscal como manifestación directa del pensamiento del autor, y la obra, por tanto, sería una "glorificación del adulterio".

El problema literario, como se ve, radica en la introducción del estilo indirecto libre, tan acorde con la impasibilidad objetiva que predicaba y practicaba Flaubert. El defensor hubo de esforzarse en demostrar que éste era un punto de vista del personaje, no del autor, y que el lector debía juzgarlo teniendo en cuenta las consecuencias posteriores que sufre Emma Bovary. La decisión final, en definitiva, fue absolutoria para la novela, aunque no dejara de condenar la tendencia artística a que ésta pertenecía, pues "conduce a un realismo que sería la negación de lo bello y de lo bueno, y que, produciendo obras ofensivas para las miradas y para el espíritu, cometería continuos ultrajes a la moral pública y a las buenas costumbres".

No hace falta ser muy malintencionado para preguntarse quién es capaz de definir con exactitud lo que es, en cada momento y en cada país, "la moral pública" y "las buenas costumbres". En todo caso, el espectáculo de los jueces y moralistas sometiendo a examen la literatura resulta tan pintoresco (o tan absurdo) como puedan ser las opiniones de un enérgico defensa central sobre la teoría de la relatividad o las de un físico nuclear sobre la legalidad de la "paradinha" brasileña al lanzar un penalty.

La vinculación de la literatura y la sociedad ha sido subrayada especialmente por algunas escuelas o tendencias (y desdeñada por otras): así, el llamado realismo social español de los años cincuenta, que obedece a causas literarias pero también ideológicas y políticas. Citemos sólo el testimonio de tres buenos poetas. Para Eugenio de Nora, "toda poesía es social... La Poesía es algo tan inevitablemente social como el trabajo o la ley". En la misma línea, José Hierro afirma que "quizá la Poesía de hoy debería ser épica... La Poesía registra la huella que en el corazón del poeta dejan unos hechos, los que concretan su tiempo". Y Gabriel Celaya proclama la necesidad de buscar un nuevo público: "Nada me parece tan importante en la lírica reciente como ese desentenderse de las minorías y, siempre de espalda a la pequeña burguesía semiculta, ese buscar contacto con unas desatendidas capas sociales que golpean urgentemente nuestra conciencia llamando a vida. Los poetas deben prestar voz a esa sorda demanda. En la medida que lo hagan crearán su público, y algo más que un público." Años después, el propio Celaya afirma haber encontrado ese nuevo público por la vía inesperada de la canción, que pone música a algunos de sus poemas, aunque esto —tan satisfactorio sociológicamente— no le acabe de convencer desde el punto de vista estrictamente poético.

No hace falta insistir mucho en lo que hoy es ya lugar común: la crisis profunda de esa literatura social. Muchos críticos han insistido ya en que, en términos generales, no alcanzó una gran altura estética, pero tampoco logró los propósitos de cambio social y político que pretendía: si España cambió no fue, ciertamente, como consecuencia de unas novelas o poemas, sino por otro tipo de causas.

Al decir esto no quiero insistir en la crítica de una tendencia concreta, ya superada, sino mostrar un ejemplo que me parece significativo. Ante todo, para que no caigamos en la tentación de atribuir a la literatura unos poderes que, de hecho, no posee. Además, para comprobar cómo el hecho de poner la literatura al servicio de una finalidad muy concreta suele ser funesto para su valor literario (y poco práctico para la misión que intentaba cumplir).

Recordemos la frase cínica, tan verdadera: "con buenos sentimientos se hace mala literatura". Así lo vemos todos los días, interpretando lo de los "buenos sentimientos" en su acepción más amplia; a estos efectos, igual da que se trate de cantar a la patria, de defender la moral cristiana o de propugnar la revolución proletaria. ¡Qué inmenso es el número de versos malos, escritos para ensalzar a la esposa, al hijo, a la tierra natal! Por otro lado, muy claro es el caso de las obras del llamado realismo socialista soviético, en las que, según la caricatura, el chico declara su amor a la chica en una granja colectiva, junto al tractor, y los dos sueñan con alcanzar un premio a la productividad agrícola dentro del próximo plan quinquenal.

Desde la perspectiva de la ortodoxia católica, incluso un neotomista como Jacques Maritain proclama que el arte y la moral son "dos mundos autónomos, cada uno de los cuales es soberano en su propia esfera. La moral nada tiene que decir cuando se trata de la bondad de la obra o cuando se trata de la belleza".

En la práctica, la crítica literaria efectuada desde una posición católica militante ha incurrido no pocas veces en un "afán moralizador de cortas miras" o en un "confesionalismo estrecho". (Son palabras del jesuita belga Charles Moeller.) Otras veces, felizmente, ha adoptado perspectivas más abiertas.

Algo semejante cabría trasladar (con todos los cambios precisos, por supuesto) a la crítica ortodoxamente marxista. Ante todo, quizá cabría comenzar señalando que la posición estética de Marx y Engels, en sus textos básicos, es mucho más abierta de la que luego ha sido desarrollada, en algunas etapas, por el comunismo oficial.

Me parece que no estoy inventando un enemigo para atacarlo cómodamente. Citemos algún caso concreto. Por ejemplo, el de Lukács, autor de una *Teoría de la novela* que es un texto básico en la crítica contemporánea y ha servido de punto de partida, entre otras, a las teorías de René Girard y Lucien Goldmann. Para Lukács, la novela debe tratar de la vida de un individuo problemático en un mundo contradictorio, contingente. El núcleo de la novela moderna es la búsqueda de valores en una sociedad que los ha perdido, realizada por un héroe problemático. Pero esa búsqueda es también impura, degradada. La clase de relación que existe entre el héroe novelesco y la sociedad determina la distinción de los géneros literarios: la tragedia y la poesía lírica se caracterizan por la ruptura total entre el yo y la sociedad (visión trágica). En la epopeya existe una comunidad entre la sociedad y el héroe que la expresa. La novela es un género intermedio entre los dos. Dentro de eso, cabe distinguir tres clases de novelas:

1) Novela del idealismo abstracto: su héroe es activo, pero tiene una visión demasiado estrecha del mundo. Ejemplos: don Quijote y Julián Sorel.

2) Novela psicológica: su héroe es pasivo, posee una amplitud excesiva de sueños y deseos con relación al mundo en que vive. Ejemplo: los héroes de Flaubert.

3) Novela de aprendizaje, en la que el héroe logra limitarse a sí mismo sin abdicar de su búsqueda de valores. Es la novela de la resignación viril, de la madurez: el *Wilhelm Meister,* de Goethe, por ejemplo.

Todo esto, discutible pero de enorme interés, corresponde a la primera etapa, hegeliana, de Lukács. Después, los avatares de la política comunista influyeron de modo importante en su producción intelectual. Tomemos, por ejemplo, su libro *La significación actual del realismo crítico*: distingue en la literatura de nuestro siglo esas dos grandes tendencias y acumula sobre el vanguardismo (entendido en el más amplio sentido) toda clase de censuras, mientras que colma de alabanzas el realismo; en realidad, ésta es la única literatura contemporánea cuya existencia le parece justificable.

En contra de muchas nociones habituales, esta teoría ve al vanguardismo como algo esencialmente reaccionario; ni siquiera admite que su protesta contra las convenciones de nuestro mundo pueda constituir un factor dinámico, sino un puro escapismo. En realidad, Lukács tampoco se ocupa de delimitar el concepto de vanguardia, los ejemplos de esta tendencia que cita más frecuentemente son Kafka, Joyce, Musil y Proust, pero también aparecen incluidos bajo ese rótulo autores tan dispares como Virginia Woolf, Gide, Montherlant y Samuel Beckett. Para Lukács, el vanguardismo tiene una esencia profundamente antiartística y aparece históricamente como un producto necesario de la sociedad capitalista.

Frente a todo esto, el realismo aparece canonizado, porque contempla la auténtica realidad desde un punto de vista crítico.

En mi opinión, hemos caído, una vez más, en la simplificación maniquea. Lukács atiende exclusivamente a la ideología, a la imagen del mundo, desatendiendo casi por completo los factores expresivos y formales, la evolución de las técnicas narrativas. En conclusión, acaba condenando a toda una serie de autores que, en mi opinión y —creo— en la de casi toda la crítica no sectaria, son los principales renovadores de la novela en el siglo XX. Que esto le suceda a un autor de la profundidad y brillantez de Lukács es una prueba bien clara de lo malos que son los dogmatismos, de cualquier signo, y una muestra evidente de los peligros que acechan a la llamada crítica marxista.

Si hemos encontrado esto en un filósofo, ¿qué cosas no dirán los políticos? Recordemos sólo, como ejemplo claro y lamentable, las palabras de Nikita Kruschef en su discurso del 8 de marzo de 1963 ante el Congreso Central del Partido Comunista de la URSS: "El deber supremo del escritor, del pintor y del compositor soviético, y de cada artista, es el de alistarse en las filas de los constructores del comunismo, poner su talento al servicio de la gran causa de nuestro partido y luchar por el triunfo de las ideas del marxismo-leninismo (...). En todas las cuestiones de arte y literatura, el Comité Central del Partido exigirá a todos, desde el artista más consagrado y famoso, al más joven debutante, la aplicación inflexible de la línea del Partido." Releamos esta última frase y pensemos un poco en lo que supone para la libertad creadora del escritor, con independencia de que la pronuncie un partido en el poder, una iglesia, una sociedad o una comisión de censura de cualquier país del mundo: los ejemplos que se podrían citar son, por desgracia, innumerables, "del uno al otro confín".

En el caso soviético, las consecuencias son bien claras: así han podido surgir esas obras enormemente reaccionarias, so pretexto de contenido revolucionario, compuesta con arreglo a doctrinas oficiales. El cine, tan innovador en la época de Eisenstein, decayó luego enormemente; la música de los compositores oficiales como Shostakovich permaneció anclada en fórmulas más conservadoras de lo que es habitual en Occidente: la literatura, en fin, ha producido obras correctas, pero también el escándalo de los disidentes, que se niegan a aceptar patrones y consignas.

Con las lógicas diferencias, el mismo tipo de problemas se ha producido, con la crítica marxista, en el ámbito de la literatura española: unas veces, como señaló con su habitual ironía Emilio Alarcos, se intenta descalificar a los escritores del noventa y ocho por carecer de un compromiso político más resuelto, olvidándose de sus cualidades específicamente literarias; otras veces, como en una *Historia social de la literatura española,* tan difundida como vapuleada, se recurre a fórmulas sencillas y maniqueas que descuidan la complejidad del fenómeno estético. Pero también parte de posiciones marxistas una obra tan sólida como la de Noël Salomon sobre el campesino en la comedia de Lope.

Revisando casos, declaraciones teóricas y ejemplos concretos, uno llega a la conclusión (muy modesta, muy obvia) de que lo malo para la crítica (¿sólo para la crítica?) no es el marxismo o el catolicismo, sino el dogmatismo, las tesis predeterminadas, el maniqueísmo, la simplificación de la realidad; en una palabra, la ortodoxia cerrada. Es preciso admitir —me parece— que la literatura, como arte, posee sus propios criterios de valor, no reducibles a buenos propósitos religiosos, morales, sociales o políticos.

Un honrado padre de familia puede escribir pésimos poemas; un indeseable puede crear una obra genial; un reaccionario puede ser un magnífico novelista: son, simplemente, universos distintos, cantidades heterogéneas. ¿Hace falta insistir en algo tan obvio? Parece que sí, porque el espectáculo cotidiano nos lo demuestra: cada tendencia intenta "arrimar el ascua a su sardina", utilizar la literatura para sus fines propios. Y muchos lectores siguen fielmente estas consignas, porque su "ortodoxia" se une a la falta de sensibilidad para los valores propiamente literarios.

En efecto, me parece muy claro que, la mayoría de las veces, la literatura se considera sólo como una herramienta para hacer algo o como un vehículo de determinadas ideas. Lo que suele faltar es la sensibilidad necesaria para *disfrutar* con un texto literario, al margen de su posible trascendencia política, moral o de cualquier clase.

Para el creador, sea escritor, artista plástico o músico, la forma posee un valor en sí misma. Así se llega, muchas veces, a actitudes y declaraciones voluntariamente escandalosas, para "epatar al burgués". Recordemos la tajante afirmación esteticista de Oscar Wilde: "la estética es superior a la ética". ¿Superior? Para él, sí, desde luego; y, en todo caso, un mundo distinto.

Insistamos: para el artista, la labor creadora es su tarea, su moral, su religión, su política, su justificación vital. Por eso afirma Keats (y lo utiliza Charles Morgan como lema de su novela *Sparkenbroke*): "De nada tengo tanta certeza como de la santidad de los afectos del corazón y de la verdad de la imaginación. Lo que la imaginación crea como belleza no es más que la verdad (existiera o no antes), pues yo tengo de todas nuestras pasiones la misma idea que del amor; todas son, en su parte más sublime, creadoras de belleza esencial... La imaginación del poeta puede compararse con el sueño de Adán, quien al despertarse lo halló convertido en realidad."

De las relaciones entre literatura y sociedad se pasa, con una trasición casi imperceptible, al tema de la actitud del escritor ante la sociedad, de su responsabilidad como artista y como hombre; es decir, usando una de las grandes palabras de nuestro siglo, del *compromiso*.

Jean-Paul Sartre ha sido, probablemente, uno de los grandes divulgadores de esta noción en nuestro tiempo; puede ser útil, pues, recordar con actitud crítica algunos de los puntos esenciales de su teoría, tal como la expuso en el libro *Qué es la literatura* (título original francés: *Situations II*).

Proclama Sartre la necesidad del compromiso o responsabilidad del escritor con sus contemporáneos, con todos los hombres. Además, afirma que el creador literario debe escribir participando en los debates sociales y políticos de su tiempo. La idea, desde luego, es atractiva, y no puede sorprendernos que haya suscitado adhesiones sin cuento, pero su aplicación concreta plantea problemas muy notables.

Ante todo, parece obvio que haya escritores cuyo temperamento individual les impulsa a intervenir en esos debates sociales y políticos de su tiempo, pero hay otros cuya manera de ser no les mueve a eso. Atribuir a los primeros la bondad, y a los segundos, la maldad parece demasiado simplista. Además, en el fondo no creo que sea ésa su misión esencial como escritores, sino la de escribir lo mejor que puedan, crear una obra valiosa, expresarse con autenticidad dirigiéndose a los hombres (a todos: no sólo a los de su tiempo y país).

Irónicamente cabe añadir que sería espantoso (así suele suceder, de hecho, en las situaciones más difíciles) que cada escritor se sintiera obligado a decir su importante palabra sobre las cuestiones debatidas en su tiempo. Una persona puede ser capaz, por ejemplo, de escribir un relato o un soneto aceptables careciendo de la mínima información y criterio sobre los problemas políticos; si se le hiciera opinar, es de temer que dijera unas sandeces increíbles, que debería reservar para la intimidad de su hogar. Otra cosa sería, quizá, conceder al escritor un rango por encima de los demás hombres, considerarle, al modo romántico, una especie de oráculo universal o guía de las masas.

Al aplicar estos principios, la aguda inteligencia de Sartre no puede evitar que los juicios literarios concretos que emite sean fácilmente rebatibles. Por ejemplo, marca un abismo absoluto (como nuestro Juan Ramón, por paradoja histórica) entre la prosa y la poesía. Afirma que la literatura ya no tiene nada que hacer en la sociedad contemporánea. No tiene para nada en cuenta los problemas históricos de la evolución de la lengua literaria, de la técnica, de los géneros. Sostiene que el estilo debe pasar inadvertido, sin darse cuenta de que esto conviene a cierto tipo de creadores pero no a otros. (Tan válidos son Juan de Valdés, el *Lazarillo* o Baroja como Quevedo, Valle-Inclán o Pérez de Ayala).

Declara tajantemente que no existe novela buena que no pretenda cambiar la sociedad de un modo revolucionario. (En el ámbito español, ¿qué haríamos con Fernán Caballero, Alarcón, Pereda, etcétera.)

Dejando aparte otras muchas opiniones concretas, me parece claro que algunas teorías de Sartre no resisten la confrontación con los hechos de la realidad literaria cotidiana. Creo que Sartre pone la literatura al servicio de otra cosa: un ideal de carácter ético o social muy noble, sin duda, pero que cae fuera de la obra literaria en sí. Quizá se deba eso, una vez más, a la "mala conciencia" del escritor progresista de nuestro tiempo, atraído por la política, pero que no puede renunciar a los imperativos de su oficio literario, como ha señalado reiteradamente Guillermo de Torre.

En definitiva, me parece que Sastre ha subrayado *uno* de los aspectos de la creación literaria, pero sólo uno, olvidándose de otros muchos que también existen. Así, su teoría, como tantas otras, es unilateral y exclusivista y sirve para comprender adecuadamente *un tipo* de literatura (según Gaëtan Picon, no afecta más que a las formas inferiores de lo literario).

No olvidemos, tampoco, el signo de los tiempos: Sartre publicó este libro en 1948, poco después de la segunda guerra mundial, en los momentos difíciles en que el "engagement" (compromiso) era voz privilegiada, que marca también a la década de los cincuenta en nuestro país. Después, el signo de los tiempos ha variado bastante, pero no ha desaparecido del todo la influencia del compromiso sartriano, sobre todo en los países o sectores fuertemente politizados (Hispanoamérica, tercer mundo...), junto a los juegos vanguardistas, que algunas veces incurren en lo frívolo y gratuito.

En el terreno de la literatura francesa posterior a Sartre, por ejemplo, es curioso comprobar cómo las nuevas tendencias literarias se han apartado de la doctrina del compromiso. Así, los miembros del *nouveau roman,* con Alain Robbe-Grillet a la cabeza, afirman su total libertad como escritores: buscan solamente crear una obra de arte mediante el lenguaje. Y la cosa resulta especialmente curiosa teniendo en cuenta que la mayoría de ellos profesan, personalmente, una decidida militancia izquierdista.

Algo semejante sucede con el grupo posterior de los "nuevos críticos" formalistas o estructuralistas. En la peculiar terminología de Roland Barthes, el autor que se compromete deja de ser *écrivain* para rebajarse a mero *écrivant*: la finalidad concreta de la obra le ha rebajado de "escritor" a "escribiente".

Sin embargo, parece razonable suponer que la defensa de la libertad creadora del artista no debe suponer una incitación al frívolo jugueteo, al arte desarraigado o el esteticismo gratuito. En todo caso, el escritor será responsable como persona, como ser moral y social. La cuestión estribará en armonizar adecuadamente ambas exigencias.

Un autor que une las influencias de la *nouvelle critique* y del existencialismo, Serge Doubrovski, nos ayudará en este intento de conciliar dos posturas extremas. Para él, "lo que hemos aprendido después de Sartre y lo que no se puede olvidar es *el compromiso profundo que constituye todo acto de escribir*".

Compromiso profundo, desde luego; pero ¿compromiso político concreto? La cuestión ya es mucho más discutible, según los casos. La realidad literaria nos presenta múltiples casos de cómo los partidos utilizan al escritor para sus fines propagandísticos, y de cómo el escritor, tantas veces, degrada su capacidad creadora al ponerla al servicio de una campaña política concreta, de cualquier ortodoxia.

No faltan las declaraciones de escritores que muestran el lógico deseo de poner su arte al servicio de la comunidad, pero muchos han advertido también las trampas que esto trae consigo, muchas veces. Con su habitual agudeza polémica declaraba Max Aub, poco antes de morir: "Yo siempre me he considerado como irresponsable. Punto." Y esto lo declaraba un autor como Max Aub, que ha escrito una obra ampliamente comprometida, como lo demostrarían, simplemente, las dificultades que encontró su obra para circular en España durante la época franquista. Por eso, esto no hay que interpretarlo a la letra, sino como una defensa de la libertad que reivindica para sí el escritor con independencia de que su obra guste o no a los distintos sectores del público. Añadía entonces Max Aub: "Yo jamás he escrito ni un verso, ni un cuento, ni una novela, ni una obra de teatro pensando en lo que iba a decir, pensar o cómo iba a reaccionar el público." Para afirmar algo así, evidentemente, hace falta una gran independencia y la seguridad en sí mismo que le proporcionaban, a la vez, su reconocida categoría literaria y la notoriedad de su actitud política.

De modo muy paralelo, el judío Samuel José Agnon declaraba, pco después de serle concedido el Premio Nobel de Literatura de

1966: "El esfuerzo de Flaubert por alcanzar una prosa que se sostenga por sí misma me parecía el ideal hacia el cual debemos tender todos (...). Más aún: *no escribo más que para mí mismo.*"

Este tipo de declaraciones pueden suscitar, sin duda, reproches y condenas. No lo hagamos de modo automático. Antes me he referido a la literatura como comunicación, como búsqueda de un interlocutor. Escribimos, siempre, como el náufrago que lanza botellas, como el indio que hace señales de humo, como el que envía un mensaje: siempre existe, por definición, la esperanza (mayor o menor, según nuestro temperamento) de que alguien recoja ese mensaje; si no, simplemente, no nos molestaríamos en coger la pluma. Todo esto es muy cierto, pero también lo es que la creación posee sus leyes propias y que el verdadero creador siente la necesidad absoluta de escribir con autenticidad personal, al margen de lo que opinen los críticos y la mayoría del público, sin tener en cuenta las modas.

Virginia Woolf imagina a un joven aristócrata inglés de la época isabelina, Orlando, que siente la fiebre de la literatura y acude a un poeta ya consagrado, Nick Greene, que le habla de la Gloria, de Cicerón, de la decadencia de la literatura en su tiempo y de lo que él escribiría si le dieran una pensión, para acabar burlándose cruelmente del joven escritor... La experiencia le resulta tan útil como un desengaño sentimental que le proporcionó, años antes, una princesa rusa: "Al fin, poniéndose de pie (era invierno y hacía mucho frío), Orlando hizo uno de los juramentos más importantes de su vida, porque lo ató a la más severa de todas las servidumbres. 'Que me abrasen', dijo, 'si escribo una palabra más, o trato de escribir una palabra más, para agradar a Nick Greene, o a la Musa. Malo, bueno o mediano, escribiré de hoy en adelante lo que me gusta'; e hizo aquí el además de desgarrar un alto de papeles y tirarlos en la cara de aquel hombre sardónico de labio caído."

De una forma o de otra, es posible que todo auténtico escritor haya sentido eso, en un momento de su vida.

No cabe encasillar forzosamente al escritor ni obligarle, como un obrero, a que aplique su capacidad creadora a temas que no siente. La literatura soviética nos ofrece ejemplos claros de excelente creación revolucionaria, pero también, en la época estalinista, de cantos al tractor, la granja colectiva y el rendimiento stajanovista en el trabajo.

Con su sabiduría literaria (de gran creador y gran crítico) y su lógica implacable, Pedro Salinas declara rotundamente: "Al escritor, al artista hay que dejarle en paz. Por la sencilla razón de que él tiene ya movida, desde que nace, su propia guerra dentro, y ha de atenderla. Unas veces coincidirá con la de los hombres, y tomará partido con sus partidos (lo cual es perfectamente natural y puede servir de motivo a grandes obras) y otras no. Es menester respetarle siempre, porque en esa su guerra hallará las palabras mágicas de su paz, la cual será comunicada a los hombres y apaciguará sus almas, por virtud del principio aristotélico de la catarsis." Son palabras sapientísimas, me parece, que es menester tener muy en cuenta, frente a tantas simplificaciones y consignas baratas.

Salinas ha defendido la libertad del escritor, pero también, por supuesto, su responsabilidad. Este fue uno de los temas predilectos de otro crítico español, compañero de la creación de vanguardia, Guillermo de Torre: frente a la literatura gratuita tanto como frente a la sectaria, es preciso defender la literatura responsable. Por eso distinguió la literatura comprometida, que puede servir a una idea, pero lo hace espontáneamente, de la dirigida, escrita de acuerdo con normas o direcciones impuestas desde fuera. (En la práctica, pienso yo, no será tan fácil realizar esta distinción, al margen de cada caso concreto.) El primer deber de todo creador y de todo crítico es ser fiel a su época, pero debe evitar caer en la literatura sectaria, de propaganda.

Quizá pocos escritores españoles contemporáneos pueden competir con Rafael Alberti en haber puesto su pluma al servicio de sus ideales políticos. Pero Alberti, gran poeta político, defiende también su libertad de escribir otro tipo de poesía. No hace muchos años, escribía:

> Alguien o muchos pensarán: —¡Qué inútil
> que ese poeta hable del otoño!
> —¿Cómo no hablar, y mucho, y con nostalgia
> si ya pronto va a entrar en el invierno?

A la vez, no cabe cerrar los ojos al hecho de que, en nuestro mundo, tan desorientado, la literatura sigue cumpliendo una función (¿como siempre o más que nunca?) de la máxima importancia: despertar, advertir, inquietar, difundir ideas.

Para un novelista de éxito, por ejemplo, la cuestión es especialmente urgente y grave: si se dedica a halagar los gustos de la gran masa o a adormecerla con historias edulcoradas y tranquilizantes, obtendrá fácilmente grandes éxitos y notables beneficios económicos. Pero, ¿habrá cumplido su misión como escritor y como hombre? Tomando pie en una frase mía, un novelista tan honesto como Miguel Delibes ha planteado así el problema: "En una palabra, llegando a la encrucijada, el novelista español vacila entre dedicarse a distraer o, como dice Andrés Amorós, decidirse a inquietar; se resiste a dejar de divertir, pero, consciente de sus deberes sociales, no puede renunciar a sembrar ideas." La obra de Miguel Delibes es —me parece— un buen ejemplo de autenticidad humana y literaria.

Esto supone, desde luego, renunciar a muchos éxitos fáciles, porque a todos nos agrada más seguir durmiendo apaciblemente que ser despertados. Nos lo dice Julio Cortázar, con su habitual brillantez: "Para qué volver sobre el hecho sabido de que cuanto más se parece un libro a una pipa de opio, más satisfecho queda el chino que lo fuma, dispuesto, a lo sumo, a discutir la calidad del opio, pero no sus efectos letárgicos."

A pesar de todo, es innegable que la literatura no debe ser, no puede ser una pipa de opio más, que se sume a todos los factores alienantes que no faltan, ciertamente, en nuestro mundo.

Conviene defender, como hace Francisco Ayala, al escritor sinceramente comprometido, caso bastante distinto del "enrolado" políticamente. En definitiva, como concluye sabiamente Ayala, "la sinceridad constituye el único compromiso del verdadero artista". Muchas veces he proclamado mi acuerdo total con Baquero Goyanes cuando proclama que el pecado de literaturización, de insinceridad profunda, se da en las filas del llamado arte comprometido tanto o más que en las del evasivo.

Insisto, una vez más: no cabe, en literatura, dar reglas generales. No pidamos a todos los escritores lo mismo. Respetemos las singularidades individuales. No queramos implantar normas abstractas, universalmente válidas. Seamos conscientes de la peculiaridad del hecho literario, que influye enormemente, pero que no se reduce a ser vehículo de unas ideas. Comprendamos la responsabilidad del escritor en nuestra época y en todas las épocas. Pero dejémosle en paz —Pedro Salinas nos lo enseña— porque él tiene ya movida, desde que nace, su propia guerra.

El hecho de escribir no es un pecado solitario, sino el intento de lanzar un puente hacia los demás. Como expresa muy certeramente Julio Cortázar, el escritor tiene conciencia de *escribir para,* de que su acto creador no se agota en sí mismo. Cada página que escribes se parece a una carta dirigida a alguien, que no es —ciertamente— el profesor inglés o americano que nos hará una reseña, buena o mala.

A la vez, respetemos, con Rafael Alberti, a ese escritor que nos habla del otoño, de ese otoño que es suyo y, gracias a él, también es nuestro:

> ¿Cómo no hablar, y mucho, y con nostalgia,
> si ya pronto va a entrar en el invierno?

IV. LOS LÍMITES DE LA LITERATURA

¿LITERATURA PURA?

MUCHAS VECES se ha planteado, a lo largo de la historia, la cuestión de la mayor o menor "pureza" de la literatura. En unos casos se defendía esto desde posiciones esteticistas o a través de la formulación clásica del abbé Brémond; otras veces, en cambio, se atacaba la pureza en nombre del arte "impuro", comprometido, al servicio de los intereses del hombre histórico, concreto. Por supuesto, la cuestión está muy relacionada con el concepto que tengamos de la literatura y de sus límites.

En el ámbito hispánico, Alfonso Reyes distinguió, hace ya tiempo, entre *literatura en pureza* y *literatura ancilar*: "Todos admiten que la literatura es un ejercicio mental que se reduce a: A) Una manera de expresar. B) Asuntos de cierta índole. Sin cierta expresión no hay literatura, sino materiales para la literatura. Sin cierta índole de asuntos no hay literatura en pureza, sino literatura aplicada a asuntos ajenos, como servicio o ancilar. En el primer caso —drama, novela o poema— la expresión agota en sí misma su objeto. En el segundo —historia con aderezo retórico, ciencia en forma amena, filosofía en bombonera, sermón y homilía religiosa— la expresión literaria sirve de vehículo a un contenido y a un fin no literarios."

La distinción parece sensata, en principio, pero quizá resulta más atinada en teoría que a la hora de aplicarla a la práctica literaria concreta. En la realidad viva del fenómeno literario, ¿cómo determinar cuáles son esos "asuntos ajenos a la literatura"? ¿Es que la literatura no está abierta, por definición, a toda clase de asuntos?

Recordemos, por ejemplo, que Pérez de Ayala, en su pareja de novelas *Tigre Juan* y *El curandero de su honra,* expresa su crítica del concepto tradicional, calderoniano, del honor matrimonial, así como un diagnóstico psicológico del donjuanismo que coincide en gran medida con el de su amigo el doctor Gregorio Marañón.

La cuestión se plantea de modo especialmente agudo en ciertas épocas; así, el siglo XVIII. Jovellanos, en *El delincuente honrado,* plantea los temas del duelo entre caballeros y de cuál sea el verdadero sentido que deba dar un ilustrado al principio del honor; todo esto lo hace con motivo de una pragmática de Carlos III que condenaba a muerte al duelista.

Del mismo modo, la *Raquel,* de García de la Huerta, según la interpretación de René Andioc, no es sólo una tragedia neoclásica, sino también la expresión ideológica de los adversarios aristocráticos del absolutismo borbónico, que trataron de derribar a Esquilache.

Los ejemplos podrían multiplicarse, por supuesto, en el ámbito de nuestra literatura ilustrada. Parece claro que estos son, en principio, "asuntos ajenos a la literatura", pero que, en estos casos concretos, han quedado incorporados como materia estética. Según eso, me parece, lo que importaría, en definitiva, no es hablar de pureza o ancilaridad, sino estimar el tratamiento estético que se les ha dado y la calidad artística que se ha alcanzado, sean cuales quiera los materiales que se hayan empleado.

Otra cosa distinta es la actitud del esteticista, que dice negar la relación de la literatura con la vida, y llega así a formulaciones chocantes, como ésta de los Goncourt: "¿Sabéis cómo se acerca un hombre de letras a una mujer? Como Vernet al mástil del navío... para estudiar la tempestad... No vivimos nosotros, sino nuestros libros... Los otros dicen: ¡He aquí una mujer! Nosotros decimos: ¡He aquí una novela!" Así, la literatura se ha identificado con la verdadera vida; el ideal es tan exigente que —en teoría, al menos— el escritor no escribe para vivir, sino que vive para escribir. Eso suscita los ataques de los que lo consideran academicismo o frivolidad gratuita, quemar la vida inútilmente. La respuesta podría ser la de Francisco Umbral, desde sus "Mil artículos" de la serie "Spleen de Madrid": "¿Y no teme usted quemarse? En algo hay que arder, oiga: en la literatura, en el sexo, en el periodismo, en lo que sea."

Pero dejemos esta discusión hipotética e inacabable. Como apunta sabiamente René Wellek, no se debe tratar de analizar la pureza de una obra literaria descomponiéndola en elementos inconexos, sino de ver cómo se componen y qué función estética cumplen.

En su conocido manual, Wellek y Warren establecen una precisión muy razonable: "En su celo reformador, ciertos defensores pretéritos de la 'literatura' calificaban de 'herejía didáctica' la presencia de ideas éticas o sociales en una novela o en un poema. Pero la literatura no queda profanada por la presencia de ideas usadas literariamente, empleadas como parte integrante de la obra literaria —como materiales— al igual que los personajes y los ambientes. La pureza de la literatura, según la definición moderna, estriba en carecer de designio práctico (propaganda, incitación a la acción directa) y de finalidad científica (aportación de datos, hechos, 'incremento del saber')."

Pero a esto también se pueden poner objeciones no pequeñas. Ante todo, me parece que será difícil, en muchas ocasiones, señalar los límites entre literatura y propaganda: ¿qué haríamos entonces con las sátiras políticas, tan importantes desde la Edad Media hasta hoy, o con el teatro de Bertolt Brecht, por ejemplo? Algo semejante sucedería con los límites entre literatura pura y de finalidad científica: ¿cómo calificaríamos un texto de Claude Bernard, de Santiago Ramón y Cajal, de Gregorio Marañón, etc.? Al iniciar, en esta misma colección, una serie dedicada al comentario de textos, me preocupé de que no faltara una muestra de un texto científico. Recordemos, también, la presencia tradicional en la Real Academia Española de científicos que expresan sus saberes especializados con auténtica "voluntad de estilo".

Llegados a este momento, cabe pensar, incluso, si eso de la "literatura pura" (especialmente, la poesía) no es sino un ideal —para el que lo sienta así— prácticamente irrealizable, salvo en momentos muy breves y para algunos autores de características muy peculiares.

Ante todo, el concepto ha sido interpretado de modos muy diversos. Según Vicente Gaos, para algunos, poesía pura "equivale a *simple* en sentido químico, esto es, a químicamente pura o depurada de elementos no poéticos. Para ello se practica una selección, una destilación de todo lo impuro, que es tanto como decir de todo lo humano: sentimientos, anécdotas, descripción, etc.".

Este ideal, tan exigente, pudo ser fecundo en la época de las vanguardias, pero no parece que suscite hoy adhesiones masivas.

Para otros, en cambio, pureza "significa *autenticidad*. Se habla mucho de ser 'auténtico', 'sincero', 'leal', por reacción contra la falsedad romántica. De ahí el proclamado menosprecio por la 'literatura', que es lo falso o ficticio por definición. Resulta curioso que, en un momento de tanto desvelo por la técnica y cuando, por un lado, se intenta llegar a una síntesis de todas las artes y el escritor se beneficia de procedimientos propios de la pintura o de la música, por otro lado ponga empeño en deslindar 'literatura' y 'poesía', considere lo literario demasiado impuro para ser poético". Claro que esta búsqueda de la autenticidad muestra —me parece— la huella de un talante existencialista que, hoy, ya no es predominante.

La expresión "poesía pura" se ha aplicado preferentemente, en España, a la generación del 27. Y, dentro de ella, lógicamente, no al grupo neopopularista de Alberti y García Lorca, sino a algunos de los poetas catedráticos: Jorge Guillén, Pedro Salinas... En todo caso, el paso del tiempo parece haber dado un rotundo mentís a estas etiquetas clasificatorias. Por ejemplo, Jorge Guillén, el poeta esencial de *Cántico,* ha pasado a ser el cantor existencial del *Clamor,* del *Maremágnum,* del tiempo, de la historia (*A la altura de las circunstancias*), de la muerte (*Que van a dar en la mar*).

El propio protagonista de esa aventura estética pone más que en duda lo de poesía pura: "¿Poesía pura? Aquella idea platónica no admitía realización en cuerpo concreto. *Entre nosotros nadie soñó con tal pureza,* nadie la deseó, ni siquiera el autor de *Cántico*..."

Del mismo modo, Jorge Guillén se opone radicalmente a la pretendida *deshumanización* de su poesía, de acuerdo con el término popularizado por Ortega: "Si hay poesía, tendrá que ser humana. ¿Y cómo podría no serlo? Poesía inhumana o sobrehumana quizá ha existido. Pero un poema 'deshumano' constituye una imposibilidad física y metafísica, y la fórmula 'deshumanización del arte', acuñada por nuestro gran pensador Ortega y Gasset, sonó equívoca. 'Deshumanización' es concepto inadmisible, y los poetas de los años veinte podrían haberse querellado ante los tribunales de Justicia a causa de los daños y perjuicios que el uso y abuso de aquel novedoso vocablo les infirió como supuesta clave para interpretar aquella poesía." Bajo la fórmula irónica, la declaración de uno de los principales poetas del grupo (también importante teórico) es muy rotunda.

Muchas veces se ha recordado, a propósito de este tema, la frase proverbial según la cual la literatura se hace con palabras, no con ideas, igual que la música, con sonidos, y la pintura, con colores. Muy cierto es, desde luego, que, en cuanto arte, la literatura es concreción mediante una forma. Pero esa forma es, por definición, significativa: el lenguaje humano.

Con su habitual ponderación, Francisco Ayala describe así el problema: "La literatura se hace con palabras, y las palabras son signos, comportan ideas que nunca tienen esa neutralidad relativa de los materiales con que el pintor pinta su cuadro y el escultor esculpe su estatua. Si en todo caso el arte puro es una aspiración inalcanzable, la poesía pura es, desde luego, empeño desesperado. En la expresión estética lograda mediante formas literarias se alojará siempre un elemento intelectual cuya eliminación completa, si posible fuese, haría fútil del todo la obra misma. Y ese elemento intelectual es perturbador, porque lo que pudiéramos llamar contenido racional de la literatura compite en su propio derecho con la forma artística disputándole el interés de los lectores. Estos reciben simultáneamente con la impresión estética un mensaje intelectual que no consiste en el mismo grado de subordinación a que otros materiales se someten, pues su importancia para la calidad de la obra resulta decisiva. El mensaje podrá disimularse, adelgazarse deliberadamente y llegar a ser muy tenue; pero puede también alcanzar en cambio una intensidad enorme, acrecentada por las virtudes de la expresión poética. La literatura, pues, no sólo suscita emociones estéticas, sino que transmite siempre, a la vez, una explícita interpretación de la realidad."

En otra ocasión, el mismo crítico (vinculado también en su juventud a la creación dentro de los movimientos de vanguardia y el llamado "arte deshumanizado") proclama tajantemente la futilidad de la poesía pura: "el arte del poeta no puede prescindir del contenido significativo que tienen las palabras mediante las cuales opera, que debe contar con él y ponerlo a contribución para los fines de su creación literaria. Ambigüedad e impureza son inevitables cuando del arte literario se trata...".

¿Cabe una literatura puramente fónica, sin significado, que se limite al encanto sensual y lúdico de la musicalidad? Según lo que llevamos dicho, parece claro que no. Y eso se comprobaría si analizáramos detalladamente, con más espacio del que aquí disponemos, los casos extremos: cantarcillos tradicionales, poesía afro-cubana, jitanjáforas...

Un ejemplo reciente puede ser, a la vez, llamativo y concluyente. Me refiero al capítulo 68 de *Rayuela,* la gran novela de Julio Cortázar, famoso por su lenguaje "musical". Dice así:

"Apenas él le amalaba el noema, a ella se le agolpaba el clémiso y caían en hidromurias, en salvajes ambonios, en sustalos exasperantes. Cada vez que él procuraba relamar las incopelusas, se enredaba en un grimado quejumbroso y tenía que envulsionarse de cara al nóvalo, sintiendo cómo poco a poco las arnillas se espejunaban, se iban apeltronando, reduplimiendo, hasta quedar tendido como el trimalciato de ergomanina al que se le han dejado caer unas fílulas de cariaconcia. Y, sin embargo, era apenas el principio, porque en un momento dado ella se tordulaba los hurgalios, consistiendo en que él aproximara suavemente sus orfelunios. Apenas se entreplumaban, algo como un ulucordio los encrestoriaba, los extrayustaba y paramovía, de pronto era el clinón, la esterfurosa convulcante de las mátricas, la jadehollante embocapluvia del orgumio, los esproemios del merpasmo en una sobrehumítica agopausa. ¡Evohé! ¡Evohé! Volposados en la cresta del murelio, se sentían balparamar, perlinos y márulos. Temblaba el troc, se vencían las marioplumas, y todo se resolviraba en un profundo pínice, en niolamas de argutendidas gasas, en carinias casi crueles que los ordopenaban hasta el límite de las gunfias."

Ante un texto como éste, ante todo, aceptemos el juego, no nos irritemos. Leámoslo en voz alta, en seguida, para captar su intención: no es fácil que se nos escape que se trata de una escena de amor físico, evocada —irónicamente, desde luego— con medios musicales, pero que no prescinden de lo significativo.

La creación de nuevas palabras obedece, en ocasiones, a una combinación bien fácil de descifrar; por ejemplo, se habla aquí del "*or*gumio" pero también del "merp*asmo*".

Por supuesto, Cortázar juega aquí con el equívoco de alterar el vocabulario dentro de un esquema sintáctico perfectamente lógico y normal. Fijémonos en las líneas esenciales de esa sintaxis, dejando los huecos correspondientes a las palabras. Resultará esto: "Apenas él le... a ella se le... y caían en ... Cada vez que él procuraba... se enredaba en... y tenía que... sintiendo cómo poco a poco... se iban... hasta quedar tendido como el... al que se le han dejado caer unas... Y, sin embargo, era apenas el principio, porque en un momento dado ella se... consintiendo en que él aproximara suavemente sus... Apenas se... algo como un... los... ...de pronto era el... Se sentían... temblaba el... se vencían las... y todo se... en un profundo... que los... hasta el límite de las..."

Tenemos aquí el esqueleto, perfectamente lógico, de la narración de una escena erótica. Evidentemente, el juego malévolo está en que nuestra imaginación rellena de sentido claro y concreto los huecos, ocupados en el texto por palabras ininteligibles en una primera lectura. Como es habitual en Cortázar, se cuenta aquí, una vez más, con la complicidad del lector, que, en este caso, se vuelve en contra de él, pues puede llegar a avergonzarse al comprobar cómo su imaginación ha recurrido a términos más gráficos que los empleados por el escritor.

Cabe, incluso, la posibilidad de que a Cortázar le haya pasado por la cabeza mostrar cómo un escritor hábil puede soslayar una censura puritana, evitando cualquier término *non sancto*. Claro que la combinación de las palabras es, algunas veces, claramente alusiva. Si *tradujéramos* esto a lenguaje normal tendríamos una narración retórica, gradilocuente, que Cortázar evoca —en mi opinión— con evidente ironía.

A la vez, los significados son sugeridos también por el movimiento de la frase. Notemos, por ejemplo, el ritmo trimembre: "Y caían en hidromurias, en salvajes ambonios, en sustalos exasperantes." Si separamos el término común, *caían en,* obtendremos tres términos, en escala de longitud progresiva: "hidromurias" (cuatro sílabas), "salvajes ambonios" (seis sílabas), "sustalos exasperantes" (ocho sílabas). Gramaticalmente, se trata de un sustantivo, otro con adjetivo antepuesto y un tercero con adjetivo pospuesto, descriptivo. La impresión psicológica es la que de una serie de olas: todas avanzan en la misma dirección, pero cada una es un poco más larga que la anterior.

Veamos otro ejemplo. Al comienzo de la frase, una enumeración trimembre crea un ritmo progresivamente acelerado: "Las arnillas se espejunaban, se iban apeltronando, reduplimiendo..." Y todo se resuelve en una frase larguísima, enormemente perezosa, con palabras largas ("trimalciato", "ergomanina") y subordinadas añadidas ("como el... al que..."): "Hasta quedar tendido como el trimalciato de ergomanina al que se le han dejado caer unas fílulas de cariaconcia."

Lo básico, por supuesto, es el contraste entre momentos de exaltación y otros de depresión. Después del descanso que acabo de citar, renace la tensión: "Y, sin embargo, era apenas el principio..."

El párrafo culmina en una enumeración en la que la orquesta parece emplear toda su potencia instrumental: "De pronto era el clinón, la esterfurosa convulcante de las mátricas, la jadehollante embocapluvia del orgumo, los esproemios del merpasmo en una sobrehumítica agopausa." Y, como el redoble de los platillos, estalla el sonido jubiloso —e irónico, no lo olvidemos—: "¡Evohé! ¡Evohé!"

Me temo que me he detenido demasiado en el ejemplo, rompiendo un poco la línea de la exposición. Sin embargo, me parece que nos ha servido para comprobar un par de cosas: ante todo, que, en la auténtica obra de arte, la impresión de gratuidad incoherente es totalmente falsa, auque el lector ingenuo (como el espectador superficial de una pintura abstracta) pueda caer en esa trampa. Además, que en este texto, la formación de palabras, la sintaxis, el ritmo... todo posee una intención significativa. Por supuesto, los elementos musicales son muy importantes en la obra literaria, y el que no posea sensibilidad para apreciarlos perderá buena parte de su atractivo, pero en este caso (verdaderamente extremo) hemos comprobado, una vez más, que el arte del escritor no podría prescindir —aun en el supuesto de que lo pretendiera— del contenido significativo que tienen sus palabras.

Literatura pura... ¿Qué es la literatura, para qué sirve? ¿Constituye un fin en sí misma, como pretende el esteticismo, o habrá que reducirla a un puro medio para conseguir algo más elevado, más importante? Dejemos la palabra, una vez más, a un gran poeta, Pedro Salinas, para que nos lo aclare con su habitual agudeza: "Obra de arte, obra literaria, es medio y es fin. Para el que la concibe y realiza, es un fin en sí mismo, un fin inmediato, y en su consecuencia debe concentrar toda su energía creadora. La serie de actos que conlleva el concebir y el realizar una obra, debe ir regida por la idea de la obra misma, responder a las necesidades y exigencias que ella misma plantee en organismo vivo, y sin dejarse desviar por ninguna solicitud externa, ajena a ella."

Pero, junto a ésta, existe la perspectiva opuesta y complementaria, que no debe ser olvidada: "Luego, por ley de la situación del arte en la totalidad del universo, la obra artística irá a insertarse en el orden general del mundo, a cumplir allí su misión final, conjuntamente con las demás actividades humanas. Ya es medio para un fin: la plenitud y goce de conciencia del hombre, la aspiración a su mejoramiento y perfección espiritual."

Los dos aspectos —me parece— son igualmente reales. En el momento de escribir, la vida entera se convierte en material para extraer de ella una obra de arte lo más perfecta posible: "Ars longa, vita brevis", sí, pero, a la vez, la vida de un hombre concreto, su destino irreemplazable, no se puede equiparar a ninguna obra de arte.

Está bien proponerse un ideal de perfección, de autenticidad, de depuración artística. Más aún: ése es un imperativo consustancial a la creación artística. Pero, en el fondo, desde luego, hay que defender una *literatura impura,* expresión de un hombre concreto, histórico, con todas las impurezas que una vida humana lleva consigo y que constituyen, a la vez, su grandeza y su debilidad. Literatura impura, así pues, que no prescinda de la autenticidad humana ni deje de apuntar a la belleza, a las exigencias implacables de toda creación artística.

LÍMITES DE LA LITERATURA

Al hacernos preguntas sobre la literatura, no parece que se deba eludir la de cuáles son los límites que contribuyen a definirla. Por supuesto, no se trata de pretender resolver problemas tantas veces debatidos ni de adentrarse en complejas cuestiones teóricas, sino, como siempre, de recordar algunos testimonios seleccionados y de repensar personalmente la cuestión: una pregunta que me parece inevitable, aunque tengamos que partir de la imposibilidad de alcanzar una respuesta segura.

Es evidente que este tipo de preguntas se plantean en todas las ramas del saber humano, pero con matices peculiares en cada una; quizá en la literatura poseen un carácter especialmente problemático, derivado de su propia naturaleza fluctuante. Aquí —no me canso de repetirlo— no estamos en el terreno de las ciencias exactas; carecemos, por ejemplo, de la firmeza de criterios y la seguridad de las matemáticas: ésa es la miseria y el atractivo de la literatura.

En el ámbito hispano, Alfonso Reyes dedicó al tema un libro, *El deslinde,* que habrá que tener en cuenta ahora de modo especial. Allí señala una ley que es, verdaderamente, una constante: nuestra disciplina tiende a la historia o a literatura. Es decir, que se le plantean dos posibilidades, permanentemente: considerar un objeto histórico con la mayor riqueza posible de aspectos y pormenores, aún los que puedan parecer insignificantes, o tener en cuenta sólo los objetos estéticos de valor positivo indudable, un poco al margen de la evolución histórica y dejando a un lado a los que no posean esa calidad estética.

En su historia de la crítica española contemporánea, Emilia de Zuleta parte del concepto de crítica literaria acuñado por Wellek: "conocimiento intelectual de las obras literarias concretas para su posterior interpretación y evaluación". Según eso, existirán también zonas colindantes: el ensayo, la investigación histórica y erudita, la indagación histórico-cultural...

No me parece mal el intento de centrarse en las obras concretas, al margen de las especulaciones puramente teóricas. Sin embargo, ¿cuáles son esas "obras literarias concretas"? ¿Qué cualidades exigiremos a unas obras para calificarlas de "literarias"? La cuestión es mucho más ardua de lo que a primera vista pueda parecer. Una serie de criterios son los más frecuentemente utilizados.

Recordamos, ante todo, el criterio lingüístico. Para Leo Spitzer —como antes vimos— lo propio de la historia literaria son las ideas expresadas en forma lingüística; no las ideas en sí mismas, que serán estudiadas por la historia de la filosofía, ni las ideas en cuanto informan una acción, que caerán dentro del campo de la historia social.

Todo esto parece muy lógico, pero quizá no limite suficientemente el campo a considerar. De acuerdo con este criterio se puede llegar a ejemplos de amplitud como el de Juan Andrés, para quien literatura es igual a cultura. No han faltado testimonios, a lo largo de la historia, a favor de considerar literario todo lo que está escrito en letras de molde.

En cierto sentido, éste es un criterio simpático, pues impide las actitudes censoras excluyentes, en nombre de principios siempre discutibles. En la práctica, sin embargo, a todos nos molestan esos manuales de historia de la literatura que no sólo incluyen a multitud de autores de segunda o tercera fila, sino también a tratadistas del derecho, la agricultura, la medicina, que poco o nada tienen hoy que decir a la sensibilidad de los alumnos, por no hablar de los lectores vulgares y corrientes.

Se puede, también, limitar la literatura a los grandes autores, reconocidos así de modo unánime por los especialistas, a las obras maestras. Sin embargo, los problemas siguen planteándose: ¿cuáles son esas obras maestras? ¿Quién puede definirlas? En la práctica, ¿no cambia su estimación a lo largo de los siglos, hasta determinar su inclusión o no en este apartado, según los momentos históricos? Los ejemplos podrían multiplicarse hasta el infinito; recordemos sólo, en nuestro ámbito, la diferente valoración de Góngora antes y después de la generación del 27.

Cabe reducir la literatura a la esfera de lo imaginativo, de la literatura de fantasía. En inglés, es habitual separar la "fiction" de la "non fiction". Pero el tema tampoco parece muy claro. ¿Cómo excluir de la literatura a historiadores de la talla de Julio César, Froisart, Fernão Lopes, Maquiavelo o, en España, el Canciller Ayala, Fernán Pérez de Guzmán y Bernal Díaz del Castillo, entre otros muchos? ¿Qué hacer con nuestros admirables místicos? Por otro lado, la literatura contemporánea tiende hoy a reducir la distancia entre el documento y la ficción: ¿Quién dejaría de considerar literario el reportaje novelado *A sangre fría,* junto a las más hermosas novelas de Truman Capote? Y no hablemos ya de literatura autobiográfica, en la que parece casi imposible prescindir de la ficcionalización. Si prescindimos del elemento autobiográfico, ¿qué quedaría de toda la literatura —magnífica, en mi opinión— de Francisco Umbral?

Es posible, también, limitar lo literario a lo que carece de finalidad práctica, pero eso nos forzaría a prescindir de los tratados de Jovellanos, de las novelas de tesis, del teatro de agitación y propaganda, de las sátiras políticas...

En su conocido manual, Wolfgang Kayser propone usar el término tradicional "Bellas Letras" (más empleado en francés que en castellano) para designar lo estrictamente literario, caracterizado, a su juicio, por dos notas: "la capacidad especial que tiene el lenguaje literario para provocar una objetividad *sui generis,* y el carácter estructurado del conjunto por el cual lo 'provocado' se torna una unidad". Pero, ¿quién podrá decidir con cierta objetividad si un texto escrito posee o no una cierta clase de unidad?

Todos los criterios que hemos ido enumerando (junto con otros que podríamos añadir fácilmente) plantean no pocos problemas.

Wellek y Warren son conscientes de ello, al resumir así la cuestión: "Todas estas distinciones entre literatura y no literatura de que hemos tratado —organización, expresión personal, realización y utilización del vehículo expresivo, falta de propósito práctico y, desde luego, carácter ficticio, de fantasía— son repeticiones, dentro del marco semántico, de términos estéticos centenarios como 'unidad en la variedad', 'contemplación desinteresada', 'distancia estética', 'construcción' e 'invención', 'imaginación', 'creación'. Cada uno de estos términos describe un aspecto de la obra literaria, un rasgo característico de sus direcciones semánticas. En sí, ninguna satisface."

La conclusión proclama un relativismo que me parece no sólo inevitable sino sabio: "Por lo menos debiera derivarse un resultado: el de que una obra de arte literaria no es un objeto simple, sino más bien una organización compleja, compuesta de estratos y dotada de múltiples sentidos y relaciones.»

Muchos estudiosos han tenido que plantearse esta cuestión, a lo largo de la historia. Recordemos un momento importante en la crítica española: cuando el joven Menéndez Pelayo va a realizar sus oposiciones, en su *Programa de literatura española,* propone "limitarse a las producciones españolas en que predomine un elemento estético". No incluirá todo lo de la "ciencia de las letras" o "bibliografía". No pretende hacer una Historia literaria amplia o apologética, al modo de las obras de los Marinos, Tiraboschi o Mohedanos. No incluye la historia de las ciencias, salvo los más destacados escritores didácticos. Pero no se limitará a las obras maestras: "Tampoco han de tomarse sólo los hechos culminantes, sino también los de segundo orden, porque éstos aclaran y completan los principales."

Ante este tipo de cuestiones (insolubles, por definición) cabe también adoptar posiciones extremas. Recordemos un par de ellas. Una es la de Nisard, que llevó este dilema hasta escribir en dos versiones su propia historia literaria: la primera, como historia de la literatura y del pensamiento; la segunda, como historia de las grandes obras. Y es muy frecuente, en la vida literaria, el caso contrario: reunir, para formar un manual de historia literaria, una serie de monografías, necesariamente inconexas, sobre las obras maestras principales.

Otro caso extremo es el de la conocida distinción de Croce entre poesía y literatura: rechaza los viejos conceptos de historia literaria entendida como acumulación de materiales eruditos, o como exposición de una realidad social o nacional, reflejada en una tradición continua de documentos artísticos. Cree que la única forma posible de historiografía artístico-literaria es el ensayo o la monografía. La historia de la literatura, como historia de una tradición ininterrumpida, queda así científicamente eliminada y sólo puede admitirse como recursos didáctico. Por otra parte, al considerar como objeto de la historiografía literaria sólo a las obras de estricto valor poético, quedaban fuera una serie de hechos que, al margen de su valoración estética, ayudan a definir la estructura ideológica y formal de la obra literaria.

En la práctica, Croce ha excluido, así, de la poesía no sólo a los oradores, científicos e historiadores, sino también a Horacio, Fielding, Walter Scott, Manzoni, Víctor Hugo, Schiller (en su *Guillermo Tell*), Camoens (*Os Lusiadas*), Byron, Musset, Molière, etcétera.

Para el pensador italiano, en ninguno de ellos se manifiesta por completo el fenómeno poético. Este se caracteriza, entre otras cosas, por la identidad del contenido y de la forma, la expresión de la completa *humanitas*, la intuición de lo particular en lo universal y, viceversa, la sumisión de lo singular a la belleza una e indivisible. En realidad —pienso—, criterios muy poco concretos, que pueden valer como ideales teóricos pero se prestan a interpretaciones muy diversas. Como señala Kayser, "en Croce parece ser su receptividad especial para el lirismo la determinante de sus juicios". Aunque no llegue a emplear esos términos, se está rozando la calificación de personalismo arbitrario.

Evidentemente, no cabe olvidar el valor artístico de las obras que se considere. Un crítico español demasiado olvidado, "Andrenio", afirma que "lo que da el carácter de literarias a las obras de la palabra es la orientación estética". La crítica estilística utilizará básicamente este tipo de criterio. Dámaso Alonso ha llegado a escribir que lo único importante es ocuparse de las grandes obras, que poseen un valor estético permanente. (Pero, a la vez, como historiador de la literatura, ha documentado ampliamente con autores de muy desigual importancia la polémica gongorina, por ejemplo.)

En efecto, el historiador de la literatura, deseoso de conocer y comprender los cambios en el tiempo, tendrá en cuenta una serie de obras de un valor estético relativo. Quiero recordar aquí un testimonio de claridad ejemplar: "La historia literaria, en general, no debe excluir ni soslayar a muchos autores que juzgamos secundarios, mediocres o malogrados, ya que en ellos se esconde a menudo, bajo el valor relativo de tales o cuales obras, la clave de un proceso, el por qué de una determinada evolución. La historia de la literatura puede ser principalmente literaria o principalmente historia. Está bien que hayan abundado y abunden los estetas de la historia literaria; ellos, entre otras cosas, han revelado lo precario de tanto dómine Cotarelo o bachiller de Osuna. Pero está bien, está mejor que haya críticos para quienes la belleza es comprensible en la razón de su haber existido así y entonces (y de su seguir existiendo así y ahora) antes que en la forma absoluta o eterna de su ser."

Prudentísimas me parecen estas palabras: frente a la erudición positivista, académica, habrá que afirmar la primacía de la estética y que el arte existe en la medida en que es arte vivo, no histórico. Frente a la arbitrariedad de los juicios puramente personales o el adanismo de los muy jóvenes (o muy ignorantes), será preciso recordar que la creación literaria —y estética— surge dentro de la línea de una tradición histórica, que la condiciona de modo inexorable, y que es necesario conocer para poder apreciar la auténtica originalidad del artista creador.

La cita anterior procede de un comentario de Gonzalo Sobejano sobre el libro de Montesinos dedicado a Fernán Caballero. La ocasión, ciertamente, era propicia. No se puede decir —creo— que Fernán Caballero sea un novelista totalmente vivo para el lector medio actual; sin embargo, su significación histórica es absolutamente indudable, además de su talento de narradora, y no cabe olvidarla al trazar el panorama y señalar los problemas de la novela realista española.

Una vez más hay que insistir en que el problema no es exclusivo de la literatura, sino común a toda la creación artística. Comc señaló Lafuente Ferrari, "sin el conocimiento de las obras menores, el genio no sería entendido: la Historia del Arte necesita de la Historia del gusto".

Evidentemente, se trata de una materia muy delicada. Por ello, en la práctica, conviene distinguir los casos claros de los fronterizos. Ejemplo típico de estos últimos serían los *Diálogos* de Platón, obra filosófica pero de evidente belleza literaria, que emplea como básicos recursos literarios (los mitos e imágenes, por ejemplo) y que ha influido de modo decisivo en toda la literatura occidental. ¿Quién se atrevería a prescindir de ellos sin escrúpulo?

Como afirma Jean Cohen, "ciertamente existen fenómenos fronterizos, pero no es útil comenzar por ellos. Vale más partir de los casos en los que es más fácil obtener un acuerdo general». La mayoría incluirá dentro de lo literario, sin duda alguna, *El Quijote, Macbeth* o *Las flores del mal,* pero —son ejemplos del propio Cohen— excluirá *El origen de las especies,* de Darwin, y se planteará problemas ante ejemplos de subliteratura como la serie de James Bond, de Ian Fleming.

Quizá no sea inútil afirmar ya que los límites de la literatura —si es que existen— no son inmutables sino históricos, variables; según Claude-Edmonde Magny, "límites movibles, no fronteras rígidas, que será imposible trazar de antemano y teóricamente".

Dentro de eso, parece evidente que, hoy, esos límites se han ampliado de modo considerable. Góngora, por ejemplo, considera que el lenguaje habitual no es suficiente para la creación literaria y crea uno especial, "artístico", mediante el empleo sistemático de metáforas, hipérboles, fórmulas sintácticas, cultismos, perífrasis, alusiones mitológicas, etc. Del mismo modo, a comienzos del romanticismo francés pudo parecer escandalosamente realista y poco artístico que Shakespeare hable, en su *Otelo,* del "pañuelo" de Desdémona. En nuestro siglo, la historia de la novela es, entre otras cosas, la de la penetración del lenguaje coloquial. Del mismo modo se han ampliado los límites de los temas aptos para el tratamiento literario, desde lo erótico (Henry Miller, Buskowski...) a lo mecánico (poema de Salinas a las teclas de la máquina de escribir, las "Underwood girls") y lo vulgar, cotidiano (poema social al cubo de la basura, poema de Dámaso Alonso a los mosquitos, capítulo de las memorias del "escritor burgués" Francisco Umbral sobre el retrete, etc.).

Los temas, como la visión del mundo, son sólo uno de los elementos que intervienen en la obra literaria: Amado Alonso lo ha formulado con gran claridad. No basta tampoco con la intención de un autor (subjetiva, caprichosa, acertada o no) para calificar algo de literario; lo que interesa son los resultados concretos. Quizá lo esencial, para esto, sea atender a las formas literarias, a la utilización artística de los medios literarios de expresión. Y admitir, en todo caso, que el fenómeno literario es un ente fluido. Por eso, una conciencia histórica certera de las modificaciones que ha sufrido (y está sufriendo hoy, sobre todo) el ámbito de lo literario nos permitirá abrirnos a la literatura viva sin prejuicios excluyentes.

La literatura española: límites y caracteres

Intentemos aplicar lo anterior al caso español. No faltan ejemplos de esa amplitud de criterio que hoy nos parece desmesurada, en las primeras historias españolas de la literatura. Por ejemplo, Juan Andrés, en su obra *Origen, progresos y estado actual de toda literatura,* incluye la cronología, la "antiquaria", las ciencias naturales, las matemáticas, la hidrostática, la náutica, la astronomía, la física, la química, la botánica, la medicina, la filosofía, la jurisprudencia... Según eso, como antes vimos, más que de literatura en sentido estricto habría que hablar de una enciclopedia de los conocimientos expresados en letra escrita.

Si dejamos la historia, conviene precisar que existen tres tipos de criterios, básicamente: los que atienden al área geográfica, al área lingüística y al área histórica. Esta distinción, tan sencilla, podría evitar tantos equívocos y ambigüedades como se producen a diario, ya sea por ignorancia o por tendenciosidad.

Citemos algún ejemplo bien claro: ¿es Valle-Inclán un escritor gallego? Si atendemos a la lengua, no cabe duda de que no; si nos atenemos al origen y al reflejo de unas costumbres, un mundo y una musicalidad, sin duda. Del mismo modo, Galdós, canario por el origen y por rasgos de su temperamento, se convierte en el gran cantor de Madrid. D'Ors es profundamente catalán y mediterráneo pero escribe en tres lenguas: catalana, castellana y francesa.

En estos casos —y en muchísimos más— se puede discutir hasta el infinito cuál es el elemento decisivo; lo que no debe hacerse, a mi juicio, es oscurecer la cuestión, mezclando los criterios, o no dando cuenta clara de cuál de ellos se está siguiendo.

Lo malo, por supuesto, es que ninguno de estos tres criterios es perfecto. En la práctica, son insuficientes y se interfieren. Ante todo, parece que la lengua es más decisiva que la frontera geográfica en el terreno literario, pero esto plantea infinidad de problemas: los checos escriben en alemán; los suizos, en varios idiomas; los canadienses, en francés e inglés; los norteamericanos, en inglés. Etcétera. Por otro lado, históricamente hablando, ¿dónde situar el punto exacto en que nace una literatura? ¿Cómo establecer una diferencia clara entre los antecedentes, las fuentes y el momento del origen?

Como subrayaron los románticos, la literatura es, también, la expresión de un pueblo, de una sociedad, del modo de ser, a lo largo de los siglos, de una comunidad nacional. Según eso, el criterio que atiende a las naciones parecería bastante lógico. Pero el nacionalismo también conduce a graves exageraciones (en ese caso, mucho menos graves que las que hemos visto en la política contemporánea, por supuesto, pero no menos ridículas, a veces).

Burlándose de los excesivos nacionalismos literarios, Guillermo de Torre recopiló una serie de casos realmente llamativos. Recordemos solamente algunos: el español Santayana, al que algunos consideraban expresión del espíritu abulense, con Santa Teresa, escribe en inglés. Julien Green, en francés, a pesar de sus raíces americanas. El ginebrino Rousseau es un clásico de la literatura francesa. La fórmula más emotiva del patriotismo suizo la ha dado, quizá, el alemán Schiller. Uno de los primeros románticos alemanes, Chamisso, es de origen francés. Varias de las figuras máximas de la literatura alemana contemporánea nacieron en Checoslovaquia (Rainer María Rilke, Franz Kafka, Franz Werfel) o en Austria (Robert Musil). La novela realista española la vuelve a iniciar una dama de origen alemán que quizá tenía ciertas dificultades al escribir en castellano: Cecilia Böhl de Faber. Algunos de los más hermosos poemas españoles de tono popular y una de las mejores obras de nuestro teatro renacentista (*Don Duardos*) se deben al portugués Gil Vicente. A un nivel más culto, enriquecen nuestra literatura los también portugueses Camoens y Montemayor. Uno de los mayores escritores argentinos es el francés Paul Groussac; su primer novelista, el inglés Guillermo Enrique Hudson, que ponía su nombre en las cubiertas de sus libros como William Henry Hudson; el primer cuentista argentino, el uruguayo Horacio Quiroga. Grandes poetas franceses son Jules Supervielle, Lautréamont y Laforgue, nacidos junto al Plata. Uno de los primeros parnasianos franceses es el cubano José María de Heredia. También son maestros de la poesía francesa el griego Moréas, el rumano Tzara, el lituano Milosz.

En el lenguaje universal de las artes plásticas, los franceses han mostrado su talento asimilador. Recordemos que la llamada "escuela de París" es, en gran medida, obra de extranjeros: los españoles Picasso, Miró, Dalí, Juan Gris, María Blanchard; el ruso Chagall; el italiano Modigliani, etc.

No pretendía, con esta serie de nombres y países, caer en el vértigo relativista. Simplemente, he mostrado con algunos ejemplos (que se podrían multiplicar con facilidad) la complejidad de este tipo de problemas, que no se pueden zanjar alegremente. Sí me parece importante subrayar los riesgos del nacionalismo ingenuo, aunque eso pueda llevarnos a un relativismo escéptico.

En todo caso, si la cuestión teórica no se puede resolver a la perfección, habrá que recurrir al criterio de lo menos malo, en cada ocasión; y, por supuesto, jugar limpio, mostrando las ventajas e inconvenientes de aplicar cada uno de los criterios a cada caso concreto.

En nuestro país, además, habrá que tener en cuenta la existencia de tres realidades que no simplifican el problema teórico pero —y eso es mucho más importante— enriquecen nuestra cultura:

1) La literatura escrita en latín, árabe y hebreo por autores que nacieron y desarrollaron su actividad literaria en lo que hoy llamamos España.
2) Las literaturas catalana, gallega y vasca.
3) La literatura de todos los países hispanoamericanos, que es castellana o española en cuanto a la lengua. Además, juegan aquí múltiples factores (influencias iguales y recíprocas, paralelismo en la evolución de los estilos) para anudar más fuertemente la unidad de estas literaturas, surgidas de una auténtica comunidad cultural y lingüística. El cuidado por no caer en presuntos imperialismos, ni en retóricas de juegos florales, no puede hacernos olvidar estos hechos.

Volvamos a recordar un ejemplo justamente clásico: el *Programa de literatura española* de Menéndez Pelayo. En él afirma que considera un "error funesto" limitar la literatura española a la castellana. Quiere distinguir la nacionalidad política de la literaria: "literatura inglesa es la de los norteamericanos. Literatura española, la de Méjico y la de las Repúblicas del Sur". Niega también un estricto criterio lingüístico: "españoles fueron en la Edad Media los tres romances peninsulares» (no considera, en cambio, el euskera, lengua no románica). A la vez, atiende al criterio histórico; justificándolo con su peculiar retórica: "Dios ha querido también que un misterioso sincronismo presida el desarrollo de las letras peninsulares." Siguiendo a Amador de los Ríos, incluye la literatura hispano-latina (tanto la hispano-romana como la de los humanistas) y las tres vulgares, en toda su extensión y desarrollo. Duda, en cambio, si incluir a los escritores judíos y musulmanes, y las notables diferencias de religión, raza y lengua le llevan a una solución ecléctica (a la vez que subraya mucho el semitismo de don Sem Tob, por ejemplo).

En el caso de las literaturas peninsulares no castellanas, hay que proclamar que las tres están hoy vivas y en fase de crecimiento. Además, cabría decir que la vasca pone las bases para su madurez, mientras que la catalana y la gallega atraviesan por una verdadera edad de oro, tanto por el número de libros editados como por su calidad y la importancia de sus principales figuras literarias. No cabe olvidar la importancia de la industria editorial catalana ni el hecho de que, este mismo año, una colección de clásicos catalanes haya alcanzado por primera vez unas tiradas notables (unos diez mil suscriptores) para todos sus volúmenes.

Por su menor desarrollo económico, el caso de la literatura gallega es menos conocido, pero no menos importante. Recordemos que últimamente se ha traducido al gallego, entre otros, a Platón, Shakespeare, Joyce, Eliot... A la vez, los movimientos literarios se producen sin desfase cronológico en la literatura gallega (por ejemplo, la huella de las técnicas objetivistas del *nouveau roman* francés) y surgen continuamente nuevos escritores en gallego: se puede afirmar plenamente, así pues, que la literatura gallega está tan viva como la catalana, aunque las dos sigan teniendo que enfrentarse a difíciles problemas de normalización cultural.

Todos conocen hoy, sin duda, la vitalidad impresionante de la literatura hispanoamericana actual, sobre todo después de la concesión del Premio Nobel a Pablo Neruda y Miguel Angel Asturias, así como del enorme éxito mundial del llamado "boom" de la nueva novela hispanoamericana. Hoy en día, la literatura hispanoamericana es una de las que más atraen el interés y la curiosidad universales, se estudia en todas las universidades y es alabada por los críticos más exigentes. Obras como *La ciudad y los perros,* de Mario Vargas Llosa; *Rayuela*, de Julio Cortázar; *Pedro Páramo,* de Juan Rulfo, o *Cien años de soledad,* de Gabriel García Márquez, han triunfado en todos los idiomas.

A cambio de todo esto, la situación se complica, por lo que se refiere a los límites entre las diversas literaturas (o literatura única, según se elija), a causa de los prejuicios nacionalistas y las rivalidades inevitables.

No se debe ocultar, me parece, que estos problemas afectan también, algunas veces, a las relaciones literarias con España. Ante todo, porque la atención prestada en nuestro país a la literatura hispanoamericana ha sido, durante muchos años, culpablemente insuficiente. El éxito popular del "boom" ha sido enorme, pero todavía queda mucho por hacer en el terreno de la edición, de la información y, sobre todo, de la formación de críticos y profesores españoles que estén especializados en este terreno. En él (¿sólo en él?), las deficiencias de nuestras universidades son más que notables.

A la vez, el éxito de los novelistas hispanoamericanos ha provocado no pocas reacciones destempladas y rivalidades más o menos claras. Unas veces, se trataba de cuestiones políticas: la inacabable discusión sobre el papel de los escritores e intelectuales en relación con la revolución cubana. Otras, de restos del purismo lingüístico más trasnochado: un conocido novelista español se preguntaba cómo iban a enseñarnos a escribir en castellano los que han nacido, por ejemplo, en Cochabamba.

No faltaron los ejemplos de la incomprensión literaria más absoluta. Sin pormenorizar demasiado, recordemos algunas frases llamativas, publicadas por importantes novelistas españoles: a José María Gironella, *Cien años de soledad* le había parecido "aburrido". Para Alfonso Grosso, en un momento determinado, "Cortázar es un histrión y no me interesa nada. García Márquez es un bluff. Vargas Llosa es muy turbio y no ha descubierto nada». Juan Benet, en fin: "Desgraciadamente, he leído a Cortázar... malheureusement, he leído a Borges."

El mundo literario es así, muchas veces, y no hay que escandalizarse demasiado por declaraciones que, entre otras cosas, buscan *épater le bourgeois*. Por el otro lado, también he oído solemnes majaderías a algún novelista hispanoamericano acerca de la opresión que ejercen sobre ellos España, la lengua castellana y hasta la Real Academia Española (?).

Dejando aparte estas anécdotas, más o menos lamentables, pienso que la influencia de la novela hispanoamericana sobre la nueva novela española es un hecho innegable y positivo. Los narradores hispanoamericanos han servido como puente para que lleguen a España (o vuelvan a estar de moda) una serie de técnicas renovadoras, inventadas o no por ellos. En general, su influencia ha conectado con la preocupación por la renovación de la técnica y del lenguaje narrativo, a la vez que ha supuesto —como señaló Ricardo Gullón, a propósito de García Márquez— una vuelta al "arte de contar" una historia, al relato que apasiona a varios tipos de lectores porque posee distintos niveles de interés. Así, su influencia ha coincidido con la de algunos maestros españoles (Camilo José Cela, Gonzalo Torrente Ballester, Miguel Delibes) en el intento de abrir la novela española a más amplios e imaginativos horizontes, superando el costumbrismo chato y elemental. En palabras de José María Martínez Cachero, "la presencia directa de la narrativa hispanoamericana entre nosotros constituyó en su momento eficaz riego vivificador, por encima de imitaciones serviles y de reacciones desconsideradas".

Al anotar estos recelos y prejuicios, conviene —me parece— hacer una declaración rotunda: estoy hablando de cuestiones literarias y no políticas. Por supuesto, no cabe olvidar que muchos de estos problemas (literatura hispanoamericana, literaturas peninsulares) presentan aspectos políticos que no es posible desconocer; a la vez, la introducción disimulada de criterios políticos suele oscurecer aún más problemas literarios que no son nada claros.

Estos problemas se traducen también en la terminología. No es extraño hoy escuchar voces que protestan contra la identificación de "literatura castellana" y "literatura española". Guillermo Díaz-Plaja ha propuesto alguna vez el término "hispánico", que, en plural, utilizó para la *Historia General de las Literaturas Hispánicas,* dirigida por él, al ser más amplio y abarcador, pues "las literaturas de España, estudiadas en su conjunto, carecen todavía del adjetivo preciso y general que pueda designarlas". Otros profesores han propuesto utilizar otros plurales: "literaturas de España" o "literaturas españolas". En su *Bibliografía,* Simón Díaz eligió el término "literatura hispánica", incluyendo todo lo español (también lo vasco) y lo hispanoamericano.

Otros historiadores utilizan el criterio restrictivo. Angel del Río lo justifica así: "Al excluir de nuestro estudio tan diversas manifestaciones —de las que nos ocuparemos tan sólo en cuanto aclaren ciertos fenómenos históricos o literarios— seguimos un criterio cada vez más extendido y aceptado hoy comúnmente en la enseñanza. Según él, el concepto de literatura española se asimila al de literatura castellana. La razón principal es la de haber adquirido el antiguo dialecto castellano, hermano de las otras lenguas neolatinas de la península, un desarrollo literario más amplio, además de haberse convertido, no sin enriquecerse con otras aportaciones, en el idioma oficial de la nacionalidad española. No debe olvidarse, sin embargo, que literatura en lengua castellana es también la de los escritores hispanoamericanos, que hoy nadie confunde ya con la de la península, habiendo constituido una rama autónoma, o, si se quiere, varias, especialmente desde la independencia de las naciones del Nuevo Mundo.

Todo esto no impide que incluya algunos autores nacidos en América durante la época colonial, tradicionalmente vinculados a la literatura castellana, así como algunos portugueses que están en el mismo caso. Y, en definitiva, añade unos apéndices que dan idea sumaria de las literaturas catalana y gallega. Una solución semejante encontraríamos en otros muchos manuales, de acuerdo con razones parecidas a las que aquí discretamente se exponen.

En el texto de Angel del Río que acabamos de citar se alude también a otra cuestión: las relaciones literarias con (y entre) los países hispanoamericanos plantean, además, una multitud de problemas. Siguiendo a Castro Leal, podemos esquematizar algunos:

1) En las literaturas hispanoamericanas, ciertos fenómenos dan sentido nuevo y actualidad a géneros literarios ya desusados en España: por ejemplo, el teatro religioso de evangelización, supervivencia medieval en pleno siglo XVI.

2) Entre ciertas producciones literarias hispanoamericanas y los géneros correspondientes españoles hay, a veces, falta de sincronización. En América suelen persistir más tiempo que en España algunos géneros y estilos (por ejemplo, el gongorismo). Y esto puede producir diferencias de concepción y apreciación.

3) Las condiciones sociales y los acontecimientos políticos no han sido comunes en todas las naciones hispanoamericanas.

4) No es exactamente igual la tradición literaria que actúa en cada país.

5) Varias naciones actuales forman parte de "países naturales" hispanoamericanos entre los que existe una profunda comunidad. Etcétera.

Los que han asistido últimamente en España al despertar de las nacionalidades y regiones comprenderán con facilidad que la cuestión no se resuelve ya con unos discretos apéndices añadidos a la literatura castellana. Parece evidente aceptar el hecho de la necesidad de estudiar las literaturas catalana, gallega e hispanoamericana con plena entidad. Ya hemos visto que ninguno de los tres criterios clásicos (geográfico, histórico y lingüístico) es totalmente aceptable, aplicado con exclusividad. Sin embargo, en el terreno literario parece lógico conceder gran importancia al criterio lingüístico, matizándolo adecuadamente según las circunstancias concretas.

En todo caso, las zonas limítrofes no escasearán. No cabe estudiar la literatura castellana (adoptando, incluso, este término estricto) sin referirse a la lírica galaico-portuguesa o de los trovadores, a Ausías March, a Rosalía de Castro, a Rubén Darío, etc. Y, en definitiva, la inevitable especialización científica no puede querer decir separación tajante ni incomunicabilidad.

Entre otras muchas cosas, la literatura es, de acuerdo con la conocida concepción de los románticos alemanes, una expresión del *volkgeist,* del espíritu popular. Estudiando las manifestaciones literarias de un pueblo a lo largo de la historia, se hallará la presencia (o ausencia) de una serie de rasgos repetidos que reflejan, indudablemente, la peculiaridad psicológica de los habitantes de esa nación.

Así se ha hecho en varios países europeos. Por ejemplo, Lanson estudió "el ideal francés" en la literatura del renacimiento a la revolución; Figueiredo, las características de la literatura portuguesa, etc.

No han faltado intentos similares para la literatura escrita en lengua castellana. Muchas veces han sido hispanistas extranjeros, seducidos (positiva o negativamente) por la fuerte personalidad de nuestra literatura, los que lo han intentado. Claro está que todas estas generalizaciones corren el riesgo de caer en la abstracción arbitraria, y, en todo caso, deben ser manejadas con la debida cautela, teniendo mucho cuidado para no caer en los tópicos fáciles. Por otro lado, aquí también podemos hallar la prueba de que cada uno busca lo que encuentra, lo que atrae (o repugna) más a su personal sensibilidad.

Menéndez Pelayo, por ejemplo, posee una concepción quizá de origen romántico sobre el *genio español,* manifestado en su literatura, cuyas principales características son éstas:

— Nace bajo Roma.
— El catolicismo es eje de nuestra cultura y vínculo de nuestra unidad. "La raza española no apostató nunca." El hereje español lleva el error a sus últimas consecuencias: el panteísmo.
— Ingenio, despejo, gracia.
— Libertad y originalidad intelectuales.
— Barroquismo y vitalidad.
— Sentido práctico, tendencia a las artes de la vida.
— Eclecticismo práctico y armonizador.
— Buen humor.
— Apasionamiento, extremosidad, escaso sentimentalismo.
— Tendencia a la pereza y verborrea.
— Realismo básico.

Ya en 1926 subrayó Vossler la escasa importancia que en España tiene lo escrito frente a lo declamado, leído, vivido, cantado. Esta explosión de vitalidad se percibe claramente en el romancero. Así, unidos en el marco de la emoción de la obra auditorio, autor y actores, se armonizan los contrastes: "Su olvido del mundo —aparezca éste matizado religiosa, mística o estéticamente— no excluye de ningún modo el realismo más rudo, sino que lo hace posible, lo envuelve y se armoniza con él. Ni siquiera se llega a sentir el temor de que el realismo pueda perturbar la unidad y producir mengua en el estilo. Lo mismo que en sueños, lo sublime se desarrolla, naturalmente, al lado de lo ridículo, y la gravedad más profunda, junto a las vulgaridades y las burlas, llegando incluso a hacerse, por ese contraste, más profunda la profundidad de lo ensoñado. Así logra la poesía española, del contraste de lo excelso con lo vulgar, su unidad espiritual y artística. Se parece al claroscuro que forma del blanco y del negro su unidad y su mundo." Si descontamos lo que hay aquí de apasionamiento del hispanista enamorado de la cultura española, no cabe duda de que algunos rasgos son muy certeros; con distinta terminología, varios parecen preludiar las teorías de Américo Castro: sobre el "integralismo" hispánico, por ejemplo.

Desde un talante más positivista, Menéndez Pidal señaló estas características:

— Sobriedad.
— Espontaneidad.
— Improvisación.
— Verso amétrico.
— Asonancia.
— Arte para la vida.
— Pragmatismo.
— Colectivismo, colaboración, refundiciones, variantes en la transmisión de las obras literarias.
— Austeridad moral.
— Sobriedad estética.
— "Frutos tardíos".
— Popularismo.

Es preciso recordar aquí que Dámaso Alonso, con el peso de su prestigio, ha reaccionado contra el tópico de considerar a la literatura española como exclusivamente realista. Según su visión, junto al aspecto realista, popular, localista, existe otro, que no ha sido valorado suficientemente: el idealista, de selección minoritaria, de alcance universal. Junto al romancero están Góngora y la generación del 27. Estos dos polos se llevan, muchas veces, a sus exageraciones últimas, sin términos medios. Se dan en todas las épocas; especialmente en el Siglo de Oro, que condensa la fuerza vital española. A veces, coexisten en un solo autor (Gil Vicente, Quevedo...). Son propios, en general, de toda la cultura y el espíritu españoles.

Otra caracterización ampliamente divulgada, aunque no aceptada tan unánimemente como las anteriores, es la de Guillermo Díaz-Plaja, que añade estos caracteres:

— Gran importancia y elevación de la épica.
— Cultura fronteriza.
— Fondo moral: quijotismo y senequismo.
— Improvisación perpetua.
— Romanticismo.
— Conjunto de variantes regionales.
— Fuente y materia prima de otras literaturas.

Desde el punto de visto de la psicología nacional que le es propio, Salvador de Madariaga señala estas características de la literatura española:

— Vitalismo.
— Uso de refranes.
— Inclinación a representar tipos humanos concretos.
— Intenso sentimiento de la vida y de la muerte.
— Poder de unidad trascendental mediante símbolos y parábolas.

Quizá no vale la pena seguir resumiendo otros intentos de caracterización nacional (por ejemplo, los de Aubrey F. G. Bell, Gerald Brenan, Ricardo Baeza, Federico de Onís, Guillermo de Torre, Manuel Muñoz Cortés...). Sí me parece necesario mencionar, sin entrar en ella, la famosa polémica entre Américo Castro y Claudio Sánchez Albornoz. Lo que ahora me interesa señalar, solamente, es que el primero subraya la peculiaridad hispánica, mientras que el segundo insiste en la inserción de lo español dentro de la tradición común occidental, como han desarrollado, en lo literario, Otis H. Green y María Rosa Lida, entre otros.

Me parece necesario concluir insistiendo, otra vez, en la necesidad de tomar cautelas. Por supuesto, nuestra visión de España está muy condicionada por las obras literarias que los españoles de todas las épocas nos han legado; en ellas, tanto como en la vida, hemos aprendido lo que ha sido y es esta tierra. Resulta inevitable, por lo tanto, intentar deducir de las obras concretas algunas características generales. Pero es preciso huir de las simplificaciones unilaterales: la "una y diversa España", en frase de Azorín, se expresa en una literatura también una y diversa.

No olvidemos, por otra parte, que estamos ocupándonos de temas históricos, no inmutables. Como señala Julián Marías, "en rigor, los rasgos que definen el quehacer y la obra literarios se modifican al hilo de la mutación histórica". Es preciso tomar en consideración las variaciones peculiares de las distintas tendencias en cada momento. "De este modo, siguiendo las modulaciones de la literatura como fenómeno integral a lo largo de la historia, se podría llegar a una idea precisa de lo que es literatura española, que no sería, claro es, una 'definición', sino algo más complejo, rico y móvil, como corresponde a una realidad humana y, por tanto, histórica."

La consideración de los caracteres de nuestra literatura no debe conducirnos a los mitos de la "España eterna" ni a una selección tendenciosa. Hablando de Ganivet, José Antonio Maravall ha mostrado claramente que su creencia de que los pueblos están sometidos al principio moral de la autenticidad le lleva, en la práctica, a un nacionalismo "exclusivista", que selecciona del pasado nacional sólo lo que le interesa; y así, sin proponérselo, acaba predicando el inmovilismo a ultranza.

En un momento de singular lucidez —uno de tantos—, don Manuel Azaña señala que, desde el momento actual, Moratín es ya tan castizo como Quevedo. Pensemos un momento en lo que eso supone. Don Antonio Machado lo dijo con palabras definitivas:

> Hombres de España, ni el pasado ha muerto
> ni está el mañana (ni el ayer) escrito.

V. LA PERIODIZACIÓN

Los períodos

Para cualquiera que vaya a estudiar literatura, la periodización es un problema inevitable. Por supuesto, no es exclusivo de la literatura, sino propio de todas las disciplinas históricas: cómo ordenar el material de que se trate (libros, sucesos, personas) en períodos que sean congruentes cronológicamente y que posean un cierto sentido.

¿Cuál será ese sentido, en la obra literaria? No es cuestión fácil, si no queremos caer en el puro mecanicismo. El tiempo de la vida humana no tiene mucho que ver con el tiempo de los relojes, como descubrieron, a comienzos de siglo, la filosofía y la literatura. Leemos, por ejemplo, en una novela de Virginia Woolf: "Es, por cierto, innegable que los que ejercen con más éxito el arte de vivir —gente muchas veces desconocida, dicho sea de paso— se ingenian de algún modo para sincronizar los sesenta o setenta tiempos distintos que laten simultáneamente en cada organismo normal, de suerte que al dar las once todos resuenan al unísono, y el presente no es una brusca interrupción ni se hunde en el pasado. De ellos es lícito decir que viven exactamente los sesenta y ocho o setenta y dos años que les adjudica su lápida. De los demás conocemos algunos que están muertos aunque caminen entre nosotros; otros que no han nacido todavía aunque ejerzan los actos de la vida; otros que tienen cientos de años y que se creen de treinta y seis. La verdadera duración de una vida, por más cosas que diga el Diccionario Biográfico Nacional, siempre es discutible. Porque es difícil esta cuenta del tiempo: nada la desordena más fácilmente que el contacto de cualquier arte..."

¿Es todo esto demasiado novelesco? Yo creo que no. En arte, desde luego, el reloj no tiene mucho significado. Para mí, no cabe duda de que la obra de arte es histórica: ha nacido en un momento dado, condicionada por una tradición y unas circunstancias precisas... Pero, a la vez, la obra de auténtica categoría escapa al tiempo, en cierta medida: no se sustituye el ser anterior por otro posterior, sino que cada verdadero ser posee una propagación permanente. En ese sentido, la auténtica obra de arte (literaria, en nuestro caso) no es, propiamente hablando, historia, sino algo permanentemente vivo, actuante. Si se quiere usar un adjetivo más retórico: es inmortal, pero como algo vivo, percibido de modo distinto por cada época y cada individuo; según la certera fórmula de Ian Kott, Shakespeare (o Cervantes, Clarín o Valle-Inclán) es "nuestro contemporáneo".

Los criterios tradicionales de la periodización producen errores que se han puesto de manifiesto cientos de veces. Por ejemplo, la división en siglos. ¿Qué cambia con el paso de uno a otro? Virginia Woolf nos proporciona también el ejemplo, esta vez en clave irónica: "Oyó el grito lejano de un sereno: 'Las doce han dado y helando'. Apenas dijo esas palabras, sonó la primera campanada de la medianoche. Orlando percibió entonces una nubecita detrás de la cúpula de San Pablo. Al resonar las campanadas, crecía la nube, ensombreciéndose y dilatándose con extraordinaria rapidez. Al mismo tiempo se levantó una brisa ligera, y al sonar la sexta campanada todo el oriente estaba cubierto por una móvil oscuridad, aunque el cielo del norte y del oeste seguía despejado. Pero la nube alcanzó el norte. Pronto cubrió todas las alturas. Sólo Mayfair, toda iluminada, ardía más brillante que nunca, por contraste. A la octava campanada, algunos apresurados jirones de la nube entoldaron Piccadilly. Parecían concentrarse y avanzar con extraordinaria rapidez hacia el oeste. Con la novena, décima y undécima campanada, una vasta negrura se arrastró sobre todo Londres. Con la última, la oscuridad era completa. La pesada tiniebla turbulenta ocultó la ciudad. Todo era sombra; todo era duda; todo era confusión. El siglo dieciocho había concluido; el siglo diecinueve empezaba". La broma continúa luego porque cambia el clima, aumenta la humedad, se transforman las barbas, los pantalones, los jardines, los salones, los sentimientos, la vida de las mujeres: la poesía.

¿Qué cambia en la literatura de un país con la muerte de un anciano?: "El rey ha muerto. ¡Viva el rey!" En general, ¿qué significan los rótulos políticos, aplicados a la creación literaria? Y, hablando de rótulos, ¿se puede mantener la denominación "época moderna" aplicada a partir del siglo XVI? Eso obligaría a hablar de lo contemporáneo, de lo postcontemporáneo, de lo actual, de lo último... Hoy, los jóvenes hablan de lo mode*l*no (*sic*) con un significado bastante más preciso.

Por supuesto, estos ejemplos podrían prolongarse mucho más para mostrar las debilidades de muchos criterios de periodización tradicionales. Todos estos problemas históricos generales tienen también su vigencia en el campo de la historia literaria, agravados, quizá, por lo difícil que resulta reducir a términos concretos una materia artística. Para el lector que disfruta leyendo un poema o una novela, poco importa el hecho de que los profesores la clasifiquen en el modernismo, el noventa y ocho o el novecentismo. La enseñanza de la literatura, en cambio, exigirá el establecimiento de unos ciertos períodos, aunque seamos conscientes de sus límites y los utilicemos sólo a efectos pedagógicos.

Por otra parte, la multiplicidad de relaciones de la literatura exigirá prestar atención, a la hora de establecer períodos, a una multitud de factores históricos: sociales, políticos, económicos...

Partimos, así pues, de que los períodos poseen un valor instrumental, no absoluto. Por eso, sin desmesurar su importancia, conviene elegir bien nuestras herramientas para que sean lo más finas y adecuadas para el trabajo que vamos a realizar.

En este terreno —como en otros— caben dos extremos opuestos: la tesis que podemos llamar metafísica (el período es un ser real) y la nominalista (es una simple etiqueta lingüística intercambiable). A la primera tendencia pertenecen algunos críticos de la llamada "ciencia de la literatura" alemana, como Cysarz, que distingue los problemas concretos, de rango inferior, y la periodología, "concebida como línea y no como herramienta, como forma esencial y no como norma de ordenación, que revela la estructura total de una ciencia, y, a través de ésta, un sector y hasta tal vez un hemisferio de todo el globo intelectual". Así, no se trata sólo de medir u ordenar con más o menos exactitud, sino de ejercitar "la función fundamental de una interpretación de la obra literaria y una reflexión sobre la vida". Y todo culmina nada menos que con la pretensión de lograr "la definitiva superación de la antítesis superficial entre el individualismo y el colectivismo".

Personalmente he de manifestar que desconfío bastante de este tipo de declaraciones rotundas y abstractas, fruto —quizá— del entusiasmo científico. Mi concepción de los períodos es mucho más humilde, concreta, positiva e instrumental. En la práctica, por ejemplo, es evidente que los rótulos con que denominamos habitualmente los períodos tienen un origen muy variado. Unas veces, proceden de la historia política: época victoriana, de Felipe II, de la Restauración... Otras, en cambio, el origen es eclesiástico: Reforma, Contrarreforma. O erudito: Humanismo. O artístico: Barroco, Manierismo. Etcétera.

Hasta cierto punto, esta mescolanza de términos es algo inevitable, pues fue provocada por la evolución histórica misma, pero no cabe duda de que, en teoría por lo menos, lo ideal sería construir una historia literaria dividida en períodos fijados mediante criterios predominantemente literarios. ¿Es eso posible? Este podría ser el primer interrogante para abrir una serie de problemas que voy a enunciar brevemente.

Ante todo, hay que partir de que los períodos suponen el predominio (no la vigencia absoluta o exclusiva) de determinadas características o valores. Cada época no supone una uniformidad absoluta, sino una complejidad de corrientes. Pueden perfectamente coexistir estilos diversos, al mismo tiempo y en la misma área geográfica.

Del mismo modo, los períodos no se suceden de una manera rígida y lineal, como bloques monolíticos yuxtapuestos, sino a través de zonas difusas de transición e interpenetración. En el romanticismo, por supuesto, persisten elementos neoclásicos; como en el realismo, elementos románticos.

Según eso, el estudio de la periodización literaria se beneficiará de una cierta perspectiva estructural, que tenga en cuenta el área espacio-temporal dentro de la cual funciona el estilo como un sistema de signos. Así, cada corriente literaria se definirá no sólo por sus rasgos internos sino, sobre todo, por el sistema de sus relaciones con otras tendencias. Noricov, por ejemplo, no quiere organizar el material literario por períodos o corrientes, sino por "momentos estructurales".

Será preciso, desde luego, atender a una perspectiva comparatista, que no se limite a los fáciles paralelismos sino que tenga en cuenta los fenómenos políticos, culturales y artísticos de signo semejante y cronología aproximadamente igual.

La necesidad de establecer correlaciones entre las distintas artes de una época, que tantos han propugnado, le lleva a Kurt Wals a una propuesta mucho más concreta: distinguir entre los "ismos" como categorías históricas y como designación de tipos estilísticos intemporales. Algo semejante propuso en España Eugenio d'Ors, a propósito del clasicismo y el barroco. En la práctica, por ejemplo, unas veces hablamos del "romanticismo" refiriéndonos al estilo literario que predomina en Europa en la primera mitad del siglo XX (en España, con algún retraso, de 1834 a 1850), y otras veces calificamos de "románticas" obras de cualquier época, con tal de que se dé en ellas un predominio del elemento sentimental sobre el racional, una búsqueda de mayor libertad expresiva, etc. No son igualmente "románticos", por ejemplo, Espronceda o Larra que *Love Story*. De todos modos, este tipo de propuestas abren perspectivas de indudable interés, pero se prestan también a la fácil "literatura".

La diferencia de amplitud con que se suele establecer la duración de los períodos prueba la divergencia de los criterios con los que se han establecido. Baldensperger, por ejemplo, subraya la desigualdad de los ritmos históricos y artísticos. Hoy es generalmente aceptado que la época contemporánea ha supuesto una aceleración del ritmo histórico que afecta también a este terreno. Entre otras cosas, por la rapidez de las comunicaciones: si comparamos lo que tardaba una noticia literaria en la Edad Media con lo que puede tardar hoy, no tendremos dudas sobre este proceso. El último "ismo" surgido en las calles de Nueva York o San Francisco puede llegar a los televisores de millones de personas en muy pocas horas; así, las presuntas novedades, si no son más que eso, se queman mucho más rápidamente, y la sociedad de consumo impone como hecho necesario (y programado) la rápida variación de las modas.

Incluso, como ha subrayado con su habitual agudeza Juan Cueto Alas, estamos asistiendo a un fenómeno de comunicación verdaderamente nuevo: el cúmulo de información puede ser tal que estemos fatigados de un fenómeno cultural antes de que nos llegue. No es raro que conozcamos varias "lecturas" sociológicas, politizadas o semiológicas de *Superman* antes de que la película llegue a nuestras pantallas; del mismo modo, los cinéfilos de todo el mundo siguen con emoción el frustrado "romance" de Woody Allen con Diane Keaton antes de poder ver su expresión en *Manhattan*.

Volvamos a la literatura, para señalar otro punto importante. Dos tentaciones —normalmente unidas— han acechado frecuentemente a la teoría de los períodos: atribuirles un valor normativo y establecer una tipología de ciclos reiterados. Para Cazamian, por ejemplo, las tendencias "clásicas" y las "románticas" se suceden a lo largo de la historia con ritmo alternante. Es algo semejante a lo que propuso Eugenio d'Ors a propósito de lo clásico y lo barroco, descritos con gran agudeza en sus casi infinitas modalidades históricas. Lo malo es que d'Ors (como tantos otros, en ocasión semejante) no se limitaba a describir, sino que atribuía a esta distinción un valor ético: lo bueno y lo malo. Eso, por supuesto, parece hoy difícilmente admisible.

La teoría de los ciclos recurrentes, a lo Vico, ha sido renovada desde multitud de puntos de vista; no son raras, en este terreno, las metáforas naturalistas. Por citar sólo un ejemplo de esta actitud, De Vries distingue cuatro períodos: primaveral, estival, otoñal e invernal. En los dos primeros predomina la razón; en los otros dos, la pasión. El poeta resulta ser el instrumento que transmite la voz de su pueblo, en un determinado período; la creación, como una persona. Cada uno de estos períodos dura unos doscientos años. En las naciones europeas, habrá que distinguir la infancia, el despertar, la emancipación (el Renacimiento), el período social (siglo XVII), la madurez (Romanticismo) y el período profesional (siglo XX).

No hace falta casi decir que estos símiles biológicos están hoy bastante desacreditados. Algo distinta es la tendencia a enlazar todo esto con la teoría de las generaciones. Wechsler, por ejemplo, intenta enlazar al individuo, a la obra literaria concreta, con el espíritu general de la época. De vez en cuando —afirma— surge un "espíritu juvenil", una nueva "comunidad juvenil" que enlaza espiritualmente a muchos individuos, por encima de las fronteras geográficas. (A diferencia de las generaciones, esto sucede a trechos muy desiguales, imprevisibles.) De este modo, toda la historia del espíritu humano (y de la creación literaria) se puede entender como la historia de la oposición entre lo antiguo y lo nuevo.

No cabe ocultar que las dificultades mayores a la periodización las crean los genios. En efecto, mientras los autores mediocres pueden encajar a la perfección en las características generales y el espíritu de la época, los más grandes, además de expresar su momento histórico, imponen una visión individual que se resiste a los casilleros. Por supuesto, Shakespeare es explicable, sociológicamente hablando, por la época y el teatro isabelino; pero, además, hay una parte de genialidad individual que desborda, me parece, los esquemas sociológicos.

Todos estos problemas se pueden apreciar en el caso concreto de la literatura española. Si abrimos los manuales de uso habitual, o la bibliografía de Simón Díaz, observaremos una coincidencia básica en ciertos puntos fundamentales. Por supuesto que la investigación científica y nuestros propios puntos de vista personales pueden tratar de perfilarlos con más acierto, pero, a efectos puramente didácticos, no cabe, me parece, eludir su utilización.

Con esta finalidad, tan limitada, los siglos son un elemento importante. Todo estudio histórico de la literatura española distinguirá, lógicamente, una época de orígenes en los distintos géneros. Dentro de la literatura medieval, poseen caracteres claramente diferentes el siglo XIII (con la creencia total de Berceo, por ejemplo), el XIV (con la prosa narrativa, dirigida, como el libro de Juan Ruiz, a un nuevo tipo de público) y el XV, con la influencia italiana y el Pre-Renacimiento.

Parece evidente que los Siglos de Oro constituyen una unidad claramente diferenciada. La denominación es discutible, por supuesto, empleada en singular (no corresponde a la duración real) o en plural (alguien la podría interpretar con excesivo triunfalismo). No me parece que se resuelvan muchos problemas sustituyéndola —como se ha hecho hace poco— por la de "Edad Conflictiva", en término tomado de Américo Castro.

Dentro de eso, será conveniente distinguir el siglo XVI, o Renacimiento, y el XVII, o Barroco. Hoy es cada vez más frecuente estudiar los rasgos peculiares de la etapa manierista.. También es habitual y resulta útil la división del siglo XVI en dos períodos: las dos mitades, correspondientes a los reinados de los Reyes Católicos y Carlos V, la primera, y a Felipe II, la segunda. En efecto, las dos poseen unas tonalidades vitales distintas (Renacimiento abierto a Europa y Contrarreforma) que se manifiestan claramente en la literatura: pensemos, por ejemplo, en la diferencia —aunque existan vínculos entre ellas, por supuesto— entre la poesía de Garcilaso y la de los místicos.

El siglo XVIII constituye una unidad que hoy vemos muy clara y dotada de un gran interés histórico, tanto o más que estrictamente literario. El cambio de la dinastía austríaca a la borbónica no es, ciertamente, un acontecimiento baladí, sino que va acompañado de toda una orientación nueva de la vida española (y de la literatura). Dentro de eso, más discutible es la distinción de períodos, como veremos luego, al ocuparnos de los estilos.

Lo que sí parece evidente es que el siglo XVIII no concluye con el último año de la centuria. Un estudio sobre el teatro en esta época, por ejemplo, se centra, según su título, a los años 1780-1820. Casi unánimemente se admite hoy que el siglo se prolonga, por lo menos, hasta la Guerra de la Independencia, a la que, por muchos motivos, se suele calificar ya de "guerra romántica". En literatura, parece claro que el romanticismo llega a España con retraso. Contribuyen de modo importante a su venida, como ha estudiado Vicente Lloréns, los liberales que habían sido desterrados por el absolutismo.

De todos modos, está claro que el siglo XIX se divide en dos grandes períodos: el Romanticismo, en su primera mitad, y el Realismo, en la segunda. Y la época de mayor florecimiento del drama romántico es la década de 1834 (*La conjuración de Venecia*) a 1844 (*Don Juan Tenorio*). Eso no obsta para que una raíz profundamente romántica siga viva en la segunda mitad del siglo y produzca frutos tan logrados estéticamente como las *Rimas* de Bécquer y *En las orillas del Sar,* de Rosalía de Castro.

Después de una etapa de transición al Realismo, tradicionalmente se hace comenzar la etapa realista propiamente dicha con *La gaviota* (1849), de Fernán Caballero. Parece simbólico que esta fecha casi coincida con la mitad del siglo. Dentro de eso, por supuesto, la literatura realista alcanzará especial desarrollo en los años posteriores a la revolución del 68, expresando la crisis de la conciencia nacional y los nuevos problemas que entonces se plantean de modo generalizado. En las últimas décadas del siglo, el Realismo se mezcla con la influencia del Naturalismo y con las nuevas tendencias espiritualistas, impresionistas, simbolistas... Recuérdese, por ejemplo, la considerable distancia que separa, dende la obra de la Pardo Bazán, a *Los Pazos de Ulloa* y *Madre Naturaleza* de *La Quimera* y *La sirena negra.*

Es frecuente leer que el siglo XIX se prolonga hasta 1914, con el comienzo de la guerra europea. Sin embargo, en el terreno de la literatura española, las cosas se han de plantear, en alguna medida, de otro modo. A fines del siglo (podemos utilizar, si queremos, la fecha de 1898 como simbólica, o la de 1902, por la coincidencia de varios libros capitales) surgen una serie de obras que, evidentemente, dan comienzo a lo que podemos considerar literatura española contemporánea. Modernismo y noventa y ocho, mucho más unidos de lo que tradicionalmente se ha creído, constituyen las manifestaciones más llamativas de esta nueva sensibilidad.

Un nuevo grupo de escritores se revela en los años de la primera guerra mundial: Ortega, d'Ors, Marañón, Azaña, Pérez de Ayala, Miró, Ramón... Son los llamados novecentistas, herederos del noventa y ocho, caracterizados, entre otras cosas, por el europeísmo y la afición al ensayo. Otro grupo claramente caracterizado es el de la generación poética del 27 (al que otros llaman de la Dictadura, del 25 o de la *Revista de Occidente*).

Parece claro que el tajo tremendo de la guerra civil marca la transición a otro período, admitamos o no la existencia de la llamada generación del 36. Se suele identificar la llamada literatura española actual con la de la postguerra. Sin embargo, comprende ya cuarenta años y parece preciso estudiarla cada vez más con un criterio rigurosamente histórico, al margen de prejuicios políticos o deformaciones partidistas, como han hecho, por ejemplo, Víctor G. de la Concha, refiriéndose a la poesía, y José María Martínez Cachero, para la novela. En este último estudio se distinguen, por décadas, los "difíciles y oscuros" años cuarenta, la década de los cincuenta (de *La colmena* a *Tiempo de silencio*), el "cansancio y renovación" de los sesenta y, por último, lo que el crítico denomina "el final de la postguerra", de 1970 a 1975. De cara al futuro, parece claro que la etapa democrática abre claramente —también en literatura— un nuevo período.

Concluyamos ya este apartado. El problema de la periodización posee una indudable trascendencia a la hora del estudio (no para gozar de una obra, desde luego). Dentro de eso, me preocupan menos sus fundamentos filosóficos, al estilo de Cysarz, que los problemas concretos que plantea su aplicación cotidiana. Los períodos literarios no son entidades abstractas, *a priori*, sino realidad literaria concreta del país que nos ocupe. Muy útil será remitirse, siempre que se pueda, a esta realidad literaria, para no caer en abstracciones vacía de sentido.

No parece muy útil, en general, usar los períodos en forma tipológica, como ciclos recurrentes; ni, mucho menos, atribuirles un valor normativo. No hay que tomarlos como sistemas rígidos, parecidos a casilleros, sino, como afirma Max Wehrli, como conceptos móviles, "a través de los cuales, los distintos rasgos estilísticos individuales se retienen sólo en sus relaciones, interdependencias y cambios". Deben servirnos para comprender, a la vez, la variación y la continuidad, evitando la tentación del adanismo.

Sobre todo, la periodización es una necesidad pedagógica. Todas las etiquetas son imperfectas para reflejar la complejidad de los fenómenos vitales, pero no quiere decir que ignoremos su —relativa— utilidad.

Profundizando un poco en el conocimiento de cualquier época, de cualquier autor, las diferencias o definiciones tajantes de los períodos se desdibujan y surgen mil problemas nuevos. Sin embargo, para aprender o enseñar literatura puede ser útil recurrir a los períodos como términos de referencia y ordenación mental —nada más, probablemente.

Los períodos literarios, en definitiva, son instrumentos. Tratemos de elegir los más útiles, los más adecuados para la función que tienen que realizar, pero no desorbitemos las cosas, tomando como fines en sí mismos los que son, simplemente, medios de entenderse, de orientarse a primera vista, de aprender o enseñar. Un libro de poemas o una hermosa novela posee un tipo de realidad muy distinta de esas nociones abstractas que llamamos "Renacimiento", "Ilustración", "Romanticismo", "Realismo" o "generación del noventa y ocho". Sin embargo, estos son términos que han surgido históricamente y tienen, por eso, su justificación, mayor o menor. Muy sensato será, en este tema, tratar de bajar continuamente del plano abstracto de las características generales al de los fenómenos literarios concretos.

Quiero recordar, en fin, el criterio de Raimundo Lida, que me parece de la mayor sensatez: en la idea de período hay algo de ficción convencional, pero necesaria. Las divisiones en períodos no son naturales. Lo que se presenta directamente al observador (y al historiador) es un fluir de sucesos, obras, fechas. Sí suelen ser claras, dentro de eso, las culminaciones de los procesos. No es fácil, en cambio, deslindarlos en la vaga zona en que el proceso se inicia o se termina. (Y, en cierto sentido, ¿qué etapa o momento no es "de transición"?)

Es fácil y habitual concebir la historia de forma dualista (incluso maniquea, a veces), como una sucesión de fenómenos opuestos: clasicismo frente a barroco o romanticismo, *finesse* frente a *géometrie,* etc. Pero hay que intentar respetar la complejidad de los hechos históricos.

Los períodos son recursos puramente secundarios y provisionales, simples líneas de referencia que ayudan a situar a los artistas y sus obras, y que deben borrarse, una vez cumplido su modesto papel auxiliar. En definitiva, las clasificaciones y las estadísticas valen para lo que en literatura es término medio; es decir, aquello que interesa principalmente al sociólogo. Pero no valen para lo singular y admirable: lo que en primer lugar preocupa y debe seguir preocupando al historiador del arte. Y, por supuesto, lo único que interesa al lector que busca disfrutar, o al autor, como Virginia Woolf, que quisiera "aprisionar en un libro algo tan raro y tan extraño, que uno estuviera listo a jurar que era el sentido de la vida".

Los estilos

El problema de los estilos no es exclusivo de la periodización literaria sino que pertenece, en general, a la historia del arte y debe ser enfocado con esta perspectiva amplia. Partiendo, como hoy es habitual, de que el arte es una manifestación del hombre histórico, concreto, con su concepción del mundo, se puede adoptar —ya lo hemos visto— una actitud predominantemente formalista o espiritualista. Para Wölfflin, dentro de la primera, el cambio de estilo se explica por una doble razón, la formal (el cansancio, la renovación necesaria) y la espiritual; incluso para esta tendencia, las formas artísticas son símbolos materiales de los sentimientos que en cada momento le parecen al hombre más valiosos. No digamos para la dirección espiritualista, que considera que la religión, la filosofía y el arte son aspectos inseparables de una misma realidad cultural. Según eso, las causas de aparición de los nuevos estilos, para Max Dvorak, han de buscarse en nuevas actitudes ante Dios y el mundo. Aplicándolo a la literatura parece claro que el idealismo de la novela pastoril sólo se puede comprender situándolo en el ambiente espiritual del neoplatonismo renacentista.

En todo caso, si, al estudiar el sentido íntimo de cada obra de arte, queremos evitar la atomización de considerarla como algo absolutamente insular, se nos plantea como inevitable el problema de los estilos.

En nuestro país, es preciso recordar, sobre este tema, el discurso de ingreso de Eugenio d'Ors en la Academia de Bellas Artes. Parte del hecho —que considera innegable— de que "a determinadas formas corresponden determinados contenidos espirituales". Según eso, los estilos son repertorios de dominantes formales que corresponden a (y manifiestan) esos contenidos espirituales.

La teoría se hace más discutible al distinguir dos clases de estilos:

1) Los estilos históricos: de una época, de un país, de un sector de la cultura. A ellos nos referimos habitualmente.
2) Los estilos culturales, repertorio de dominantes formales que revelan las constantes históricas o "eones". Se distinguen de los otros en que pueden ser repetidos de una época a otra sin que haya plagio ni pastiche.

Por lo tanto, "la obra de arte individual debe ser considerada como signo o expresión de grandes conjuntos espirituales (estilos)"; así, desemboca d'Ors en su tesis central, lo que denomina la "crítica del sentido".

En la práctica, esto plantea el problema de la catalogación y descripción de los estilos; es decir, el intento de explicar cómo la repetición de ciertas formas es síntoma seguro (o probable, por lo menos) de determinados contenidos espirituales.

Como puede verse, la cuestión no parece muy lejana de la estilística, en un sentido amplio. A la vez, para llevar a la práctica este programa ambicioso necesitará el crítico una amplia formación filosófica, artística y de las diversas literaturas. Es decir, que desembocamos de nuevo en los problemas generales de la literatura, en sus relaciones con el arte o la visión del mundo, y de la literatura comparada.

Es frecuente que los libros de historia literaria (y hasta los de teoría) no se planteen expresamente el problema de los estilos literarios, pero sí se vean obligados a tratar de algunos que poseen innegable trascendencia: el barroco, el neoclasicismo, el pre-romanticismo, el romanticismo, el manierismo, etc.

Recordemos sólo, por lo que puedan tener de ilustración para el problema general, dos casos. Ante todo, el barroco, denigrado durante tanto tiempo y revalorizado en nuestro siglo. Según Lavedan, las teorías sobre su definición pueden agruparse, básicamente, en tres apartados:

1) Los que ven el barroco como un época: así, Marcel Raymond, Werner Weisbach (*El Barroco como arte de la Contrarreforma*) y Emile Mâle (*El arte religioso después del Concilio de Trento*).

2) El barroco como un estilo que se encuentra en diversos momento históricos: teoría de Wölfflin (*Conceptos fundamentales en la historia del arte*) y Eugenio d'Ors (*Lo barroco*).

3) El barroco como estado de un estilo: por ejemplo, Henri Focillon (*La vida de las formas*).

Otro caso que quizá merece la pena recordar es el de nuestro siglo XVIII. Durante mucho tiempo, se identificaba todo el siglo con la etiqueta "neoclasicismo", con ánimo evidentemente peyorativo, para achacarle afrancesamiento, frialdad, etc. Hoy, no sólo ha cambiado la valoración del siglo sino que se han planteado nuevos e interesantes problemas en la clasificación de sus períodos y estilos.

No parece ya admisible —aunque muchos manuales sigan diciéndolo— considerar al "frío" neoclasicismo como una etapa anterior y opuesta al pre-romanticismo. Lo que está más claro (o, quizá, lo único del todo claro) es que existe una etapa crítica y preparatoria, representada por Feijoo, a la que sigue una etapa ilustrada, que en la forma se presenta como pre-romántica o neoclásica. Esta es la opinión de Caso González, que debe servirnos de punto de partida.

El problema mayor se plantea, por supuesto, en el último tercio del siglo. Según Joaquín Arce, entre 1770 y 1790 *conviven* diversas actitudes poéticas, uniendo elementos muy dispares:

1) Poesía de la Ilustración, que canta sus ideales (por ejemplo, Meléndez).

2) Poesía clasicista, de Luzán a Quintana.

3) Poesía rococó.
4) Poesía pre-romántica, prematura erupción que se consume y muere ante la rigidez de la...
5) Poesía neoclásica (por ejemplo, Moratín o Cabanyes).

Nótese la afirmación rotunda de que la poesía neoclásica es posterior a la pre-romántica, y no al revés.

Desde un punto de vista histórico y lingüístico, François López ha distinguido cinco períodos:

1) De 1680 a 1720: se pone en cuestión lo tradicional.
2) De 1726 a 1760, Feijoo divulga la crítica de los "novatores". Palabras clave de este período: experiencia, sistema, fenómeno...
3) Epoca de Carlos III: 1759-1788. Representa la Ilustración propiamente dicha. Comprende dos generaciones de escritores. Palabras clave: ilustrar, patriota, laborioso, virtud, bien común, libertad, constitución...
4) Crisis de las luces. Palabras clave: anarquía, tiranía, despotismo...
5) Desde 1810, estalla el conflicto entre liberales y serviles. Palabras clave: pronunciamiento, camarilla, guerrilleros, exaltados... Según François López, es la última etapa de las Luces, que sobreviven hasta hoy, dentro del permanente dualismo civilización-barbarie.

Desde un criterio más literario y estético, José Caso ha distinguido, en la segunda mitad del siglo XVIII, la sucesión de tres estilos y tres grupos generacionales:

1) Rococó (de 1760 a 1775). Es una estética frívola que se manifiesta, por ejemplo, en la poesía anacreóntica. Pertenecen a este estilo los nacidos hacia 1735: Nicolás Moratín, García de la Huerta, don Ramón de la Cruz, fray Diego González... En teatro, hay que adscribir al rococó obras como *La petimetra, La Hormesinda, La Raquel*: un híbrido de comedia barroca y comedia a la francesa. Como primer tributo a las ideas defendidas por Luzán, conviven elementos barroquizantes con otros procedentes del clasicismo francés.

2) Pre-romanticismo (de 1775 a 1790). Es la manifestación literaria del pensamiento ilustrado. Se incluyen aquí los nacidos hacia 1750: Cadalso, Jovellanos, Iriarte, Samaniego, Arteaga... Crean una literatura culta, burguesa y comprometida en la acción política, social, económica, religiosa y cultural. En teatro, cabe citar aquí *El delincuente honrado*: aparece el sentimiento como recurso dramático y se propone una tesis de renovación social.

3) Neoclasicismo (de 1790 a 1810, a la vez que los más relevantes frutos del pre-romanticismo). Corresponden a este estilo los nacidos hacia 1762: Meléndez, Moratín, Forner, Cienfuegos, Marchena... En teatro, continúa el criticismo ilustrado pero tipificando los personajes, creando caracteres universales, aportando un suave costumbrismo y eliminando la excesiva sensibilidad: *El sí de las niñas*.

Así pues —concluye Caso—, en contra de lo que tradicionalmente se sostenía, el Pre-Romanticismo no es sólo un anuncio del Romanticismo. En realidad, no es otra cosa que el pensamiento ilustrado trasvasado a forma artística. Cabe, pues, un Neoclasicismo sin pensamiento ilustrado; en cambio, el Pre-Romanticismo es la consecuencia artística directa de la Ilustración.

Me he detenido en este ejemplo porque me parece significativo, en varios sentidos: ante todo, de la insuficiencia de los rótulos tradicionales, y de cómo algunas investigaciones recientes no sólo han logrado revalorizar tendencias que antes habían sido imperfectamente entendidas, sino precisar con mucha más agudeza la cuestión de los estilos (unida, por supuesto, a la de la periodización y las generaciones, a la historia de las ideas y de las formas artísticas). Por otra parte, me parece aleccionador este caso porque todavía no se ha alcanzado un esquema unánimemente admitido, codificado, sino que está actualmente sometido a revisión crítica, de la que cabe esperar todavía mejores precisiones.

En este ejemplo concreto hemos visto cómo se enlazan de modo natural el problema de los estilos y el de las generaciones. En efecto, la historia nos muestra cómo algunas generaciones, especialmente innovadoras, incorporan nuevas orientaciones a la literatura y a las artes, en general: ésas son las que crean o imponen un estilo nuevo, lo que supone —según Guillermo de Torre— una nueva manera de pensar, de sentirse y hasta de conducirse.

Por supuesto, no debemos caer en el error escolar de identificar siglo con estilo; o, simplemente, de atribuir una duración fija a los estilos. De hecho, el período de vigencia de un estilo puede ser muy variado, porque responde a la necesidad de renovación que es consustancial al arte literario (al arte, en general), aunque en ocasiones degenere en modas absolutamente efímeras y oportunistas.

Por otro lado, cada estilo tiene sus propias aspiraciones, que debemos conocer para no caer en incomprensiones lamentables. Como señala Carmelo Bonet, no debemos pedir a los distintos estilos literarios lo que ellos no han querido darnos. Los ejemplos serían innumerables: considerar la alegoría del auto sacramental desde una perspectiva rígidamente neoclásica; hacer la anatomía de un drama romántico (por ejemplo, el *Tenorio*) desde el racionalismo, etc. Lo malo de esto no es sólo la injusticia —siempre discutible—, sino que nos quedaremos, inevitablemente, fuera de la obra literaria, sin acercarnos a su verdadero sentido (con independencia del juicio de valor que luego nos merezca).

En el sucederse de los estilos —y las generaciones—, es frecuente que los innovadores reaccionen contra los antecedentes inmediatos para apoyarse en los más lejanos. A nivel biológico, vital, es la conocida ley de que los hijos se rebelan contra los padres, pero se apoyan, muchas veces, en los abuelos. Así, los modernistas y noventayochistas criticaban al realismo (es fácil ver lo injusto que fueron con Galdós, por ejemplo) mientras que reverenciaban a algunos poetas clásicos y medievales. Del mismo modo, los ilustrados se muestran incomprensivos con las figuras del Barroco y propugnan una vuelta al estilo del primer Renacimiento.

En todo caso, esto no debe bastarnos para creer, de modo general, en la conocida ley de la alternancia de los estilos. Muchas veces, los estilos nuevos reaccionan contra los anteriores. Pero no siempre: el Naturalismo no es una reacción contra el Realismo, sino una intensificación suya, desde presupuestos más científicos y deterministas. Además, no es posible olvidar la existencia de estilos de transición, como el Plateresco o el Pre-Romanticismo, que contribuyen a multiplicar la dificultad de la tarea —siempre ardua— de determinar cuándo comienza y cuándo termina un estilo.

Cada estilo suele manifestarse en una serie de temas, géneros y formas predilectos. Así, típica del Renacimiento es la novela pastoril. A nivel formal, la polimetría es uno de los elementos que caracterizan a la poesía romántica.

Me parece interesante señalar, también, que el repertorio de estilos no es algo cerrado (y no me refiero sólo a los que puedan ir señalándose en la literatura actual). Un ejemplo claro sería el del estilo manierista: un concepto que ha ido precisándose mucho más en los últimos años, no sólo como etapa de transición cronológica entre renacimiento y barroco, sino como entidad estética singular; además, la comprensión del fenómeno manierista se ha realizado *desde hoy,* y no faltan los fenómenos de la literatura contemporánea que han podido ser mejor entendidos a la luz de este estilo: así lo ha hecho entre nosotros Emilio Orozco, por ejemplo, con *El jardín de las delicias,* de Francisco Ayala, y lo podría extender, porque opina que "los rasgos de manierismo y barroco saltan con desmesurada fuerza en algunos escritores hispanoamericanos —recordemos a Cortázar, Lezama Lima y García Márquez".

Parece claro, en fin, que es ésta una materia especialmente difícil porque se presta a la fácil divagación seudoliteraria, pero también que es un terreno crítico muy sugestivo. Para penetrar en él con suficientes garantías de éxito harán falta conocimientos históricos muy amplios, que no se limiten a lo literario, sino que incluyan también lo artístico, lo filosófico... Junto al análisis erudito, junto a los trabajos que se ocupan de la estricta literariedad, parece conveniente que también existan estos otros, por muy arriesgados que sean, en los que la literatura se muestra como una pieza más que engarza en el conjunto de las creaciones históricas.

Las generaciones

Al plantearse los problemas que supone intentar agrupar las obras literarias, no cabe prescindir de las generaciones literarias. En efecto, se trata de un concepto que ha obtenido amplio favor en el mundo entero y que ha dado lugar a considerables polémicas. Las dos cosas se han producido de modo especial en España: por un lado, el método histórico de las generaciones ha sido difundido por Ortega y Gasset (y, luego, sus discípulos Julián Marías y Pedro Laín Entralgo). Además, el reconocimiento universal de la llamada generación del noventa y ocho favoreció la amplia difusión y aceptación de este concepto.

Se trataba, por supuesto, de hallar un criterio para la periodización que intentara superar la tradicional historiografía individualista, en la que los sujetos individuales se suceden, aparentemente, sin nexo que los enlace. De la periodización histórica, en general, pasó luego a utilizarse en la literaria.

Este nuevo concepto despertó pronto esperanzas ilimitadas. Como ejemplo puede servirnos la opinión de Henry Peyre, uno de sus más entusiastas defensores; para él, sólo a la luz de las generaciones es posible entender e interpretar rectamente las evoluciones sociales; aplicado a la historia literaria y artística, sólo este sistema puede darnos una visión clara de las ideas y de las personalidades capitales.

La boga del método histórico de las generaciones provocó que se le buscaran antecedentes, desde la más remota antigüedad: el *Génesis,* Herodoto, las *Generaciones y semblanzas,* de Fernán Pérez de Guzmán; después, Cournot, Comte, Sainte-Beuve, Renan... En rigor, puede decirse que la idea moderna amanece con Dilthey.

Para él, la obra filosófica o literaria de un individuo está en parte determinada por la generación a que ese hombre pertenece. Dentro de eso, no cabe negar el factor irreductible de la individualidad creadora. El lazo fundamental entre quien forman una generación es el de las influencias que recibieron en su época de aparición o formación, "durante los años receptivos".

Ortega hace un tratamiento amplio y sistemático del tema de las generaciones. Se ocupa de él en muchos textos, especialmente en los volúmenes *El tema de nuestro tiempo* (curso de 1920, publicado en 1923) y *En torno a Galileo* (curso de 1933, publicado en 1945). Desarrollaron su teoría Pedro Laín Entralgo (*Las generaciones en la historia,* 1945) y Julián Marías (*El método histórico de las generaciones,* 1949).

Hay que tener en cuenta, ante todo, que, para Ortega, la generación no es un elemento aislado, sino algo que está en íntima conexión con toda su concepción filosófica de la razón vital. Cree que, por encima de la razón pura, físico-matemática, cuyos fallos conducen al irracionalismo, está la razón vital, que es la vida misma. Como la vida humana es histórica, la razón vital también es histórica. La historia, lo que al hombre le ha pasado, es la verdadera razón. El drama humano sucede en un escenario también humano, no abstracto, sino dentro de un cierto "horizonte de posibilidades". El instrumento esencial para aplicar esta visión del mundo es el método de las generaciones.

Concibe Ortega a la generación como la unidad de la cronología histórica. La historia avanza por generaciones. La afinidad entre los hombres de una generación procede de que tienen que vivir en un mundo que posee la misma "forma", el mismo sistema de vigencias, sea cualquiera la posición que tomen frente a él y también sus diferencias individuales.

Una generación, para Ortega, es una "zona de fechas" que comprende unos quince años. Durante este tiempo, la forma de la vida mantiene una cierta estabilidad; está constituida por una serie de opiniones, valoraciones e imperativos que poseen vigencia. Al cambiar la generación, cambia el sistema de creencias, ideas y pretensiones; pierde vigencia la forma anterior y es sustituida por otra, más o menos distinta.

El ritmo temporal obedece a la estructura de las edades. Ortega diferencia a los *coetáneos* de los *contemporáneos*: los primeros son los que, en un momento dado, son niños, jóvenes, maduros o viejos, los que tienen la misma edad entre los contemporáneos, que son los que, simplemente, conviven en el mismo tiempo.

La fase activa del individuo —aproximadamante, de los treinta a los sesenta años— se divide en dos etapas: una, de innovación y lucha con el mundo vigente, con la generación que "está en el poder"; otra, de ejercicio de ese poder. Después de los sesenta años se puede decir que el hombre está ya relativamente ajeno a esa lucha que siempre se está desarrollando.

Ortega, así pues, aplica el concepto de generación a toda la sociedad humana, no sólo a los artistas o escritores: "Los miembros de ella vienen al mundo dotados de ciertos caracteres típicos que les prestan una fisonomía común, diferenciándolos de la generación anterior. Dentro de ese marco de identidad, pueden ser los individuos del más diverso temple (...). Pero unos y otros son hombres de su tiempo, y, por mucho que se diferencien, se parecen más todavía. El reaccionario y el revolucionario del siglo XIX son mucho más afines entre sí que cualquiera de ellos con cualquiera de nosotros."

A lo largo de la historia, cabe distinguir entre generaciones acumulativas y generaciones polémicas, según que predomine en ellas lo recibido o lo aportado, la experiencia ajena o la incorporación propia.

La aplicación clásica del concepto de generación a la ciencia literaria la realizó Julius Petersen. Para él, la palabra generación representa, mejor que "espíritu de la época" o "estilo de la época", la clave de los hechos innegables del cambio y del desarrollo, del progreso y el retroceso. En principio, cree que un siglo abarca la acción creadora de cinco generaciones; pero, por la "eficacia vital" de los individuos, se la ha identificado con el tercio de siglo. Sin embargo, no es lo mismo la generación, como concepto temporal, que un cierto número de años, porque frecuentemente existen interferencias. En general, las obras geniales, que son expresión revolucionaria de una época, suelen ser obra de los jóvenes; las de efectos más demorados, en cambio, de hombres maduros o ancianos.

Lo que más se ha popularizado del trabajo de Petersen es la determinación clara de ocho factores que dan lugar a una generación. Son éstos:

1) Herencia.
2) Fecha de nacimiento.
3) Elementos educativos.
4) Comunidad personal.
5) Experiencias de la generación.
6) El guía: el ideal de hombre, el héroe, el mentor, el organizador.
7) El lenguaje generacional.
8) Anquilosamiento de la vieja generación.

En un trabajo justamente famoso, Pedro Salinas aplicó estos criterios a la literatura española contemporánea para concluir afirmando "sin vacilación alguna, entre aquellos principios de siglo, los perfiles exactos de un nuevo complejo espiritual perfectamente unitario que irrumpía en la vida española: la generación del noventa y ocho".

Pinder se fijaba, sobre todo, en la coincidencia en la fecha de nacimiento: por ejemplo, de Shakespeare, Marlowe y Hardy (1564), o de Haendel, Bach y Scarlatti (1685). Para Petersen, en cambio, una generación es una unidad de ser debida a la comunidad de destinc, que implica una homogeneidad de experiencias y propósitos. Es como el trabajo rítmico de un motor, que alterna acumulación y descarga de energía. Las experiencias generacionales más amplias son aquéllas que no se refieren a las formas literarias, sino que conmueven la estructura fundamental del hombre entero de una época. El año de nacimiento pierde importancia, cuando la amplitud de las experiencias que constituyen a la generación no es lo bastante amplia para abarcar a los de la misma edad. Concluía Petersen afirmando que, por las condiciones de la vida actual (recuérdese que la edición original, alemana, del libro apareció en 1930), va creciendo la conciencia de generación.

Como en el caso de los estilos, algunos han dado a este concepto una interpretación recurrente. Así, Guy Michaud le atribuye un ritmo dualista, con alternancia de tendencias contrapuestas. De este modo llega a formular la distinción, tan pintoresca, entre generaciones diurnas y nocturnas: "La duración media de treinta y tres años que se atribuye a una generación y que representa un tercio del siglo, corresponde sensiblemente a la duración media de una vida humana; es decir, la mitad de un día o período de sesenta y seis años. Luego, si es cierto, como se pretende habitualmente, que las generaciones se suceden oponiéndose, ¿no se debe, precisamente, al hecho de que cada una de ellas corresponda a un medio día de doce horas, es decir, alternativamente, un día y una noche?" Eso llevaría a parejas alternantes: día-noche, clasicismo-romanticismo, simbolismo-realismo, introversión-extraversión, etc. Una vez más, reaparece la teoría de los "corsi" y "ricorsi" de Vico.

En el ámbito hispánico, se ha ocupado también ampliamente del tema de las generaciones Guillermo de Torre, que sometió a crítica muchas de las teorías más habituales. Para él, una generación puede definirse, en términos literarios o artísticos, como "un conglomerado de espíritus suficientemente homogéneos, sin mengua de sus respectivas individualidades, que en un momento dado, el de su alborear, se sienten expresamente unánimes para afirmar unos puntos de vista y negar otros, con auténtico ardimiento juvenil".

Como se ve, la amplia experiencia literaria —no sólo teórica— que acumuló a lo largo de su vida Guillermo de Torre le hace ser extremadamente cauto en su formulación, evitando las tesis demasiado abstractas. Así, señala que las fobias suelen ser, en la práctica, tanto o más significativas que las filias. Cada generación juvenil significa, en su comienzo, una ruptura con lo inmediatamente anterior para buscar apoyo en lo más lejano.

Insiste Guillermo de Torre —a mi entender, con acierto— en que lo fundamental no es la edad cronológica, sino la espiritual, la fecha de nacimiento de la obra, del espíritu propio que anima una corriente y define un movimiento. La voluntad de renovación que aporta cada generación cristaliza en la imposición de un estilo. Y esto, por supuesto, no es un hecho biológico, forzoso, sino voluntario, espiritual.

Así, define Guillermo de Torre, la generación "no nace, se hace. Es un acto espiritual y no un hecho biológico. Responde a una homogeneidad de espíritu y cristaliza en una voluntad de estilo. De otra suerte, cualquier leva, cualquier promoción de escritores o artistas a lo largo de la historia constituiría una generación. Y la realidad es que sólo hay muy pocas generaciones de perfiles netos, claramente diferenciadas, que marquen una ruptura con lo inmediatamente anterior y abran nuevas vías, al mismo tiempo".

Así pues, frente a los que defienden extender universalmente (en el espacio y en el tiempo) este criterio generacional, Guillermo de Torre lo emplea en un sentido más limitado. Otra cosa serán los movimientos literarios, que no suponen ninguna rigidez matemática en las fechas de aparición, o los estilos, o los "ismos"... En definitiva, todo ello será una manifestación, más o menos concreta, del "espíritu del tiempo", el *Zeitgeist,* la atmósfera epocal que cada momento posee, a la que son especialmente sensibles los jóvenes (y que intentamos no perdernos los que ya no lo somos, como único modo de estar vivos, en literatura y fuera de ella).

Todavía dentro de lo español, no debe olvidarse, me parece, el papel jugado por Azorín. En efecto, deseoso de encuadrar a los autores en su medio histórico y social, utiliza el concepto de generación ya en 1910, en un artículo sobre Valle-Inclán titulado "Dos generaciones", que recogió luego en *Estética y política literarias.* En 1913, se ocupa de Antonio Machado como miembro de un grupo generacional. En este mismo libro de 1913, *Clásicos y maestros,* se incluye su conocido análisis sobre la generación del noventa y ocho. Según Emilia de Zuleta, los artículos periodísticos de Azorín, en *ABC,* anticipan el método que luego alcanzaría tanta importancia en España, principalmente a través de la obra de Ortega.

Llegados a este punto, no cabe ocultar que el método de las generaciones ha suscitado fuertes críticas en el terreno literario. Como señalan, con su ponderación habitual, Wellek y Warren, "en conjunto, el simple cambio de generaciones o de clases sociales no basta para explicar el cambio literario. Es un complejo proceso que varía de una ocasión a otra; en parte es interno, producido por el agotamiento y el deseo de cambio, pero en parte también es externo, provocado por cambios sociales, intelectuales y todos los demás de orden cultural".

La cuestión no sólo se plantea en el terreno literario, sino en el histórico general. Uno de los definidores españoles del método generacional, Julián Marías, resume así algunas de las posibles objeciones que dicho método ha suscitado:

1) Negación radical, en algunos críticos, de la serie generacional.
2) Duración.
3) Exclusión de la mujer.
4) Universalidad o sincronía entre las generaciones de los distintos puntos del globo.
5) Totalidad; es decir, si hay series diferentes para la literatura, la pintura, la política, etc.
6) Individualidad: los casos singulares que viven con anticipo o retraso con respecto a su generación.

Por supuesto, la crítica más fácil —y más repetida— es la de la escasa significación de la mera coincidencia en el año del nacimiento. Se pregunta Pierre Henri Simon: "¿De qué nos serviría, por ejemplo, agrupar en un mismo capítulo, porque han nacido alrededor del año 1900, a Aragon, Malraux, Marcel Arland, Julien Green y Saint-Exupéry?"

Algo más profunda es la cuestión de hasta qué punto se interfieren la propuesta generacional y la cuestión de los géneros literarios. Por ejemplo, sobre un novelista, ¿influyen más sus contemporáneos poetas o ensayistas que los novelistas anteriores? La respuesta me parece difícil y depende mucho, como es lógico, de que creamos, o no, en la existencia de los géneros como fuerzas que actúan y, hasta cierto punto, condicionan la creación literaria.

La del noventa y ocho ha sido, en España, la generación que ha atraído la mayor atención de los críticos y, por tanto, la que ha suscitado también mayores reparos. Así, el político y escritor Gonzalo Fernández de la Mora es un constante negador del término, pues opina que no se trata de "un acto de distinguir, sino de confundir, de masificar lo egregio, de enderezar sinusoides, de equidistar convergentes y de esclarecer difuminando". En cuanto a su aplicación concreta al noventa y ocho, le parece indefendible: "Su única eventual validez sería como simple apelativo colectivo, como el de *La tertulia de Pombo,* la *Academia Española* o *La Pléyade.*" A cambio, propuso sustituir el término por el de "espíritu del tiempo", que le parecía más amplio y comprensivo.

Desde una posición ideológica muy distinta —y una mayor especialización literaria, por supuesto—, Ricardo Gullón coincide en la crítica radical. Con expresión muy tajante, afirma que "la invención de la generación del noventa y ocho, realizada por Azorín, y la aplicación a la crítica literaria de este concepto, útil para estudios históricos, sociológicos y políticos, me parece el suceso más perturbador y regresivo de cuantos afligieron a nuestra crítica en el presente siglo".

Otra posible matización sería la de Enrique Tierno Galván, que propone hablar de "espacio histórico generacional", como de coetaneidad intelectual de tres grupos generacionales, concepto que le parece menos restringido y excluyente que el de generación.

Todas estas críticas, y otras muchas, no impiden que también se siga manteniendo la validez general del concepto de generación para cualquier manifestación artística. En España, por ejemplo, Enrique Lafuente Ferrari defiende que en vez de naciones o escuelas, se debe hablar de núcleos artísticos de energía. Según eso, prosigue, la Historia del Arte debería basarse en cuatro puntos: situación histórica, generación, personalidad y obras concretas.

De hecho, el sistema generacional se ha aplicado históricamente en obras críticas de notable interés. Así, Albert Thibaudet realizó la historia de la literatura francesa desde 1789 hasta sus días sirviéndose de esquemas generacionales de cierta flexibilidad y amplitud. En el prólogo de su obra incluía esta advertencia: "adoptaremos un orden cuyos inconvenientes y cuya arbitrariedad no disimulamos, pero que nos parece tener la ventaja de seguir muy de cerca la marcha de la naturaleza, de coincidir más fielmente con el cambio imprevisible y la duración viva, de adaptarse mejor a las dimensiones ordinarias de la vida humana, a la realidad y al producto de una actividad humana: es el orden por generaciones". En España, ya don Julio Cejador ordenó el estudio de los escritores incluidos en su *Historia de la lengua y literatura castellanas* por promociones, atendiendo al año de aparición en la vida literaria.

En época más reciente, Robert Escarpit ha propuesto una importante revisión del método generacional desde el punto de vista sociológico. Nos advierte, ante todo, de que es preciso tomar tres precauciones:

1) Hay que evitar la "tentación cíclica", ya mencionada: "Pese a todo el atractivo de una hipótesis semejante y a nuestro vivo deseo de comprobarla, nunca hemos podido, por nuestra parte, descubrir un ritmo regular verdaderamente indiscutible en la sucesión de generaciones." En cambio, cree, sí se pueden formular ciertas hipótesis sobre la recurrencia de los géneros literarios.

2) Las generaciones literarias difieren de las biológicas en que constituyen grupos numéricamente identificables, "pelotones". En cambio, en la población general de un país, el reparto de los grupos de edad varía muy lentamente y dentro de límites relativamente estrechos.

3) Literariamente, lo que interesa es la fecha del acceso a la vida literaria, y ésta es muy variable, pues se trata de un proceso complejo, cuyo período decisivo se coloca en las proximidades de la cuarentena.

En consecuencia, Escarpit propone como preferible el término "equipo", que le parece más flexible y más orgánico. Define al equipo como el grupo de escritores de todas las edades (aunque de una edad dominante), que, con ocasión de un cierto acontecimiento, "toma la palabra", ocupa la escena literaria y, conscientemente o no, bloquea su acceso durante un cierto tiempo, dificultando a las nuevas vocaciones su plena realización.

En las curvas cronológicas que establece Escarpit para las literaturas francesa e inglesa, no se observa ningún ritmo regular, ninguna periodicidad mensurable, pero sí una solidaridad profunda con los fenómenos históricos generales.

El método generacional ha sido aplicado repetidas veces, por supuesto, al campo de la literatura española. Ante todo, en el caso —tantas veces mencionado— del noventa y ocho; o, como prefiere Luis Sánchez Granjel, de la promoción literaria de la Regencia, que incluye tanto a los noventaiochistas (que tuvieron preocupaciones políticas) como a los modernistas. No deja de ser curioso —y significativo— el hecho de que Granjel, que propone otro nombre, tenga que resignarse a adoptar la denominación tradicional para titular su libro: si no lo hubiera hecho así, es probable que los presuntos lectores se hubieran desorientado y no hubieran adquirido el libro.

Hoy es evidente, por todas partes, la tendencia a reivindicar el modernismo (frente a los ataques y parodias tradicionales), así como a subrayar la cercanía profunda de modernismo y noventayocho, dentro de un espíritu de época común; José Carlos Mainer ha señalado su raíz común dentro del conflicto de unos intelectuales de origen pequeño-burgués.

A pesar de todos los reparos que quieran ponérsele (y son muchos los posibles), me parece evidente que el concepto de generación del noventa y ocho está ya plenamente consolidado en la crítica y que no cabe desconocer esta realidad. Otra cosa distinta sería discutir qué límites deben darse a esta denominación, cómo interpretarla o cuáles son sus miembros, incluyendo algunas figuras menores de indudable interés. A efectos pedagógicos, sobre todo, esta denominación me parece una realidad evidente (o inevitable, según se prefiera), con la que comienza la literatura española contemporánea.

Otro tanto cabría decir de la generación poética del veintisiete, en la que coinciden una serie de figuras de categoría universal, dando lugar a una verdadera segunda edad de oro de la poesía española.

Ricardo Gullón y Homero Serís, entre otros, se han referido en muchas ocasiones a una generación de 1936, marcada por el estallido de la guerra civil, aunque no sea fácil precisar cuáles son sus límites, características y componentes.

También está bastante clara la generación de 1868, llamada así porque la revolución de ese año, la "Gloriosa", constituye una experiencia nacional básica y determina en buena medida la obra literaria de Galdós, Pereda, Alarcón, Echegaray... Ya Clarín, en un artículo famoso, señaló la conexión del nuevo clima nacional con el "libre examen" y la literatura del momento. Recientemente, Alberto Jiménez ha estudiado la obra de don Juan Valera en conexión con este grupo generacional.

Dentro del romanticismo español, José Luis Varela señaló la existencia de una generación cuyo caudillo indiscutible sería Espronceda.

Ya hemos visto los estilos que se suceden a lo largo del siglo XVIII español. En cuanto a las generaciones, Juan Reglá distinguió cuatro: la crítica de Feijóo, la erudita de Flórez, la ilustrada de Campomanes y Aranda, la neoclásica de Jovellanos y Goya.

En la época clásica, Dámaso Alonso ha distinguido varias generaciones literarias, más o menos cercanas a la trayectoria vital de Góngora. La poesía española petrarquista, en la primera mitad del siglo XVI, ha sido ordenada por generaciones en trabajos en Fucilla y Antonio Gallego Morell. Antes, Rafael Lapesa ha llamado la atención sobre la generación de Micer Francisco Imperial, que corresponde a los poetas nacidos entre 1370 y 1385. Etc.

Concluyamos el capítulo. No se trata de hacer un inventario exhaustivo de posibles generaciones, tema siempre siempre abierto a posteriores análisis. Ya hemos visto que no se debe aceptar el criterio generacional con fe ciega, como algo absoluto. En todo caso, las generaciones son sólo instrumentos; lo que les pedimos no es que sean bonitos o feos, sino que resulten útiles: que nos ayuden en alguna medida a comprender el proceso de la evolución histórica. Se trata, siempre, de un medio; nunca de un fin en sí mismo. Por supuesto, habrá que tener muchísimo cuidado para no extremar los paralelismos biológicos, ni las tesis cíclicas y dualistas. En la enseñanza, habrá que manejar estos conceptos con gran prudencia, para no producir confusión ni, lo que es todavía más fácil, reducir a fórmulas simplistas la complejidad de la realidad literaria. Será preciso, sobre todo, coordinar los caracteres generacionales comunes con los rasgos individuales propios del auténtico creador.

Una nota más. En este terreno, como en todos los fenómenos históricos, es mucho más fácil describir *a posteriori* lo que ha pasado que preguntarse por los porqués.

En efecto, sabemos algo sobre la España de los Austrias; la grandeza que esconde una gran debilidad económica, la unión de religión y Estado, la "edad conflictiva", la progresiva derrota militar y decadencia espiritual, el derroche de energías que supone la expansión europea y americana; en otro terreno, la evolución de los géneros literarios durante el Renacimiento, la asimilación de las influencias extranjeras, los nuevos ideales estéticos, la madurez progresiva de la lengua castellana como instrumento cultural y literario, etc.

El hecho concreto es que, en una calle madrileña, hacia 1610, pueden coincidir —amándose y odiándose— Cervantes, Góngora, Quevedo, Lope de Vega, Tirso de Molina... ¿Cómo explicar este hecho extraordinario? Quizá todas las posibles causas (lo mismo procedentes del mundo literario que de la economía, la sociedad, la política, etc.) no sean suficientes para aclararlo por completo.

Lo mismo podríamos decir de Madrid hacia 1900, cuando se encuentran en las tertulias de algunos cafés Unamuno, Valle-Inclán, Antonio Machado, Benavente, Azorín... Y en los años veinte, cuando son amigos y se influyen mutuamente Salinas y Guillén, Rafael Alberti y Federico García Lorca, Gerardo Diego y Dámaso Alonso... O en los años sesenta, cuando pueden haber coincidido (en París, en Barcelona) Gabriel García Márquez, Julio Cortázar, Mario Vargas Llosa...

¿Por qué ha sucedido esto? Uno tiende a pensar que, igual que los individuos, también las comunidades literarias viven, algunas veces, momentos privilegiados. Y, por muy idealista que pueda parecer, eso hay que advertirlo y apreciarlo, más que explicarlo racionalmente. Por supuesto, las circunstancias —históricas, literarias, editoriales— explicarán buena parte del fenómeno, pero creo que no todo. Sería un error —en el que muchos han caído, por otro lado— explicar el "boom" de la narrativa hispanoamericana sólo en función de la revolución castrista o de una maniobra editorial. Además de todo eso, queda el hecho de que coincidan en muy pocos años *Pedro Páramo, Rayuela* y *Cien años de soledad*; de que, en 1902, se publiquen la *Sonata de Otoño, La voluntad, Amor y pedagogía* y *Camino de perfección.*

En otras ocasiones, en cambio (y no estoy señalando a ninguna, pero el lector puede poner las fechas que desee), cuántos años pasan en la espera de que aparezca una obra de primera categoría... La literatura —ésa es una parte de su misterio y atractivo— no se puede programar ni dirigir, sino apreciar y gozar. Las clasificaciones de los críticos y profesores son otra historia.

Los géneros literarios

Al narrador de *A la búsqueda del tiempo perdido,* de Marcel Proust, cuando era niño, le regaló su madre una novela de George Sand, *Francois le Champi.* Al niño le fascina ese título misterioso: "Los procedimientos de narración destinados a excitar la curiosidad y la ternura, ciertas formas de escribir que despiertan la inquietud y la melancolía, y que un lector un poco instruido reconoce como habituales en muchas novelas, me parecían simplemente —a mí, que consideraba un libro nuevo no como una cosa que tenga otras muchas semejantes, sino como una persona única, cuya única razón de existir sea ella misma— una emanación turbadora de la esencia peculiar de *Francois le Champi.*"

He incluido esta cita porque me parece especialmente interesante la frase entre guiones: cada libro, ¿es un ser único o un individuo que forma parte de una serie, caracterizada por una serie de rasgos comunes? Podemos pensar que el niño de la novela acertaba y se equivocaba, a la vez, pero entre sus equivocaciones no estaba la de comparar a un libro con una persona. También las personas, como los libros, son individuos singulares, si nos acercamos a su secreto personal, pero parecen intercambiables, si nos quedamos en lo externo.

Espero que se comprenda la relación que esto guarda con la cuestión de los géneros literarios, una de las más arduas y difíciles dentro de la teoría literaria, con la que han batallado los estudiosos de la literatura en todas las épocas. Tanto es así, y tan diversas son las soluciones propuestas, que no faltan las voces escépticas, que tienden a considerarla cuestión insoluble. Sin embargo, se trata de un principio de organización que parece necesario. Como señala sensatamente López Estrada, el estudio de la literatura "requiere el uso de concepciones metodológicas aglutinantes, que permitan formar un cuerpo ordenado en la exposición de las diversas obras de la literatura reuniéndolas en grupos de condición poética afín".

Por supuesto que la ordenación puramente alfabética o cronológica no son el ideal y que puede plantearse el buscar criterios más articulados. En cambio, prosigue el mismo crítico, "el concepto de género, aplicado a la ordenación de las obras literarias, es el que ofrece mejores posibilidades". Pero, a la vez, añadiría yo, uno de los que plantean más problemas, pues depende íntimamente de la concepción global del fenómeno literario que poseemos.

Como principios de organización, sencillamente, los defienden también Wellek y Warren: "la teoría de los géneros literarios es un principio de orden: no clasifica la literatura y la historia literaria por el tiempo o el lugar (época o lengua nacional), sino por tipos de organización o estructura específicamente literarias. Todo estudio crítico y valorativo (a distinción de histórico) implica de algún modo la referencia a tales estructuras. Por ejemplo, el juicio sobre un determinado poema obliga a apelar a la propia experiencia y concepción total, descriptiva y normativa, de la poesía, aunque por supuesto, la propia concepción de la poesía, a su vez, va modificándose siempre con la experiencia y el enjuiciamiento de nuevos poemas".

En mi opinión, también un estudio puramente histórico (si fuera posible separarlo de lo crítico y valorativo) necesitaría absolutamente tener muy en cuenta la cuestión de los géneros literarios.

Comencemos por lo más sencillo. Dentro de la unidad básica de la obra literaria, se pueden distinguir, sin duda, una serie de variedades. Unas veces, se busca exclusiva o primordialmente la belleza; otras, la obra está al servicio de fines prácticos o docentes. Las creaciones literarias se pueden referir a hechos externos, reales o imaginarios, o a procesos internos. Se pueden presentar como una acción que se desarrolla ante los ojos del público o como sentimientos y pensamientos. Se puede escribir en prosa o en verso, en forma de exposición, narración o acción representable... Cada una de estas elecciones básicas tiene amplias consecuencias y determina, hasta cierto punto, unas condiciones técnicas, unos problemas y unos efectos sobre el lector diferentes.

El problema de los géneros literarios es, también, un problema histórico. Como escribe Rafael Lapesa, "la costumbre heredada, la tradición, han ido fijando los distintos tipos de obras o géneros literarios. Desde Aristóteles hasta el siglo XVIII, la clasificación de las obras literarias se hizo con criterio dogmático regulador. Se creía que los géneros existentes en cada momento eran algo permanente, con sus cánones fijos; y se buscaban explicaciones racionales para justificar las leyes literarias. Pero los códigos de los preceptistas eran constantemente desmentidos por la realidad: unos géneros caían en el olvido, nacían otros nuevos, y los subsistentes experimentaban incesantes variaciones. Sin embargo, aun después de la rebelión romántica contra las normas, la estética alemana del siglo XIX intentó hallar razón de ser filosófica para los géneros".

Tradicionalmente se distinguía la poesía (que intenta crear belleza) de la didáctica (que pretende enseñar algo) y la oratoria (que intenta convencer). Dentro de la poesía hay que distinguir la épica, la lírica y la dramática. Otras clasificaciones añaden la historia, la novela, el ensayo... La poesía épica puede ser heroica, caballeresca, religiosa, filosófica, alegórica... Subgéneros líricos son el himno, la oda, la canción, la elegía, el soneto, el madrigal, la anacreóntica... Dentro de la poesía dramática es tradicional distinguir tragedia, comedia y drama, así como otros subgéneros: monólogo, loa, entremés, auto sacramental, sainete, ópera, zarzuela...

Hemos contemplado, así, las líneas generales de un panorama elemental (y tradicional) de los géneros. Pero esto, que parece tan sencillo, plantea innumerables cuestiones. Para no extenderme demasiado, quizá sea lo mejor limitarme a enumerar algunas de ellas, en forma telegráfica:

1) ¿Sigue válida la teoría clásica greco-latina de los géneros?
2) Su esencia, ¿es de tipo psicológico, formal o histórico?
3) ¿Cómo nacen, se transforman o mueren?
4) ¿Pueden surgir nuevos géneros en cada época?
5) ¿Qué relaciones existen entre los géneros y los estilos o movimientos?
6) ¿Cómo clasificarlos, de acuerdo con su situación actual?
7) ¿Qué relación tienen con las leyes literarias? ¿Poseen un valor normativo?
8) ¿Caben géneros mixtos o híbridos?
9) ¿A qué causas obedece la evolución de un género?
10) ¿Influyen algo en el escritor, a la hora de realizar su obra?
11) ¿Ayudan de alguna manera al crítico a entenderla, o, por el contrario, constituyen prejuicios que obstaculizan su visión ingenua de las obras literarias individuales, concretas?
12) ¿Cómo armonizar el estudio de la evolución de los géneros con el de la situación literaria en un momento dado? Es decir, ¿cómo hacer compatibles los estudios literarios a un nivel horizontal y vertical, sincrónico y diacrónico?

Muchas otras cuestiones básicas podrían plantearse, desde luego, pero este simple repertorio puede darnos alguna idea de la complejidad del panorama.

Como antes indiqué, los géneros se relacionan por múltiples vías con los estilos. Cada uno de éstos posee predilección por unos ciertos géneros, que se extienden con él. Así, el Renacimiento difunde el madrigal y el poemas épico en octavas, entre otras cosas.

Por supuesto, los géneros literarios (o subgéneros) no son entes de razón, sino seres históricos, que varían al pasar de un país a otro: la épica renacentista se acerca en España a los temas históricos, como la tragedia neoclásica, a los temas propios de la tradición nacional, y hasta a las motivaciones psicológicas y técnica teatral de nuestra comedia barroca, etc.

Del mismo modo, la evolución de los géneros se advierte fácilmente en las épocas de transición; por ejemplo, las églogas de Juan del Encina, entre Edad Media y Renacimiento, o la tragedia política, entre neoclasicismo y romanticismo.

Por supuesto, los géneros se combinan y se funden: la *Cárcel de amor,* de Diego de San Pedro, une a rasgos propios de la novela sentimental otros característicos del relato caballeresco.

A lo largo de la historia, los géneros se van especificando e individualizando. El auto sacramental, por ejemplo, llega en el siglo XVII a adquirir rasgos propios, plenamente individualizados con relación a las comedias de santos u otras formas del teatro religioso anterior.

Muchos géneros heredan a otros, en fin: de los poemas épicos españoles descienden los romances, que son continuados por nuestras comedias heroicas, en el Siglo de Oro.

Después de estas consideraciones de carácter general, conviene centrarse un poco en lo que han significado los géneros literarios a lo largo de la historia, limitándose a un par de momentos básicos.

Ante todo, la que podemos denominar, en síntesis, teoría clásica de los géneros literarios. La primera aportación fundamental es la de Aristóteles, que todavía hoy constituye un punto de partida inexcusable. Recordemos, como anécdota significativa, que un libro reciente dedicado al tema y titulado, sin más, *Los géneros literarios,* el de Juan Carlos Ghiano, no es, en realidad, más que una exposición de la doctrina aristotélica y una demostración de su permanente vigencia.

Para Aristóteles, el fundamento de todas las artes es la mímesis. Por eso, establece distintas variedades o géneros de poesía según los diversos medios con que se realiza la mímesis (poesía ditirámbica, tragedia, comedia), según los diversos objetos de la mímesis (tragedia y comedia), o según los diversos modos de la mímesis (modo narrativo y modo dramático). En suma, atiende al contenido y a la forma, y los elementos formales están íntimamente unidos con la sustancia misma de la composición; por ejemplo, el hexámetro dactílico es el metro propio de la acción épica.

Muy importante también es la aportación de Horacio, en su *Epístola ad Pisones,* pues influyó de modo decisivo sobre la poética de los siglos XVI al XVIII. Para Horacio, el género literario se ajusta a cierta tradición y se define por un tono determinado. Así pues, según los asuntos habrá que adoptar una métrica, un estilo y un tono adecuados. Se llegó, así, a concebir los géneros como entidades perfectamente distintas, correspondientes a movimientos psicológicos, por lo que el poeta debe mantenerlos rigurosamente separados.

Así se sientan las bases para la estética desde el Renacimiento, con los comentaristas italianos, hasta el neoclasicismo. A través de las distintas polémicas se va imponiendo una concepción relativamente uniforme. Se suele aceptar como esquema definitivo el de la partición en lírica, épica y dramática, según que intervenga o no, y de qué forma, la persona del poeta. Cada uno de estos géneros (que se subdividía en otros géneros menores) poseía sus *reglas* particulares a las que debía obedecer.

Esas reglas se extraían tanto de los grandes retóricos clásicos (Aristóteles y Horacio, sobre todo) como del análisis de las obras maestras de la antigüedad greco-latina, elevadas a modelos ideales de la literatura europea.

El género, así pues, se llega a concebir como una esencia fija, rígida e inmutable. Cada género posee sus temas, sus reglas (por ejemplos, la de las tres unidades, tan importantes en el teatro clásico y neoclásico), su estilo y sus objetos particulares. El poeta debe respetar esos elementos en toda su pureza.

Se distinguen los géneros mayores de los menores, de acuerdo con la jerarquía de los estados anímicos: la tragedia y la epopeya, por ejemplo, se consideran intrínsecamente superiores a la comedia o la farsa.

Muchas de estas reglas, hoy tan desprestigiadas, nacen del respeto a la autoridad de un preceptista o al ejemplo concreto de una obra maestra clásica (así, el comienzo "in medias res", a partir de la *Odisea*). Pero hay que reconocer también que muchas reglas responden a ciertos patrones mentales humanos y a ciertos problemas prácticos de la composición literaria. Por eso afirma hoy Russell P. Sebold, en contra de tantas afirmaciones exageradamente románticas, que muchas de estas reglas siguen hoy vigentes, en pleno siglo XX, aun cuando no se les dé ya ese nombre, pues todavía rigen la creación poética.

En la teoría clásica se creía que los géneros eran algo perfectamente *natural*. Así los considera, en Francia, el que ha recibido el nombre de último poeta clásico, André Chenier:

> La Nature dicta vingt genres opposés
> d'un fil léger entre eux chez les Grecs divisés;
> nul genre, s'écartant de ses bornes prescrites
> n'aurait osé d'un autre envahir les limites.

Desde nuestro punto de vista actual, aunque no nos parezca especialmente poético, se trata de un testimonio teórico clarísimo sobre la creencia firme en la realidad de los géneros.

La teoría clásica de los géneros iba unida, también, a una diferenciación de tipo *social*: mientras la tragedia, por ejemplo, trata problemas de la clase alta (superhombres, reyes, nobles), la comedia se ocupa de los de la clase media, y la farsa o sátira, de los de la gente común. Es preciso observar el "decorum". Según eso, los estilos se clasifican en altos, medios y bajos. Ya en la Edad Media se distinguían, con una base clásica, los tres estilos, ejemplificados en la "rueda de Virgilio", a los que corresponden tres tipos de hombre: pastor, agricultor y noble. Eso es lo que aplica a la literatura romance el Marqués de Santillana, distinguiendo entre lo sublime, lo mediocre y lo ínfimo.

La teoría clásica considera monstruosos los *géneros intermedios* o híbridos. Por ejemplo, la tragedia, considerada una especie bastarda, un monstruo estético, un hermafrodito o minotauro. Igualmente se censuran las diferencias de tono dentro de una obra;

así, las bromas del sepulturero, en *Hamlet,* o el portero borracho, en *Macbeth.*

Una concepción de esta clase, por muy estable que pudiera parecer, resultaba, a la larga, muy difícil de mantener. En realidad, quizá lo que he expuesto (de modo esquemático; es decir, exagerado) no existió nunca; la realidad literaria fue abriendo resquicios, día a día, que resquebrajaban, desde dentro, el supuesto bloque monolítico, si es que existió alguna vez.

He citado ya dos detalles de Shakespeare y cabría hacerlo mucho más en relación con el teatro clásico español. Dejando a un lado la profunda "originalidad artística" de *La Celestina,* que se autodenomina "tragicomedia", el problema se plantea, sobre todo, con nuestra comedia barroca; es decir, la misma que, hoy, en curiosa inversión de perspectivas, ha llegado a convertirse en nuestra "comedia clásica". Lope mezcla lo serio con lo cómico, alterna episodios, personajes (galán, figura del donaire), lenguajes y tonos muy diversos. En medio de sus ironías, sobre todo, el desvergonzado y genial Lope descubre y proclama una verdad revolucionaria que abre el camino a la literatura moderna: la radical historicidad de la obra literaria. Son, todas, tesis profundamente anticlásicas, que inician un profundo desmoronamiento de la estética clásica.

Esta proclamación de la libertad creadora, al margen de normas y tradiciones, que hemos personificado en Lope, encuentra su pleno desarrollo y formulación con los románticos. La doctrina romántica sobre los géneros literarios es muy variada y, a veces, contradictoria, pero, en conjunto, significa un gran grito de libertad expresiva. Como principio general, los románticos proclaman la mezcla de los distintos géneros, personajes, estilos, tonos... ¿Por qué? Simplemente, porque la vida es así —o así la ven ellos, por lo menos—, porque en la realidad cotidiana no se dan con pureza los géneros literarios. Por eso, los maestros del drama romántico son, precisamente, Lope y Shakespeare, entre otros; y, dentro de la obra de este último, se pone de moda justamente la escena de *Hamlet* en la que el príncipe medita sobre la caducidad de lo humano, ante la calavera del bufón Yorick, mientras que el sepulturero continúa con sus bromas groseras.

Quizá un texto clave romántico, a estos efectos, sea el prefacio del *Cromwell* (1827), de Víctor Hugo. Parte el poeta de una amplia consideración histórica, distinguiendo entre una edad primitiva, otra antigua, y la actual, moderna. Esta última es la que nace con el cristianismo, que trae un nuevo planteamiento vital: en el hombre se da el conflicto, dramático por excelencia, entre lo terreno y lo celestial, entre el animal y la inteligencia, entre cuerpo y alma. Surge, así, un sentimiento nuevo en el alma humana: la melancolía o nostalgia de Dios. El hombre sufre, como realidad básica, y el artista debe registrar en su obra este dolor. La expresión estética de esta edad deberá dar, a la vez, la sombra y la luz, la fealdad y la belleza, lo grotesco: "Desde que el cristianismo dijo al hombre: 'Eres un ser doble, compuesto de dos seres, uno perecedero y otro inmortal', desde ese día se ha creado el drama... La poesía hija del cristianismo, la poesía de nuestro tiempo, es el drama."

En la práctica, esto se traduce en una serie de consecuencias muy concretas. Piensan los románticos que la separación de géneros es falsa y que reproduce una sociedad jerarquizada, que debe desaparecer. Como dice Guizot: "¿cómo se van a separar en la literatura la tragedia y la comedia, que en la vida están constantemente unidas?"

Surge así una nueva visión del hombre, más compleja y contradictoria, rechazándose los "tipos". Para ser fiel a la verdad, el artista ha de pintar la variedad. En frase de A. Thiérry, "à moins d'etre varié, on n'est pas vrai".

El teatro, según Víctor Hugo, intenta la síntesis de la vida, incluyendo lo feo y lo grotesco como término de comparación necesario para que brille mejor lo bello. La novela busca la armonía de idealismo y realismo; es un género nuevo, sin reglas, que responde bien al deseo romántico de verdad y libertad. En cuanto a la historia, trata de ser, a la vez, una ciencia y un arte; se pretende conseguir una historia revivida, lírica, subjetiva. Para Michelet, "el problema histórico es la resurrección de la vida integral". La crítica, en fin, no debe ser una búsqueda mezquina de defectos, conforme a unos patrones preestablecidos (las reglas clásicas, la corrección académica), sino una búsqueda fecunda de las bellezas de cada obra, que desemboque en "una historia natural de los espíritus" (Sainte-Beuve).

Esta nueva actitud ante el problema de los géneros literarios es tan característica del romanticismo que se refleja también en sus parodias. En el famoso artículo de Mesonero Romanos sobre "El romanticismo y los románticos", su joven sobrino, al comienzo de su carrera literaria, "rasguñó unas cuantas docenas de *fragmentos* en prosa poética y *concluyó* algunos cuentos en verso prosaico". Es decir, una mezcla que horroriza a la persona de formación neoclásica.

Una nueva e importante afirmación de los géneros literarios se produce a fines del siglo XIX, influida por el criterio evolucionista. Se debe a Ferdinand Brunetière, que escribe en la época del positivismo y naturalismo, influido, entre otros, por Spencer y Darwin. Concibe los géneros como especies biológicas, organismos vivos que nacen, crecen, envejecen y se transforman o mueren. Los géneros más fuertes sobreviven en esta "lucha por la vida", mientras que los más débiles perecen. Así, la tragedia clásica francesa sucumbió ante el drama romántico, mientras que la epopeya sobrevivió, escondida bajo el sayal (que en un primer momento pareció modesto) de la novela.

Cree también Brunetière que se cumple, en literatura, la ley biológica que señala el paso de lo uno a lo múltiple, de lo homogéneo a lo heterogéneo. Admite como agentes modificadores de los cambios literarios a los que ya señaló Taine y que tanto influyeron en las doctrinas naturalistas (la raza, el medio, las condiciones históricas), más uno que Brunetière subraya mucho: la acción del individuo creador. "Sin caer en las exageraciones de un Carlyle —escribe— veréis cómo basta a veces un solo hombre para desviar el curso de las cosas." Así ha sucedido, por ejemplo, con Petrarca, Lope, Góngora, Shakespeare, Rousseau, Goethe... que modificaron el género que utilizaron. Por eso se puede hablar, por ejemplo, del teatro antes y después de Lope de Vega. El genio desempeña, en la evolución literaria, un papel semejante al del "accidente feliz", en la evolución de las especies.

Otra ley biológica que aplica Brunetière es la de la selección natural, la lucha por la vida: todos los autores luchan por encontrar lector, por alcanzar la fama, y recurren a cuantos procedimientos se les ocurren para ello, pero muy pocos lo consiguen. El crítico francés cree en una justicia a largo plazo, cuando pasan las modas efímeras y quedan las obras de auténtica calidad. En suma, el método de Brunetière está unido a las teorías científicas de un determinado momento histórico, que queda ya algo lejos del actual, y no se preocupa mucho del valor estético de una obra concreta, pues lo que de verdad le interesa es lo que refleja el título de su obra: *La evolución de los géneros en la historia de la literatura.*

Frente a esta afirmación, por vía científica, de los géneros literarios, es preciso recordar la severa crítica a que los somete Benedetto Croce, partiendo de que la poesía es intuición y expresión: conocimiento y representación de lo individual. Así pues, la obra poética es una e indivisible, porque cada expresión es una expresión única. Fácilmente se comprenderá, con esto, que no sea favorable a la teoría de los géneros literarios.

En realidad, Croce se opone a la noción clásica y dogmática de unos conceptos preexistentes, normativos, a los que deben sujetarse las obras concretas. Algunos críticos —denuncia Croce— se preocupan más por la adecuación o no a unas reglas previas que por la calidad estética individual de la obra concreta. Por otro lado, en una visión de la literatura por géneros, las personalidades poéticas (Dante, Ariosto, Tasso...) aparecen fragmentadas en diversos capítulos independientes, perdiéndose la básica unidad personal. En general, Croce ataca a todos los imperativos abstractos que pretendan regular la actividad creadora del poeta.

La crítica de Croce es, indudablemente, certera al subrayar el carácter individual del hecho estético, pero quizá desatiende con exceso los condicionamientos que actúan sobre el escritor, a la hora de realizar su obra. Sus principios pueden conducir a un nominalismo absoluto, según el cual los géneros no serían más que nombres vacíos de significado y lo que importaría, únicamente, serían las obras concretas.

En la segunda mitad del siglo XIX, son bastantes las voces que defienden criterios semejantes. Por ejemplo, Clarín, que en no pocas ocasiones se muestra censor estricto de incorrecciones académicas, cuando se enfrenta con obras que considera de auténtica categoría se eleva a criterios más libres. Así, al ocuparse de las *Humoradas*, de Campoamor, escribe: «Las poesías de este tomito, ¿son bellas? ¿Sí? Pues llámelas usted *hache.* Eso mismo opino. Difícilmente podría yo ganar en buena lid una cátedra de literatura, por mi tendencia a llamarle a todo *hache* en punto a géneros."

En el ámbito español, es preciso resumir la teoría de Ortega; no sólo por la originalidad o acierto que pueda tener, sino también por la influencia que haya podido ejercer. De acuerdo con su talante habitual, Ortega da un quiebro espectacular a las teorías usuales para afirmar que los géneros no son, básicamente, formas, sino temas radicales del ser humano, que determinan una cierta forma.

Dedica Ortega a los géneros literarios una sección así titulada, en sus *Meditaciones del Quijote,* donde escribe: "La antigua poética entendía por géneros literarios ciertas reglas de creación a que el poeta había de ajustarse, vacíos esquemas, estructuras formales dentro de quienes la musa, como una abeja dócil, deponía su miel. En este sentido no hablo yo de géneros literarios. La forma y el fondo son inseparables, y el fondo poético fluye libérrimamente sin que quepa imponerle normas abstractas."

Uno de los grandes lugares comunes de la crítica literaria es el de negar la tradicional oposición entre fondo y forma. Ortega trata de precisar un poco más: "Pero, no obstante, hay que distinguir entre fondo y forma: no son una misma cosa. Flaubert decía: 'La forma sale del fondo como el calor del fuego'. La metáfora es exacta. Más exacta aún sería decir que la forma es el órgano y el fondo la función que lo va creando. Pues bien, los géneros literarios son las funciones poéticas, direcciones en que gravita la generación estética. La propensión moderna a negar la distinción entre el fondo o tema y la forma o aparato expresivo me parece tan trivial como su escolástica separación. Se trata, en realidad, de la misma diferencia que existe entre una dirección y un camino. Tomar una dirección no es lo mismo que haber caminado hasta la meta que nos propusimos. La piedra que se lanza lleva en sí predispuesta la curva de su aérea excursión. Esta curva viene a ser como la explicación, desarrollo y cumplimiento del impulso original."

La digresión y la metáfora desembocan en el ejemplo de un género literario concreto: "Así es la tragedia, la expansión de un cierto tema poético fundamental y sólo de él: es la expansión de lo trágico. Hay, pues, en la forma lo mismo que había en el fondo; pero en aquélla está manifiesto, articulado, desenvuelto, lo que en éste se hallaba con el carácter de tendencia o pura intención. De aquí proviene la inseparabilidad entre ambos: como que son dos momentos distintos de una misma cosa."

Y el ejemplo permite pasar a la teoría general: "Entiendo, pues, por géneros literarios, a la inversa que la poética antigua, ciertos temas radicales, irreductibles entre sí, verdaderas categorías estéticas. La epopeya, por ejemplo, no es el nombre de una forma poética, sino de un fondo poético subtantivo que en el progreso de su expansión o manifestación llega a la plenitud. La lírica no es un idioma convencional al que puede traducirse lo ya dicho en idioma dramático o novelesco, sino a la vez una cierta cosa a decir y la manera única de decirlo plenamente."

Esta teoría permite explicar también la evolución histórica: "De uno u otro modo, es siempre el hombre el tema esencial del arte. Y los géneros, entendidos como temas estéticos irreductibles entre sí, igualmente necesarios y últimos, son amplias vistas que se toman sobre las vertientes cardinales de lo humano. Cada época trae consigo una interpretación radical del hombre, mejor dicho, no la trae consigo, sino que cada época es eso. Por esto, cada época prefiere un determinado género."

Disculpe el lector la longitud de las citas, pero, en el caso de Ortega, desde luego, el fondo y la forma van inseparablemente unidos; quiero decir que no es fácil reducir a fórmula más o menos científica lo que nace con voluntad de ensayo y en una prosa muy personal y elaborada. El lector temerá, quizá, que nos hemos alejado un poco de los géneros literarios concretos para elevarnos a alturas filosóficas. Así sucede en muchos casos, y no sólo con Ortega, porque la cuestión de los géneros envuelve otras muchas de mayor calado.

Una de las posibles soluciones será la de distinguir dos niveles o dos tipos de géneros. Así hace, de modo muy sensato, Alfonso Reyes, al diferenciar las tres funciones literarias fundamentales (los tres grandes géneros clásicos) de los géneros concretos, históricos, unidos a una escuela y una época: "Drama, novela, lírica: funciones, no géneros. Procedimientos de ataque de la mente literaria sobre sus objetivos. Los géneros, en cambio, son modalidades accesorias, estratificaciones de la costumbre en una época, predilecciones de las pasajeras escuelas literarias. Los géneros quedan circunscriptos dentro de las funciones: drama mitológico, drama de tesis, drama fantástico, drama realista; novela bizantina, novela pastoral, novela celestinesca, novela picaresca, novela naturalista; lírica sacra, lírica heroica, lírica amatoria, lírica elegíaca."

No me parece inútil tener en cuenta esta distinción entre dos niveles de lo genérico, uno más teórico y absoluto y otro que se articula y concreta en la historia, de acuerdo con la sucesión de las escuelas. Por eso, concluye Alfonso Reyes, "el drama —aparte de que acarree elementos de narración novelística o de exclamación lírica— puede, sin dejar de serlo, causar una emoción novelesca o lírica".

Sin ninguna pretensión de ofrecer un panorama completo, sí me parece oportuno recordar algunas actitudes contemporáneas, opuestas y significativas, ante el problema de los géneros.

No falta, por supuesto, la nota totalmente negativa. Para Jean Tortel, por ejemplo, la noción está ya superada: "En realidad, los géneros se confunden cada vez más en esta globalidad expresiva de la que no surge más que una especie de denominador común; el texto, considerado en su plena autonomía. En todo caso, cada género pierde hoy las características que, antes, servían para diferenciarle de los demás." Nadie podrá negar, en efecto, las variaciones que sufren los géneros literarios en la época contemporánea, y a ellas aludiremos después, pero eso no es suficiente, me parece, para negar totalmente la vigencia de la noción de género. Así pudo comprobarse, por ejemplo, en el Tercer Congreso Internacional de Historia Literaria (Lyon, 1939), dedicado especialmente a esta cuestión.

La llamada "ciencia de la literatura" alemana se ocupó del tema de los géneros desde el punto de vista que le es habitual, poniéndolos en relación con las concepciones del mundo. Así, para Max Wundt, "todo género literario entraña ya de por sí una determinada actitud ante la realidad, que a su vez presupone una determinada concepción del mundo. Claro está que no debe esto interpretarse en el sentido de que los géneros literarios puedan clasificarse exteriormente tomando como base las distintas concepciones del mundo. La realidad de la obra de arte es siempre demasiado complicada para que pueda procederse así. Los géneros influyen los unos en los otros y se entremezclan, razón por la cual cada cosa de por sí se desarrolla bajo las formas más diversas, y hasta podría afirmarse que en cada género puede cobrar expresión cada una de las concepciones del mundo. No obstante, cada género tiene su propio centro de gravedad, el cual reside en un determinado tipo de concepción del mundo, aquella en que se realiza con mayor pureza la esencia del género de que se trata. Hay epopeyas líricas y epopeyas llenas de contenido dramático, como hay poesías que tienden más bien hacia la epopeya y el drama, y dramas que tienen algo de novela o de poesía lírica. Pero esto no altera para nada el hecho de que la forma fundamental de cada uno de estos géneros tiene sus características especiales, las cuales se imponen siempre, por muy grande que sea su afinidad con otros géneros literarios".

Una sólida base filosófica posee también la teoría de Emil Staiger, que ha alcanzado notable difusión en ciertos medios académicos. Utiliza este autor un método fenomenológico, cuyo punto de partida es la filosofía existencial heideggeriana. Pretende, así, un renacimiento de la poética como manifestación inmediata de la esencia del ser del hombre, que es la temporalidad.

La idea del tiempo íntimo justifica la clásica división tripartita de los géneros, pero en vez de hablar de lírica, épica y dramática, prefiere Staiger referirse a *lo* lírico, *lo* épico y *lo* dramático.

Lo lírico es, según él, un estado pasajero del alma, una vibración; se siente o no se siente. Lo lírico es lo que mejor traduce la temporalidad humana. Esa vivencia del tiempo sólo puede darse en el recuerdo, que implica el pasado.

El poeta épico experimenta la alegría de las cosas tal como aparecen, se goza en su contemplación. La perspectiva no puede ser otra que el presente del propio observador.

En lo dramático, en fin, las cosas pasan a un segundo plano y lo que importa más es el proyecto, el problema, la expectativa de un futuro.

De este modo, la poética de Staiger va unida a la vivencia del tiempo y a su visión existencial del destino humano. Los tres géneros se complementan y se integran en una totalidad poética. Sólo podemos hablar de lírica, épica o dramática según que en una obra concreta predomine lo lírico, lo épico y lo dramático. El drama, por ejemplo, no es un resultado de la aparición de la "escena", sino al revés: la escena es un resultado natural del estilo dramático, que es inherente al hombre. Los géneros, así pues, no son, para Staiger, formas naturales ni deducidas *a priori,* sino que poseen un carácter histórico y esencial, filosófico.

También desde un planteamiento fenomenológico, Félix Martínez Bonati realiza una defensa tajante de la realidad y la importancia de los géneros literarios: "no son materia muerta que la intuición ha de refundir; son, podría decirse metafóricamente, el esqueleto que sujeta el ser de la obra, o más aún: *las formas que le dan existencia como objeto, las condiciones de la posibilidad de la experiencia literaria*".

Frente al absoluto individualismo romántico, Martínez Bonati afirma la necesidad de unos esquemas que sean estudiados por la nueva Retórica y Poética: "La obra no es algo así como un florecimiento de la vida en configuraciones únicas y sin precedentes, ajenas a órdenes genéticos. Por el contrario, toda poesía tiene estructuras esenciales predeterminadas como condición de su ser —gramaticales, retóricas, estilísticas, poéticas—. Lo genérico, por sí mismo, no hace que el discurso imaginario sea poéticamente *valioso,* pero posibilita que *sea,* simplemente, lo que es, en un sentido comprensible, previo a su ser poético, y condición de esta posibilidad. Por eso, podemos decir que la creación tiene que ser 'primero' (por cierto, no temporal, sino estructuralmente) discurso genéricamente determinado, para poder ser, como ulterior superación de la mera generalidad, poesía."

Casi todas las tendencias críticas contemporáneas (especialmente, las de signo estructural o formalista, claro está) estarán de acuerdo con esta visión de los géneros como elemento con el que hay que contar ineludiblemente.

En la reciente ciencia literaria alemana, la cuestión de los géneros suele plantearse de un modo más cercano que antes a la realidad literaria concreta. Por ejemplo, Hans Robert Jauss aplica a la literatura el concepto de "horizonte de expectativas", que parece especialmente apto para la comprensión de los géneros literarios: la obra que se presenta como perteneciente a un determinado género se coloca en un horizonte de expectativas que se ha formado el lector de cierta cultura, por su familiaridad con ese género. En nuestro país, de modo semejante, ante la dificultad de establecer una definición o concepto previo de la novela, Mariano Baquero Goyanes ha insistido en que el lector de novelas se coloca, ante ellas, en una disposición mental diferente del que espera leer un ensayo o un poema.

De modo paralelo, Erich Kohler critica la consideración de los géneros como categorías *a priori,* o su negación radical a la manera de Croce, para propugnar una interpretación sociológica, no mecanicista, de los géneros, que tenga en cuenta las relaciones con el público lector y las funciones que desempeña la obra en cada uno de los contextos históricos.

Por otros caminos, las tendencias formalistas conceden gran importancia a la cuestión de los géneros. El formalismo ruso, por ejemplo, que hoy ejerce tan amplia influencia, coloca de nuevo a los géneros literarios en una posición central. Frente a los simbolistas, insisten estos críticos en que, de hecho, existe una neta delimitación entre los géneros. Conciben la evolución literaria como "una sucesión dialéctica de formas". Por eso, afirma Eikhenbaum, "damos una importancia extraordinaria a la cuestión de la formación de los géneros y de su sustitución". Según Tomasevski, son categorías literarias que imponen, a las obras en ellas incluidas, un sistema fijo de motivos: "Así se crean grupos particulares de obras (los géneros), que se caracterizan por una agrupación de procedimientos alrededor de unos procedimientos perceptibles, a los que llamamos rasgos genéricos."

Dentro de la crítica anglosajona, el "análisis formal inductivo" de Paul Goodman se basa en una teoría de los géneros de raíz aristotélica. Igualmente Northrop Frye, en su obra clásica, defiende la consideración de los géneros, basándola en el estudio de las convenciones literarias reales. Como el niño —afirma— el poema no surge "ex nihilo". Lamenta que la teoría de los géneros se haya desarrollado poco todavía y cree que debe tener una base retórica; el género concreto está determinado por las condiciones que se establecen entre el creador y su público. Piensa, en fin, que los griegos dieron nombre sólo a tres de los cuatro fundamentales que existen y que es necesario añadir como género indudable la "fiction". (En nuestro país, Juan Cueto Alas defiende también, para la literatura actual, esta frontera entre "ficción" y "no ficción"; lo malo es que ni siquiera ella está hoy clara en muchas ocasiones).

La literatura comparada estudia, por supuesto, como uno de sus capítulos básicos, la fortuna de los géneros, y uno de nuestros mejores comparatistas, Claudio Guillén, afirma su creencia en los géneros como una institución histórica, algo que ha existido realmente y que es comparable a otras instituciones políticas, sociales o legales.

La sociología de la literatura, por su parte, se ocupará, mediante representaciones gráficas basadas en datos estadísticos, de la "vida" de un género literario, poniéndola en relación con las curvas de edad de los principales escritores y de la población de un país.

No parece, en principio, que la estilística sea el sector crítico más apropiado para una revalorización positiva de los géneros, al centrarse en lo que singulariza a las obras literarias. Sin embargo, no es así del todo. Hoy, algunas tendencias del análisis estilístico consideran como un instrumento indispensable la noción de género. En efecto, el estilo supone elección. Pero, como señala P. Larthomas, la elección no se produce en el vacío absoluto, sino que está condicionada en cierta medida por una elección anterior, la del género. Al realizar su elección estilística, el escritor está seleccionando una cierta forma, buscando una cierta eficacia; también, está pretendiendo que su texto actúe de tal o cual forma sobre un auditor o lector que están en unas ciertas condiciones materiales y disposiciones anímicas. Por eso, concluye Larthomas:

1) "Todo género supone una utilización particular de la lengua hablada, o de la lengua escrita, o de la lengua hablada y escrita."
2) "Todo género supone la utilización de una o de varias 'temporalidades'."

De este modo, todo estudio estilístico debe tener en cuenta la cuestión del género; no cabe estudiar un procedimiento estilístico al margen del género que justifica su uso. Y el cultivador de la estilística aspira a que eso permita una crítica de los géneros más matizada que la de las antiguas retóricas.

Uno de los primeros representantes españoles de esta tendencia, Carlos Bousoño, se ha ocupado también de los géneros en algún trabajo que es, sin duda, anticipo de estudios más completos. Parte Bousoño de que todos los géneros han de ser "poéticos"; es decir, cumplir la doble ley —que él ha formulado en otra ocasión— de la individualización y del asentimiento. Por tanto, los géneros se diferencian por distribuirse de manera distinta tres tipos de elementos:

1) los ingredientes narrativos y líricos,
2) la protagonización de las composiciones,
3) el sistema de tensiones o intensidades estéticas.

Ninguna de las peculiaridades que habitualmente se mencionan son exclusivas de un género; la diferencia es de grado, no de naturaleza. Dentro de esto, es fenómeno típico de nuestro siglo el de las trasfusiones de unos géneros a otros. En España, por ejemplo, del 98 al 36, la prosa aprende del verso el gusto por la intensidad y la sensación. Desde los años cincuenta, en cambio, la prosa enseña al verso una modestia y naturalidad "prosaicas". La conclusión de Bousoño es que las diferencias entre los géneros literarios no son esenciales, pero sí importantes, porque condicionan nuestra adhesión en cada momento dado: lo que hoy espero de una novela no es lo mismo que esperaba de ella hace años.

Hemos venido a parar, así, en una consideración de tipo histórico, sobre la cual conviene insistir un poco. La teoría clásica establecía unos tipos fijos, unos esquemas que el paso del tiempo y las nuevas creaciones literarias hacían, evidentemente, insuficientes. Este es un argumento repetido mil veces contra la división clásica de los géneros, sobre todo desde el romanticismo.

Parece claro que en la literatura contemporánea se dan, de hecho, muchos "géneros intermedios", como decía Benjamín Jarnés. Y, como la evolución de los géneros (de la literatura, en definitiva) está muy unida a circunstancias sociales, parece claro que no sigue el mismo ritmo en todo el universo, sino que actúa por países o áreas culturales. Por eso se ha podido decir que, hoy, no son los mismos los géneros literarios en Francia o España que en los Estados Unidos, y, por supuesto, mucho menos que en los países del tercer mundo africano o asiático.

Me parece claro que la realidad literaria de nuestro siglo impone nuevos puntos de vista, también en este capítulo. Por ejemplo, no creo que tenga mucho sentido, aunque lo hagan así algunos manuales clásicos, remontarse a la prosificación de la épica clásica para justificar la entidad de la novela contemporánea. Si se prefiere, habría que admitir como puro hecho la independencia e importancia del relato, que se diversifica en novela, novela corta, cuento...

Es absolutamente evidente, hoy, la importancia del ensayo como género típico del mundo moderno. Y, muy relacionado con él, cada vez se tiende más a considerar la importancia del periodismo: gran periodista fue Larra, por ejemplo, y casi todos los pensadores y ensayistas españoles de nuestro siglo (Ortega, Azorín, d'Ors, Pérez de Ayala, etc.) han unido periodismo y literatura. Desde hoy y de cara al futuro es preciso plantearse la validez y la importancia, como nuevos géneros literarios, del guión radiofónico, cinematográfico y televisivo.

En general, parece claro que las fronteras tradicionales entre los géneros se borran hoy o se difuminan mucho. Michel Butor, por ejemplo, declara tajantemente que cada vez advierte menos diferencia entre sus trabajos de creación —novela o poesía— y sus ensayos: "Ya no existe una separación, porque la generalización a la que he tenido que someter la noción de novela me ha permitido descubrir un mundo de estructuras intermedias o englobantes, y ahora puedo pasearme libremente por un triángulo cuyos vértices serán la novela en el sentido usual, el poema en el sentido usual, el ensayo tal como suele cultivarse."

Para no alargarme demasiado, voy a enumerar, simplemente, unos pocos de estos casos "fronterizos", referidos a la literatura española contemporánea:

1) La novela poética de Azorín, la novela poemática de Pérez de Ayala.
2) La greguería, de Ramón Gómez de la Serna.
3) El Glosario de Eugenio d'Ors (al que los malintencionados pretendían quitar la G).
4) El aforismo neogracianesco de Bergamín.
5) La nueva tragedia, existencialista o brechtiana.
6) La "revista" satírica, como el "cabaret político", al modo de *Castañuela 70*.
7) El poema en prosa desde el modernismo hasta hoy, estudiado por Guillermo Díaz Plaja.
8) El "nuevo periodismo" que usa de modo habitual la ficcionalización: Francisco Umbral, Manuel Vázquez Montalbán, Carlos Luis Alvarez, Manuel Vicent...

Etcétera, etcétera. Recordemos algunas obras de Julio Cortázar: ¿cómo definir a *Rayuela,* novela "abierta", con capítulos prescindibles y un tablero de dirección para el lector? ¿Y la mezcla de elementos narrativos y noticias periodísticas de actualidad política en *El libro de Manuel*? ¿Y los libros misceláneos, como *Ultimo Round, Territorios* o *La vuelta al día en ochenta mundos*?

Pero todo esto no es exclusivo de Cortázar, por supuesto, aunque su caso sea bastante significativo. Recordemos a algunos escritores españoles. ¿Es una novela en el sentido clásico del término el *Oficio de tinieblas 5* de Camilo José Cela, tan escéptico en cuestión de géneros, que lo niega desde la primera página? En *El jardín de las delicias,* de Francisco Ayala, veo un libro de una madurez literaria y humana fuera de lo común, pero no sabría clasificarlo como conjunto de cuentos, memorias, poemas en prosa... Y algo semejante cabría decir de *El fin de la edad de plata,* de José Angel Valente. ¿Son poesía las *Historias fingidas y verdaderas,* de Blas de Otero?

En todos estos casos, y en tantos otros que nos presenta la realidad literaria cotidiana, lo importante es comprender la singularidad de una creación artística, no el hecho de clasificarla, encajándola dentro de un casillero de modo más o menos forzado. El que no tenga una postura abierta ante las innovaciones que hoy intenta la literatura quedará excluido, por propia voluntad y de modo irremediable, de muchas búsquedas que poseen un sentido literario (y vital) innegable. ¿No es ése el caso de muchos profesores? Por desgracia, me temo que su formación excesivamente académica les impide un contacto real con la literatura viva.

No olvidemos la declaración que antes cité de Albérès: las grandes novelas de nuestro siglo suscitaron, al aparecer, esta crítica: "eso no es una novela". Y esto no es una opinión discutible, sino la simple comprobación de un hecho.

De todos modos —vergüenza da decirlo, de tan obvio— el creador que rompe los moldes tradicionales correrá un mayor riesgo de incomprensión por parte de los juicios rutinarios. Eso sucede con todos los moldes y todos los esquemas; también con los de los géneros. Hace poco, se lamentaba así Juan Gil-Albert: "No es tanto que mi obra desentone en nuestro país, sino que su género resulta entre nosotros inexistente. ¿Memorias, relatos, ensayos, confesiones, discursos? Por lo que veo está por averiguar, y sobre todo en un tiempo como el nuestro, tan imperiosamente, como en política, cerebralizado. Como si clasificarme sirviera de algo..." Por supuesto. El crítico sólo apostillaría que, con mayor o menor talento, esa actitud heterodoxa ante la rígida separación de los géneros literarios tradicionales es bastante frecuente en la literatura viva.

He acumulado en este capítulo bastantes citas. Me interesaba mostrar que, en contra de lo que pueda parecer a una mirada demasiado rápida, el problema de los géneros literarios no está superado, ni siquiera pasado de moda.

Conviene, ante todo, comprender las razones profundas de la teoría clásica de los géneros: unas veces, se tratará de razones históricas, simplemente; otras, de razones lógicas, de técnica literaria.

Lo que no podemos admitir hoy, claro está, es una actitud rígidamente normativa. Si contemplamos sin prejuicios la realidad literaria que está viva, a nuestro alrededor, nos será imposible adoptar esa actitud. Pero, desde un talante más flexible y abierto, el problema de los géneros literarios debe seguir planteándose de modo inexcusable; incluso, si se entiende bien, con la debida flexibilidad, puede ser apasionante: ¿cuál es, por ejemplo, el género literario de Borges, de Sábato, o, a otro nivel, del "diario de un snob", de Francisco Umbral?

Los formalistas han vuelto a colocar el problema de los géneros en el centro de su meditación. La obra literaria, por supuesto, no surge *ex nihilo,* sino dentro de una tradición histórica de cientos de años. Por eso es inexcusable atender a los géneros. La obra nace y es recibida por el lector dentro de un molde determinado: el género literario escogido, y eso condiciona nuestras expectativas. Incluso cuando de modo voluntario y consciente la obra intenta romper unos moldes anteriores, como hoy sucede con frecuencia, esos moldes continúan influyéndola, al rechazarlos lo mismo que al aceptarlos.

A la vez, para comprender una obra literaria es preciso poseer un cierto conocimiento de la serie genérica a que pertenece, de la evolución histórica de ese molde; sin eso, estaríamos abocados continuamente a descubrir Mediterráneos; así sucede en tantos comentarios improvisados.

La nueva teoría de los géneros tendrá que ser lo suficientemente flexible y comprensiva como para poder abarcar los casos fronterizos y los nuevos experimentos que la realidad literaria actual pone delante de nuestros ojos.

VI. LA SOCIEDAD LITERARIA

A LO LARGO de este libro, inevitablemente, me he tenido que referir a cosas que podrían escribirse con mayúscula: la belleza, la visión del mundo, el realismo, la expresión humana, la originalidad. He recordado no pocas citas de escritores, y ya se sabe que estos individuos, por lo menos, saben escribir frases bonitas. ¿No habremos caminado demasiado por las nubes?

El que conozca el mundo literario podrá pensar que sí, y sonreír irónicamente. El que no lo conozca, puede llevarse una impresión demasiado idílica, porque no he hablado de odios, de dinero, de envidia, de luchas mezquinas, de vanidades que parecen increíblemente infantiles, de polémicas, de venalidad, de compadreos, de negarse a admitir que la vida va pasando y la conciencia del fracaso... Es decir, lo normal; pero, aquí, aumentado por el hecho de que estos extraños individuos, los escritores, no saben —no sabemos— hacer nada práctico: construir un puente, curar a un enfermo, defender ante los tribunales un pleito, arreglar una máquina que se ha estropeado... Todo su talento, su esfuerzo, su ilusión, queda reducido a acumular lo que dijo Hamlet: "palabras, palabras, palabras".

Bueno, las cosas son así, me parece, y no se trata de ponerse trágicos. Simplemente, a lo largo de todo este libro he procurado que el planteamiento de cuestiones teóricas no nos alejara demasiado de la realidad cotidiana.

Sea lo que sea la literatura —y yo no tengo mucha idea, como el lector ya habrá advertido—, no se debe olvidar que existen personas que dedican a ella una parte de su esfuerzo y de su horario. No me estoy refiriendo sólo a los escritores de creación, sino también a los editores, críticos literarios, profesores, copiadores de solapas, semiólogos, jurados de premios, reseñistas, estructuralistas, rapsodas... Toda una sociedad, un mundillo profesional, con sus normas, tabúes, costumbres y ceremonias rituales.

De alguna de estas cosas quiero ocuparme en este último capítulo, con talante, como siempre, informativo y benévolo: el de un observador de nuestro mundillo literario, en esta España del postfranquismo. Quizá sirva esto de contrapeso y complemento a alguno de los capítulos anteriores.

Ante todo, conviene decir algo sobre la llamada subliteratura: algo que siempre ha estado ahí, al lado de la literatura culta, pero a la que no se ha comenzado a prestar la atención debida hasta hace poco.

Hace años, cuando publiqué mi librito *Sociología de una novela rosa,* en el que comentaba algunas obras de Corín Tellado, tuve que plantear algunas preguntas previas: ¿por qué estudiar la subliteratura? A nivel personal, ¿qué justificación y qué sentido tenía abandonar los temas académicos habituales, para ocuparme de una materia tan frívola y que tan poca estimación científica podía darme?

La respuesta era muy sencilla. Bastaba con unas cifras: la tirada habitual de una novela española, entonces, era de tres mil ejemplares. Estas "novelas rosa" de Corín Tellado, en cambio, salían cada semana, con una tirada de cien mil ejemplares; y, cada quince días, una fotonovela, con otros cien mil. Ese es un hecho —literario y social— que, en mi opinión, no puede desconocerse.

Si yo me hacía estas preguntas es porque mi librito era uno de los primeros que, en nuestro país, penetraba en ese campo. Hoy, probablemente, ya no serían necesarias. Diez años después, el clima general ha cambiado mucho. Exagerando un poco, cabría decir que se han invertido los términos. Muchas veces me piden conferencias sobre Corín Tellado, las fotonovelas, los "comics" o las canciones de moda y no les interesa que hable de esos autores (Pérez Galdós, Pérez de Ayala, Cortázar...) que a mí me siguen gustando.

Sin broma: creo que, de la ignorancia y el desprecio por la subliteratura, hemos pasado a una moda que encuentra su base —lógica, pero quizá excesiva— en la oposición a la rutina académica. Así suele suceder en el panorama cultural español, tan propicio al alejamiento de los fenómenos vivos como al esnobismo frívolo.

No se puede discutir, me parece, que el desdén con que en nuestro país se solía mirar este tipo de creaciones era injusto (e ignorante). La subliteratura (o, como prefieren los franceses: paraliteratura) posee un interés sociológico absolutamente evidente, sin necesidad de más justificación; y, en ocasiones, un interés literario indiscutible. Si la obra literaria puede darnos un reflejo de la sociedad tan bueno o mejor que el del historiador, psicólogo o sociólogo, no cabe duda de que la subliteratura puede hacerlo con mucha mayor nitidez, ofreciéndonos la escala de valores de una sociedad o de sus grupos, sin la transformación a que la hubiera sometido un creador de fuerte personalidad. En este sentido, el conocimiento de la subliteratura (sobre todo, por supuesto, de la que alcanza más éxito popular) puede ser un instrumento de gran utilidad para una historia de las mentalidades.

Si me remito a mi experiencia personal, lo que primero ha llamado mi atención, en este tipo de literatura, son los contenidos. Al tratarse de obras que obtienen éxitos verdaderamente masivos, no cabe duda de que presentan amplias zonas de coincidencia con creencias sociales muy difundidas. ¿No tiene alguna significación que en las novelas españolas de mayor tirada encontremos un erotismo difuso, disimulado, un culto al dinero, a "las cosas", y un total aproblematismo religioso y político? Me parece que sí, desde luego, y que todo esto —y otras muchas cosas más, que he señalado— no es fortuito, sino absolutamente premeditado.

Cada vez me convenzo más de que, en este terreno, hay muy poco de casual y que los mayores éxitos suelen corresponder a obras cuidadosamente planeadas para obtenerlos: *Love Story,* de Segal, podría ser un ejemplo clarísimo de la obra pensada, escrita y difundida para ser un *best-seller.*

Es evidente también que, como en el caso de cualquier producto social, las relaciones son recíprocas: la obra de éxito refleja creencias colectivas, a la vez que influye sobre ellas. Por eso, me parece que tiene razón Henri Zamalanski al afirmar que "el estudio de contenidos es etapa fundamental de la sociología de la literatura contemporánea".

Pero un estudio de este tipo, como cualquier otro, debe huir de los fáciles esquematismos y de las simplificaciones maniqueas. Como afirma el mismo crítico, "no buscamos, *a priori,* encontrar en el libro tal o tal contenido, para ser ciegos al resto de la obra; sólo después de haber leído el libro y de haber clasificado los temas según su importancia nos preguntaremos lo que nos aporta sobre el problema particular que nos interesa. Así respetaremos la estructura de la obra y su unidad. La objeción de Goldman vale para un estudio de contenidos esquemáticamente realizado, pero no vale para el principio mismo de la investigación, que no es arbitrario si se usan las debidas precauciones". Y eso, por supuesto, se puede aplicar a cualquier método de trabajo que elijamos.

En la subliteratura española que yo he leído, una y otra vez reaparecen la separación tajante de buenos y malos, el culto al honor como opinión, el respeto a las grandes instituciones, el gusto por la filosofía barata, los tópicos sentimentales, la idealización evasiva, etc.

A partir de los contenidos, cada vez me han ido llamando más la atención, en este tipo de obras, rasgos estilísticos. Me he encontrado muchas veces con la adjetivación muy culta, el léxico anticuado, los paralelismos y contraposiciones, las metáforas retóricas, las frases lapidarias, la estructura propia del relato tradicional... En conjunto, con un efectismo ingenuo y una coexistencia de niveles lingüísticos muy diversos que resulta verdaderamente pintoresca. Cada vez me convenzo más de que este tipo de productos constituyen un campo ideal para estudiar la eficacia de los procedimientos narrativos, pues no es de esperar que encontremos, en ellos, la huella de un escritor original, empeñado en destruir los moldes y esquemas preexistentes.

Me interesa mucho subrayar algo que me parece absolutamente claro: las fronteras entre literatura y subliteratura no son algo tajante, una cuestión de esencias, sino, como casi todo lo humano, algo relativo e histórico. Como escribe Ynduráin, "la verdad es que la historia de las literaturas se ha venido haciendo, desde que existe, con criterios de muy reducido alcance: más o menos era literatura la que leían o consumían círculos selectos, o sedicentes, y la inclusión o exclusión, resultado de unos gustos y principios digamos de escuela. La separación por motivos de calidad —y de calidad según criterios de grupo— ha tenido curiosas rectificaciones con el tiempo. El *Decamerón* fue considerado como subliteratura, aunque no se emplease el término; y el *Quijote* no parece que tuvo muchas facilidades de acceso al Parnaso, en su tiempo. En el siglo XV, el marqués de Santillana se refiere a los romances como a obras con las que se contentan 'gentes de baja e servil condición', lo cual supone tanto un juicio de valor sobre la obra como una atención al público consumidor..."

Así, pues, la barrera entre literatura y subliteratura no será fija ni objetiva. Quizá sea más fecundo prescindir de nociones abstractas ("esencias", "categorías lógicas" o algo así) y comprobar cómo lo que en un momento dado ha sido considerado subliteratura se admite, en otra época, como literatura pura y simple.

Creo, por ejemplo, que los "comics" se incluirán en seguida —si es que no se ha hecho ya— hasta en los planes de estudios de las universidades españolas. Si todavía alguien se escandaliza por ello, habrá que recordarle la perogrullada de que la seriedad de un trabajo crítico no depende de la materia estudiada, sino del rigor con que se realice ese estudio.

Cabe referirse, por supuesto, a la diferencia de calidad. Eso, siendo subjetivo, me parece muy importante, pues es el criterio básico para cualquier creación estética. Por supuesto, entre Pérez Galdós y Corín Tellado existe un abismo de calidad. Pero no hay que suponer, generalizando, que toda la subliteratura sea estéticamente ínfima.

Siguiendo con el ejemplo de los tebeos, me gusta mucho citar el caso del dibujante italiano Guido Crépax, creador del personaje Valentina, que realiza un tipo de "comic" de gran belleza, muy influido por la técnica cinematográfica (puntos de vista insólitos, montaje subjetivo...) y de una notable carga intelectual, con influencias evidentes de Freud, del surrealismo y de las nuevas técnicas narrativas; varias veces he dicho que, hoy, Guido Crépax es una especie de Julio Cortázar del "comic".

Sin llegar a este nivel de calidad, *Barbarella* (encarnada en la pantalla por Jane Fonda) es una buena muestra de los mitos eróticos contemporáneos, y *Las aventuras de Jodelle,* una burla acerada del mundo contemporáneo (el presidente Lyndon Johnson, el papa Pablo VI), bajo los rasgos de la Roma imperial. En general, la mayoría de los "comics" editados en Francia por Eric Losfeld poseen un interés ideológico y estético evidente. Y no cabe olvidar que en España han surgido buenas revistas especializadas y algunos dibujantes espléndidos, como Eric Sió o Esteban Maroto.

La fotonovela suele ser un producto ínfimo, estéticamente hablando, difusor de contenidos de escasísimo interés. Sin embargo, al margen de los ejemplos habituales, no cabe negar sus posibilidades teóricas. Juan Ignacio Ferreras, por ejemplo, ha planteado de otro modo su función social: "La fotonovela, como lenguaje, puede ser empleada de muy distinta manera de la que se viene haciendo; en Italia, por ejemplo, se han publicado fotonovelas hasta cierto punto dirigidas y educativas al y del sector obrero. Pensemos, en este esperar esperanzado, en las posibilidades pedagógicas del fotonovelismo al nivel de un mundo infantil. Se nos podría decir que, de propugnar, propugnamos el cambio de una manipulación por otra; indudablemente es así, con la diferencia siguiente: la manipulación integradora de la fotonovela actual es alienante; la posibilidad de otra manipulación se parecería mucho a una educación, desalienante sobre todo." Dejando al margen las opiniones políticas de cada uno, no cabe negar las virtualidades expresivas y la eficacia social de la fotonovela.

Como campo de estudio, la subliteratura puede ser afrontada desde puntos de vista y con métodos muy variados: histórico, estructural, psicoanalítico, semiológico... En general, se puede decir que ha predominado la consideración desde la sociología de la literatura. Pero esto, si se sabe entender, también supone una diversidad metodológica. Uno de los centros especializados, el de Burdeos (su verdadero nombre es ILTAM: Institut de Littérature et de Techniques Artistiques de Masse) reconoce y proclama la conveniencia de una pluralidad de perspectivas: "Los miembros del equipo de Burdeos vienen de todos los horizontes: los hay positivistas y marxistas, seguidores de Sartre, de Goldmann y de Barthes. El diálogo entre las distintas tendencias nunca se acaba. Su formación también es diversa: literatos, lingüistas, historiadores, sociólogos, psicólogos, economistas. Cada uno se inicia en las distintas disciplinas y en las técnicas de los demás. La pluridisciplinariedad se realiza, a la vez, al nivel de los individuos y al nivel del equipo."

Así debe ser, en efecto, porque no disponemos, en este terreno, de la acumulación bibliográfica dedicada a la literatura culta o prestigiosa, y también porque el campo de la subliteratura es más amplio de lo que se puede imaginar: me he referido ya a las novelas rosa, fotonovelas y tebeos. Habría que recordar, también, las letras de las canciones de más éxito (yo he comentado algunas de Raphael y de Manolo Escobar); los folletines, decimonónicos o actuales; los seriales de radio o televisivos; las novelas de quiosco: del Oeste, policíacas, de espías, eróticas..., incluso, en mi opinión, cierto tipo de obras de pretensiones literarias, pero que están pensadas, básicamente, como un producto para ser consumido por grandes masas.

Parece hoy muy claro que la literatura y la subliteratura no son compartimentos estancos, incomunicados, sino que existen muchos canales que las ponen en interrelación. Señalar este tipo de comunicaciones puede resultar un problema histórico y literario verdaderamente fascinante. Por ejemplo, Ynduráin ha mostrado las conexiones de Galdós con el folletín; Zamora Vicente ha puesto de relieve con gran brillantez la relación entre *Luces de bohemia*, de Valle-Inclán, y las parodias de la época, y yo he intentado algo semejante con *Troteras y danzaderas,* la novela de clave de Pérez de Ayala. Dentro de la actual novela hispanoamericana, uno de los caminos más originales es el de Manuel Puig, fundado, evidentemente, en la asimilación de elementos subliterarios, y que, a mi modo de ver, ha llegado a influir en Mario Vargas Llosa (*La tía Julia y el escribidor*) y en algún cuento de Julio Cortázar.

Un detalle final: todos los ejemplos de subliteratura que suelo examinar se refieren, desde luego, al ámbito español. No se trata de nacionalismo ni de simple especialización científica. Quiero recordar lo que ha escrito, en un panorama de los estudios de sociología literaria en nuestro país, José Carlos Mainer: "Parodiando a Larra diría que hacer sociología literaria en España (...) es llorar; casi mejor diría que es escribir la propia autobiografía moral y más un psicoanálisis urgente con el que pretendemos conjurar algunos de los demonios familiares que nos asaltan. ¿Por qué, si no, pienso, un crítico como Andrés Amorós alterna sus investigaciones sobre Ramón Pérez de Ayala con el descenso al mundo sentimental de Corín Tellado, Manolo Escobar o el inefable Raphael?"

Por supuesto. Nos ha tocado vivir en una España en la que estos productos literarios han alcanzado una difusión masiva; no es extraño que atraigan —por lo menos— nuestra curiosidad. Para mí no ofrece duda que la literatura, apreciada o no por los *happy few*, sirve para iluminar el estado presente y pretérito de nuestra sociedad. Al margen de su calidad estética, igualmente son testigos de España Pérez Galdós y Corín Tellado.

Después de la subliteratura, me parece conveniente comentar un poco los aspectos económicos de la edición de libros. Por supuesto, los pocos datos que voy a dar son tan elementales que cualquier persona relacionada con medios editoriales los conoce de sobra. Sin embargo, me parece que muchos lectores ignoran por completo este tipo de cuestiones, que condicionan tanto la realidad literaria.

Ante todo, y refiriéndonos siempre a nuestro país, ¿de qué vive un escritor? La respuesta ingenua sería: de sus libros. Pero esto sólo es verdad en casos excepcionales.

Para pagar el trabajo del escritor se pueden seguir dos procedimientos:

1) Darle una cantidad fija, una sola vez, a la entrega del original. Esto supone comprar para siempre los derechos de propiedad intelectual de ese texto, poder editarlo sin limitaciones y no tener que pagar nunca más a ese autor.

2) Pagarle un tanto por ciento del precio de los ejemplares vendidos. Lo más habitual es que se trate del 10 por 100 y que se le hagan liquidaciones anuales o semestrales.

En teoría, el primer sistema permite cobrar antes una cantidad discreta, sin someterse al riesgo de que las ventas sean grandes o pequeñas ni tener que esperar a las liquidaciones. El inconveniente, en cambio, es muy claro: por mucho que se conozca el negocio editorial, nunca se puede garantizar con seguridad si un libro tendrá éxito económico o no. El autor que vende definitivamente sus derechos se expone a que la editorial se siga enriqueciendo a costa suya, si el libro tiene éxito, mientras que él no vuelve a ver una peseta más. La anécdota cuenta que este fue el caso de Zorrilla con su *Don Juan Tenorio*: por no confiar en esta obra, vendió sus derechos; el éxito del drama no le produjo, pues, ningún beneficio. Por eso, se dedicó, él mismo, a señalar algunos de los absurdos e incongruencias de la obra... sin ningún éxito, pues el público siguió asistiendo todos los años a su representación.

Como decía hace poco José Agustín Goytisolo, el escritor es, por definición, vanidoso; si no, no escribiría. Así, pues, ningún escritor aceptará excluir, en teoría, la posibilidad de que su libro, por minoritario que sea su tema, se convierta en un *best-seller*. Por eso, siempre preferirá cobrar un tanto por ciento; y, en todo caso, obtendrá un anticipo, al salir el libro a la calle, a cuenta de las liquidaciones futuras.

De hecho, hoy existen en España unas normas legales que obligan a autores y editores a firmar un contrato de edición, según un modelo oficial que impide la cesión absoluta y definitiva de todos los derechos por una cantidad de dinero. El primer sistema, así pues, se reduce, en la práctica, a algunos trabajos de encargo: preparación de ediciones críticas, prólogos, artículos de revista, colaboraciones en libros colectivos, etc.

He mencionado, antes, el porcentaje que normalmente corresponde al autor del libro. Muchas veces he preguntado a gente alejada del mundo editorial cuánto les parecía justo que cobrara. Las respuestas han sido, siempre, de este orden: setenta, ochenta por ciento... De hecho, suele ser el diez por ciento. (Algunos autores importantes pueden conseguir el doce o quince; en los libros de texto, en cambio, no es raro que el porcentaje baje al ocho.)

En un libro que se vendiera a cien pesetas, el reparto de esa cantidad podría ser éste:

— Diez pesetas al autor.

— Veinte pesetas a la editorial, para amortizar el costo físico del libro: papel, composición, encuadernación, corrección de pruebas, impresión.

— Cincuenta pesetas (o algo más) para la distribución: gastos de la distribuidora y descuento a los libreros.

— Veinte pesetas a la editorial, para sus gastos fijos (personal, pequeño tanto por ciento al director de la colección, promoción) y posibles beneficios.

De todo esto pueden sacarse muy fácilmente una serie de consecuencias:

1) Con un tanto por ciento tan reducido, los beneficios del autor sólo podrán tener alguna entidad si el número de ejemplares vendidos es muy grande.

2) Como algunos costos son fijos, el precio de venta del libro depende, en proporción inversa, de la tirada: si la tirada es pequeña, resulta inevitable que el precio de venta sea alto. La única forma de vender libros baratos es que las tiradas sean muy grandes: eso es lo que se ha buscado con la fórmula del libro de bolsillo (y lo que se consigue, en una economía controlada, en los países socialistas).

Los editores han de conjugar los costos y las ventas —siempre hipotéticas— para decidir la tirada y el precio de venta al público. Funcionan en interdependencia, como se ve, varios factores, y nada seguros. Poner un precio de venta demasiado caro retraerá al posible lector, por supuesto, pero aumentar demasiado la tirada sólo conducirá a incrementar los *stocks* y el capital inmovilizado. Así, pues, sobre la base de su intuición comercial y de su conocimiento del mercado, por experiencias anteriores de libros similares, el editor tendrá que buscar un punto de equilibrio que suponga, al menos, la recuperación de los costos cuando se venda una parte considerable de la edición; el posible beneficio lo obtendrá si se vende íntegra la edición y en las siguientes, si llegan a realizarse.

3) En nuestro país, el costo físico de los libros ha subido constantemente, en los últimos años, por el aumento enorme de los precios del papel y por los incrementos periódicos que suponen los nuevos convenios de artes gráficas.

4) El problema económico y comercial básico es la distribución: es la partida que supone la mayor cantidad del presupuesto (con frecuencia, el sesenta por ciento del precio) y condiciona absolutamente las ventas: si el posible lector no encuentra fácilmente un libro, por bueno que sea, no lo comprará.

En España, en líneas generales, existe un número desmesurado de pequeñas editoriales (muchas de ellas se reducen a un grupo de amigos, que busca de este modo ejercer una influencia ideológica o política), de tal modo que no pueden organizar un sistema comercial adecuado. Se publican muchísimos títulos y las tiradas son pequeñísimas. La información bibliográfica es muy deficiente: la mayoría de los libreros ni siquiera saben cuáles son los libros que se han editado. Ninguna librería puede tener todos los títulos que se editan; se limitan, en general, a tener unos pocos, los que más se venden o los de editoriales más prestigiosas, y, si algún cliente pide otro, a solicitarlo, a su vez, a la distribuidora, si tiene todos los datos necesarios. (En el caso de que sea un libro muy barato, no les resulta rentable el pedirlo, pues el porcentaje que van a cobrar no les compensa el tiempo que le dedican a ese asunto.)

Algunas editoriales —las más importantes— tienen su propia empresa distribuidora. Otras, en cambio, encargan de la distribución de sus fondos a una empresa especializada, que distribuye también los libros de otras editoras. Los dos sistemas tienen sus inconvenientes. En principio, parecería que cada cual trabaja con más interés para su propio fondo, pero es muy difícil y costoso crear una organización que llegue con los libros a todos los rincones de España (y no digamos de Hispanoamérica, nuestro mercado siempre más potencial que real, justamente por esta causa). El término medio son las agrupaciones de varias editoriales, especializadas en sectores cercanos, para crear una empresa distribuidora, que tendrá una imagen pública coherente.

5) En todo caso, el presupuesto que pueden dedicar a la promoción de sus libros la inmensa mayoría de las editoriales españolas es pequeñísimo. ¿Cuántas veces ha visto el lector una campaña publicitaria de un libro en los paneles callejeros ni, por supuesto, en la televisión? Cabe acusar a las editoriales españolas de falta de imaginación para comercializar sus productos, por supuesto, pero también hay que reconocer que la pequeñez del mercado no da para más.

6) Al hablar de pequeñez me estoy refiriendo, por supuesto, a las tiradas. No cabe ofrecer cifras que tengan valor general, por supuesto, pero, para orientación del lector, me arriesgaré a dar algunos números que me parece pueden servir, como término medio. De una novela de un autor español conocido se pueden tirar de tres a cinco mil ejemplares. De un libro de ensayo o científico, no más de tres mil. De un libro de poemas o un texto teatral, es fácil que baje a dos mil, o menos aún. En todo caso, es frecuente que un libro tarde en agotarse unos tres años (y, muchos, no se agotan nunca).

A partir de aquí, no es difícil calcular los ingresos que percibirá el autor. Pongamos el caso de una novela de la que se tiran tres mil ejemplares y se vende a trescientas pesetas; eso quiere decir que el autor percibe treinta por cada ejemplar vendido. Si tarda en agotarse tres años, quiere decirse que cada año vende mil ejemplares; es decir, ingresa treinta mil pesetas. Si ha tardado en escribirla seis meses, quiere decir que la novela le aporta un rendimiento mensual de cinco mil pesetas.

Ya sé que estos datos se pueden discutir hasta el infinito, pero no me parece que den una imagen demasiado falsa de la situación. Si se trata de un ensayo o libro científico, que se venda más lentamente, es fácil que el total que percibe el escritor por su libro sea inferior a lo que él pagó a la mecanógrafa que le pasó a limpio el original. Del dinero que se pueda obtener editando libros de poemas o textos teatrales, mejor es no hablar.

Espero que no se tomen como demagógicas estas afirmaciones. Puede decirse que son exageradas, eso sí. Si la persona que lee estas líneas tiene suficiente confianza con algún escritor, puede pedirle que le enseñe las liquidaciones de sus libros.

Todo esto, claro está, plantea nuevos problemas. Ante todo, uno: ¿por qué sucede? La respuesta es muy sencilla: porque el español no lee. Las estadísticas oficiales lo han demostrado de sobra. El mercado lector español es pequeñísimo; en algunos géneros —la poesía, por supuesto— da la impresión de que sólo leen y compran los mismos que escriben libros. Mientras las tiradas de los libros españoles no sean mayores, el escritor seguirá obteniendo ingresos ridículos. A esto se une, por supuesto, la pobreza y escasez de las bibliotecas españolas (pero de esto, en sus pomposos programas culturales, no suelen hablar los partidos políticos).

Téngase en cuenta, para mayor vergüenza nuestra, que el español es una de las lenguas más habladas y estudiadas del mundo. Es decir, que en las tiradas anteriores se incluyen los libros españoles que se venden en Hispanoamérica y los que emplean los hispanistas de todo el mundo.

Algún ingenuo lector preguntará, quizá, cómo se podría remediar todo esto. No soy yo la persona, ni éste el lugar adecuado, para proponer soluciones, pero, según he leído tantas veces, parece que sólo existen dos caminos: a largo plazo, educar a los españoles en la lectura; a corto plazo, que el partido que esté en el poder emprenda una política cultural de signo revolucionario. El discreto lector jugará si algo de esto se está realizando.

Al hablar de la tirada de los libros, me he referido a los "normales", dejando al margen algunos que, evidentemente, alcanzan cifras de venta mucho mayores:

1) Los *best-sellers*: libros eróticos y políticos, libros escandalosos, grandes premios de novela, subliteratura...

Si repasamos las listas de los libros más vendidos durante el año 1977, según el Instituto Nacional del Libro Español, nos encontraremos, a la cabeza, varias obras políticas o de historia reciente, que responden a la curiosidad del momento: *Eurocomunismo y Estado,* de Santiago Carrillo; *Mis conversaciones privadas con Franco,* del general Franco-Salgado Araújo; *La guerra civil española,* de Hugh Thomas; *Yo fui espía de Franco,* de González Mata. Además, el tema sexual, en forma de estudio científico (*El informe Hite*) o de novela escandalosa (*Miedo a volar,* de Erica Jong). En el terreno de la creación, sátiras de la actualidad política (*De camisa vieja a chaqueta nueva,* de Vizcaíno Casas), alegatos disfrazados de novela (*Autobiografía de Federico Sánchez,* de Jorge Semprún), utopías políticas (*En el día de hoy,* de Jesús Torbado), el tema de los secuestros en el País Vasco (*Lectura insólita de "El Capital",* de Raúl Guerra Garrido), obras que habían estado prohibidas (*Si te dicen que caí,* de Juan Marsé), etc. Varias de estas novelas habían recibido los premios más populares. Creo que el panorama resulta significativo, con independencia de que incluya obras de calidad literaria junto a otras, deleznables. En todo caso, las razones del éxito no parecen tener mucho que ver con el valor estético.

2) Algunos clásicos que siempre se venden: la *Biblia, Don Quijote,* las *Rimas* de Bécquer...

3) Libros de utilidad práctica inmediata: cómo educar a los hijos, cómo cuidar plantas de interior, el callejero de Madrid, etc.

4) Libros de texto: manuales u obras de consulta "recomendadas" por algún profesor. Económicamente, los libros para Educación General Básica y Bachillerato suponen un mercado importantísimo y pueden producir importantes beneficios para sus autores, según el número de alumnos que dependan de cada uno y, sobre todo, la capacidad de distribución de la editorial especializada.

5) Enciclopedias y libros por fascículos, que juegan con el afán coleccionista y, muchas veces, con el chantaje moral de proporcionar a los hijos instrumentos de trabajo que uno, quizá, no tuvo.

6) Libros para regalo: caros, lujosamente editados, que se venden sobre todo en Navidades o para solucionar regalos de empresas: igual de que se trate de los tesoros del arte contemporáneo o de las maravillas de la India.

Con estos antecedentes, ¿qué autores viven en España de la literatura? Por un lado, escritores del tipo de Corín Tellado; por otro, unos pocos que han alcanzado gran fama y que ven traducidas sus obras a muchos idiomas: Camilo José Cela, Miguel Delibes,

José María Gironella... ¿Y los demás, de qué viven? Por supuesto, de otra cosa. A veces, su profesión tiene relación con la literatura: son profesores (Gonzalo Torrente Ballester, Francisco Ayala, Dámaso Alonso, Gerardo Diego...), traductores (José María Valverde), trabajan en organismos culturales (Luis Rosales), en editoriales (José María Guelbenzu). Para el escritor español, existen dos vías para ganarse la vida con desahogo: una es el teatro, camino dificilísimo, pero que, si se triunfa, puede producir ingresos superiores a los de un libro; ése es el caso, por ejemplo, de Antonio Buero Vallejo. Otro camino es el trabajo periodístico o la colaboración en diarios y revistas (Francisco Umbral, Félix Grande). Esta es, junto al deseo de una mayor difusión, la causa de que tantos grandes ensayistas contemporáneos hayan escrito en periódicos. Otros escritores, en fin, viven gracias a profesiones que nada tienen que ver con la literatura: son funcionarios públicos, ingenieros, arquitectos, trabajan en una empresa privada... y, así, se pagan el tiempo y la tranquilidad necesarios para escribir.

¿Es eso bueno? En principio parece que no, desde luego, y que muchos talentos se desperdiciarán por falta de tiempo, de tranquilidad, de estímulos para escribir. Sin embargo, el tema no es tan sencillo. Escribir es, sin duda, una actividad vocacional; el que tenga solamente una vocación débil, desanimado por las dificultades, abandonará la literatura, pero el que sienta la necesidad absoluta de escribir, lo hará, por pocas que sean las facilidades de que disponga. Por otro lado, un profesional de las letras corre el peligro de convertirse casi en un funcionario, de burocratizarse, de repetirse para mantener su éxito.

En una economía de mercado, el escritor cobra según se vendan sus libros; pero, si es auténtico escritor, seguirá escribiendo aunque sus libros no se vendan y aunque tenga que buscar dinero para vivir de cualquier otra forma. Otro sistema sería el socialista de conceder un sueldo al escritor para que produzca su obra, pero no está claro que esto no produzca el dirigismo ideológico —de cualquier signo que sea— o la conversión del escritor en un burócrata al servicio del partido.

En el mundo capitalista, existen también becas y premios literarios. Las primeras son una ayuda efectiva para el escritor, si no condicionan su libertad creadora, y si no se acostumbra a la cómoda rutina de escribir "para la beca", reduciendo los riesgos de la aventura que supone escribir. La tesis extrema —que he oído no pocas veces— sería la de suprimir cualquier ayuda al escritor, pues de su sufrimiento y su angustia puede surgir la obra maestra; en estas argumentaciones, siempre se suele mencionar el nombre de Franz Kafka. Eso, por supuesto, me parece inhumano e injusto, pero hay que admitir, también, que las becas no dan lugar, de modo automático, a obras de auténtica calidad. En el terreno artístico, conceder becas supone apostar casi en el vacío, pues los antecedentes no sirven demasiado para adivinar si una obra futura tendrá valor o no. Ayudando a la gente joven que da muestras de talento creador se perderá mucho dinero, pero alguna vez se facilitará la creación de una obra que merezca la pena.

Otro problema espinoso es el de los premios literarios. Aquí, como tantas veces, tendré que dar razones que parecen contradictorias. Por un lado, su descrédito es tan grande que casi no vale la pena atacarlos. Es público y notorio el caso de premios "de encargo", de ganadores que aparecen en los periódichos o de cheques que se entregan antes de que se falle el premio. Por otro lado, los premios siguen proliferando, y los escritores, acudiendo a ellos. ¿Cómo compaginar ambas cosas?

Creo que los premios en los que se fija todo el mundo son unos pocos, los grandes premios de novela, vinculados a alguna editorial poderosa. En esos casos, me parece fuera de duda que se trata de una maniobra de promoción comercial, que nada tiene que ver, en absoluto, con la calidad literaria. La desmadrada subida de esos premios y el deseo de ser "el que da más dinero" lo prueban claramente. Si una editorial da varios millones de pesetas de premio a una novela es, simplemente, porque eso le supone una publicidad que le hará vender los ejemplares necesarios para resarcirse de esa inversión publicitaria. En definitiva, es el mismo cálculo que realiza el fabricante de jabón o de pastas para la sopa, al encargar una campaña publicitaria por televisión.

¿Tienen resultado —comercial— estas campañas —puramente comerciales—? Es fácil que sí, si no se sobrepasan ciertos límites, de acuerdo con las dimensiones del mercado hipotético. En nuestro mundo, el poder de la propaganda parece no tener límites. Los posibles consumidores piensan: "Si se ha dado un premio de tantos millones a esta novela, debe de ser un libro excepcional." Y lo compran, con lo cual están contribuyendo a financiar esa campaña de propaganda. En definitiva, se trata de una técnica comercial bien conocida y que nada tiene que ver con el mundo de los valores literarios.

Por otro lado, una inversión de esta categoría supone un riesgo evidente, que el buen comerciante tratará de disminuir. Para el que va a vender la novela, será mejor que la premiada sea erótica, o política, o de autor bien conocido, o fácil de leer, o escandalosa por cualquier concepto... o todas estas cosas juntas, si es posible. De su habilidad en el manejo del negocio (y del dinero) dependerá que pueda obtener un producto fácilmente vendible.

Y, sin embargo, los escritores siguen acudiendo a los concursos, por desacreditados que estén. ¿Por qué? Algunos, por ingenuidad y falta de información. Pero no creo que sea ése el caso de la mayoría. Muchos buscarán un dinero —y una promoción— que, por los caminos habituales, como hemos visto, parece muy difícil que consigan. La mayoría intentarán este camino porque es el único para darse a conocer y publicar sus obras.

En efecto, a pesar del escaso resultado económico habitual, se suele decir, en broma, que son pocos los españoles que no tienen, en el cajón, un manuscrito de novela o de comedia, en espera de un editor. En este caso, desde luego, la oferta de originales es muy superior a la demanda que puedan realizar las editoriales, por muchas que sean.

La imagen frecuente es la del autor que recorre las editoriales, con su manuscrito en la mano, buscando influencias para conseguir que se lo publiquen, y que va recibiendo negativas. Y esto les sucede de modo habitual a autores bien conocidos, de prestigio, que han publicado ya varios libros con buen éxito de venta y de crítica. No hablemos ya de los noveles, que chocan con una muralla muy difícil de franquear. Por eso suelen recurrir a los premios, como medio de darse a conocer y subir un primer escalón. No se olvide que publicar es una carrera y las etapas iniciales son las más difíciles; después, las amistades e influencias suelen facilitar el camino. En este terreno, también, cuenta mucho la habilidad personal del escritor para autopromocionarse, tener amistades, hacerse valer, conseguir que hablen de él... Las famas literarias, muchas veces, dependen de estos factores tanto o más que del talento.

Espero que haya quedado suficientemente claro que la edición de libros es una industria muy peculiar, porque ofrece un aspecto cultural; y esto no son palabras retóricas, sino una realidad indiscutible, que condiciona también la explotación comercial del producto. Entre otras cosas, porque la calidad de ese producto no se puede medir con criterios objetivos y su éxito, por lo tanto, es especialmente imprevisible.

El editor es un profesional que arriesga su dinero, esperando recuperarlo y obtener algún beneficio, en la industria del libro. Para él, por definición, los criterios de aceptación o no de un libro son, básicamente, criterios comerciales, por mucho que se quieran disfrazar de intereses culturales. Esto no sucede, únicamente, en las editoriales que no buscan beneficios (estatales, subvencionadas por fundaciones privadas), que los subordinan a influir sobre la sociedad en un determinado sentido (publicaciones de partido político o de grupo de presión) o a obtener una imagen pública favorable (caso de un banco, por ejemplo, que sostenga artificialmente una editorial de grandes pérdidas pero buena imagen).

Todo esto es muy lógico, pero no tiene nada que ver con los intereses del escritor. Creo no ser demasiado ingenuo al pensar que, en principio, ésta es una actividad vocacional. (Más adelante, cuando avance su carrera, el escritor colocará entre sus fines el de obtener un beneficio económico: algunos lo hacen con una notable rapidez).

El lector debe hacerse cargo de que, para el escritor, no publicar lo que escribe es, quizá, la mayor tragedia, supone la imposibilidad de comunicarse, algo así como morir antes de nacer.

Antonio Machado hablaba del maleficio de los manuscritos que quedan, inéditos, en el cajón. No pensemos sólo en el deseo de comunicación; para el progreso de la carrera del escritor es necesaria esa cierta liberación que se produce al publicar, al recibir críticas, al comprobar las reacciones que suscita su trabajo. Si no sucede todo esto, corre el riesgo de no avanzar, de quedarse detenido en una fase inmadura. Por otra parte, no publicar significa no ser reconocido como escritor, no suscitar eco alguno.

Para algunos estudiosos que trabajan en países donde se estimula la investigación (no el nuestro, por supuesto), publicar es una necesidad absoluta, si no se quiere "morir" académicamente.

A la vista de todo esto, no es extraño que algunos escritores, al no encontrar editor, decidan publicar sus libros por su cuenta. Mejor es esto, quizá, que permanecer inéditos, pero también plantea graves problemas —suponiendo que el económico no lo sea—.

Ante todo, por la distribución: el autor-editor corre el riesgo de que su libro no lo vea nadie. Tampoco es fácil que una empresa distribuidora importante acepte distribuir su libro y lo haga con interés, pues la trascendencia económica de un libro suelto es, comercialmente, muy escasa, aunque pueda haber supuesto los ahorros de su autor. Supongamos que decide regalar la edición entera, si se lo puede permitir: el público no podrá entrar en contacto con el libro, sólo lo recibirán unos amigos, parciales por definición, y los críticos, pero lo más seguro es que éstos ni lean el libro, al advertir que ha tenido que editárselo su autor.

Todavía puede intentar el escritor otra posibilidad: que su libro aparezca en una colección interesante pero pagado por él, aunque eso no se refleje externamente de ninguna forma. Así, la editorial no arriesga nada de dinero (sólo el prestigio, si el libro es demasiado malo), y el autor se beneficia de la distribución y el sello editorial. Aunque esto no se suele decir, son varias las editoriales españolas que trabajan así, de modo habitual, e incluso algunas poseen, para estos casos, series especiales a las que dedican menos cuidados. Algunos profesores de universidades norteamericanas, que son hispanistas y desean publicar en España, suelen solicitar de sus centros una subvención para hacer posible que sus trabajos sean admitidos en una editorial prestigiosa.

El problema de dar a conocer la obra resulta especialmente grave en el caso de los autores de teatro: su obra, por definición, está pidiendo ser representada, antes y a la vez que editada. ¿Recordamos el volumen económico que eso supone?

En cualquier caso, si el autor consigue dar a conocer su obra, tendrá que enfrentarse con la crítica. ¿Cómo es este sector, cómo funciona?

Ante todo, creo que existen dos grupos, demasiado separados, por desgracia. Por un lado, los críticos profesores; por otro, los periodistas. La crítica académica puede alcanzar un notable valor científico, pero suele estar muy desvinculado de la literatura viva; con alguna frecuencia, cuando abandona su terreno habitual, desbarra, atribuyendo elogios a novelistas y poetas de segunda o tercera fila. La crítica de los periodistas es, por definición, más vivaz, pero, en muchas ocasiones, no alcanza todo el rigor deseable. Por supuesto que lo ideal sería reunir las virtudes —y no los defectos— de las dos: que los grandes maestros universitarios tuvieran la sensibilidad abierta a las nuevas tendencias (e incluso que les acompañaran en su camino, como hicieron Dámaso Alonso y Montesinos con los poetas del veintisiete); que los suplementos literarios de los periódicos estuvieran en manos de lectores competentes, a los que se exigiera un auténtico rigor.

¿Cuál es el camino habitual para empezar a publicar críticas de libros en algún periódico? Unas veces, el redactor jefe se lo encargará a algún periodista joven, con inquietudes literarias, igual que le podría encargar la crónica municipal o una entrevista con el estrangulador que acaba de ser detenido. Si es un colaborador, bastará con que tenga amigos en la redacción y que mande alguna cosilla para que se la vayan metiendo, cuando haya espacio.

Para escribir sobre un libro, así pues, parece que no hace falta ninguna especialización. Cualquiera que tenga un mínimo de afición puede hacerlo ¿Por qué lo hará? Por ganarse un dinerillo. Para que le den unos libros gratis, sin necesidad de comprárselos. Para darse a conocer. Si aspira a publicar libros, para adquirir amistades e influencias, hacer favores que luego serán recompensados, entrar en contacto con editoriales, ser estimado o ser temido (las dos cosas pueden ser igualmente rentables)...

¿Dinero? Es fácil que, por un artículo de un par de folios, le paguen unas dos mil pesetas. Si el libro exige dedicarle unas cuantas horas, no se trata, desde luego, de un negocio redondo.

En su trabajo, ¿recibe el crítico alguna presión? Las habituales en este mundillo. No pensemos en sobornos importantes, porque la pequeñez del negocio no da para mucho. (Otra cosa sería la crítica taurina o cinematográfica, pues en esos terrenos sí que están en juego millones de pesetas). Aquí, simplemente, una comida, una conferencia, la designación como jurado de un premio, un viaje pagado, la asistencia a un congreso... Pero, sobre todo, el *do ut des*: si yo te elogio, ahora, espero que, el día de mañana, me elogies tú, recomiendes mi libro a una editorial, lo defiendas en el jurado de un premio. Todo esto entra dentro del juego habitual, que no se suele mencionar pero que todos conocemos.

¿Condiciona el periódico la opinión de su crítico? Muchas veces, de una forma o de otra. Cada "casa" tiene sus amigos y sus enemigos, que el novato debe aprender a distinguir en seguida, porque, si no, se lo indicarán con un palmetazo. Un periódico no querrá publicar un elogio a un poeta porque es comunista; otro, por esa misma razón, no querrá censurarlo. En uno están mal vistos los republicanos; en otro, los partidarios del aborto;

en otro, los que dicen que la renuncia de Felipe González es una maniobra estratégica para conseguir mayor poder; en otro...

Un mundo complicado, pensará el lector. Tiene razón, desde luego, pero el nivel de imparcialidad del país suele ser éste, así como el respeto a los valores estrictamente culturales. ¿A quién le interesa eso, en realidad? En la nueva España democrática, el mundillo periodístico-cultural suele estar dividido en capillitas y, al formar parte de una de ellas, cada uno ya sabe a lo que se expone; no digamos del que va por libre...

En todo caso, el crítico tendrá que leerse el libro... No siempre. Muy conocido es el tema del "solapismo": viejo pero vigente, por desgracia. Conozco secciones enteras que se limitan a copiar solapas de libros. El procedimiento se ha perfeccionado con las hojas de propaganda que las editoriales bien organizadas envían a los críticos, junto con el libro. Basta con copiar un fragmento de la nota de prensa, "hincharlo" un poco, firmar y cobrar.

No resisto la tentación de contar —una vez más— una anécdota cuya veracidad garantizo. Leí una vez un comentario entusiasta del libro de Dámaso Alonso *Debe y haber de la literatura española*. El autor de la reseña, un periodista ilustre, señalaba que Dámaso Alonso es un maestro indiscutido de los estudios literarios pero que, en ocasiones, corría el riesgo de caer en un formalismo excesivo. En este último libro, en cambio, volvía a la tradición de la crítica humanística, que sigue estando vigente y merece todos los elogios, etc.

Han pasado más de cinco años y el libro de Dámaso Alonso sigue sin publicarse; por lo que yo sé, no lo ha escrito, todavía. ¿De dónde surgió, entonces, esa crítica? Es bastante sencillo: la editorial Prensa Española, al iniciar su colección de crítica literaria "El Soto", dirigida por José Luis Varela, reservó el número uno, como honor, a ese libro de Dámaso Alonso, con el que esperaba contar. Pero el libro no llegó a escribirse. El crítico recibió los números posteriores de la colección y, al ver la lista de títulos, supuso que el número uno debía de estar publicado ya. En este caso no hizo falta solapa; bastó con el título de un libro futuro para hacer su crítica.

Tradicionalmente, las críticas de libros que se publicaban en los periódicos (como las de toros) solían ser bastante benévolas. La nueva situación política ha traído un nuevo clima en el que se oyen alegatos en favor de la autenticidad y la dureza crítica. Se oyen... El lector puede distraerse ahora con las polémicas en las que no faltan los insultos personales; por ejemplo, entre las últimas que recuerdo, sobre la sexualidad de un escritor o su estatura. No es esto totalmente nuevo, por supuesto, pero dudo mucho de que esta nueva crítica se realice con la imparcialidad y el talento con que Clarín realizaba la suya, "higiénica y policíaca".

En cualquier caso, todo esto siguen siendo —me parece— chismes para iniciados. Salvo en algún periódico muy excepcional, dudo mucho de que las críticas literarias tengan una influencia demasiado grande. Al lector, me parece, le interesan más otros temas. Y nada de esto podría compararse a la influencia cultural que tendría la televisión; otra televisión, por supuesto, pues estoy hablando de una pura hipótesis.

Al crítico de periódico, en todo caso, no me parece que se le pueda exigir demasiado, dadas las condiciones en que habitualmente realiza su trabajo. Para la revista especializada o el libro quedan la mayor profundidad y las conexiones eruditas. En el periódico, partiendo de la honestidad y de una cierta preparación y sensibilidad literaria, creo que basta con informar y orientar, en un lenguaje asequible al lector no especializado. Es decir, una porción más de la gran tarea de difusión cultural que tanto necesitamos. Y, por supuesto, en un país tan poco lector como el nuestro, el crítico deberá ejercitar la crítica de apoyo, que incite a la lectura de las novedades que, en cada momento, le parezcan más valiosas.

* * *

Orlando, un joven aristócrata inglés, va dejando pasar su vida entre fiestas, amores fugaces, ceremonias y deportes nobiliarios. Todo ello le gusta; todo lo encuentra natural; todo le produce, de vez en cuando, un bostezo irreprimible. Entonces, se refugia en una devoción que a nadie ha confesado: la literatura. Eso le parece mucho mejor que descabezar turcos o construir nuevos palacios, en la campiña inglesa. Sueña con los grandes genios de su época: Shakespeare, Marlowe, John Donne... Su posición social le permite conocer a un poeta que es amigo de ellos: un hombre extraño, ingenioso, maldicente, obsesionado por obtener una pensión vitalicia, que denuncia implacablemente la decadencia a que ha llegado la literatura inglesa en su tiempo, la época isabelina.

La experiencia —nos cuenta Virginia Woolf— no es feliz. Orlando tenía otra idea del mundo literario. Le concede al poeta su pensión y vuelve a quedarse solo. Años después, la experiencia se repite, con la única diferencia de que el poeta fogoso se ha convertido en un temido crítico: "Todos esos años había imaginado que la literatura —sírvanle de disculpa su reclusión, su rango y su sexo— era algo libre como el viento, cálido como el fuego, veloz como el rayo: algo inestable, imprescindible y abrupto, y he aquí que la literatura era un señor de edad, vestido de gris, hablando de duquesas."

¿Por qué recuerdo ahora este episodio de una novela? En cierto modo, temo que al lector de este libro le pueda suceder algo semejante. Dejando aparte algunos pormenores, útiles sólo para estudiosos, este libro resume no pocas teorías, contrapesadas al final, por una cierta ojeada sociológica. Es decir, idealismo y chismes, dos cosas igualmente inútiles, pero contrapuestas.

Es posible que algún lector bien intencionado se desconcierte un poco al ver la literatura partida, así, entre el arte y la venalidad, el deseo de salvación mediante palabras y el compadreo. Quisiera decirle que, en mi opinión, las dos cosas son verdad; en contra de lo que pueda parecer, no se excluyen, no es preciso elegir una u otra. La razón es muy sencilla: la literatura no la hacen supermanes, sino hombres sin más; por eso, lleva, a la vez, el sello de todas las posibles miserias y grandezas.

Basta una mínima experiencia de lo que es la creación artística para saber que un perfecto canalla puede crear una obra de arte admirable; una obra que, vista desde fuera, parece valer más que él.

También se da el caso contrario: cuando la vida y la literatura se unen con absoluta congruencia y autenticidad, las cosas parecen tener un sentido y uno capta con emoción la armonía de esa música. Un ejemplo clarísimo, reconocido por todos, es el de Miguel Delibes, pero en seguida se me ocurren otros: Francisco Ayala, Francisco Umbral, Vicente Soto, Francisco Nieva. Quizá, cuando existe una calidad, siempre suceda eso, en mayor o menor medida, pero en estos casos, por ser amigos míos, yo he podido comprobarlo.

Al llegar al final de este libro, siento que todo él está plagado de generalizaciones. Eso me parece un error. La literatura sólo existe, de verdad, en cada caso concreto: cuando un adolescente vuelca su angustia, por primera vez, en una cuartilla; cuando un escritor se levanta muy pronto, todos los días, y, mientras toda la casa duerme, tenga ganas o no, se pone delante de las hojas en blanco; cuando un hombre maduro resume en una historia sus desengaños y su amor a la vida. A la vez, la literatura sólo está viva, de verdad, cuando alguien, al leer un libro, siente que le está subiendo fiebre y que ésa es la música que él necesitaba.

Al llegar al final, siento, también, que el libro está lleno de contradicciones. Así debe ser, me parece, porque así son las cosas.

"En fin, literatura."

BIBLIOGRAFÍA BÁSICA

Adorno, Theodor W.: *Notas de literatura,* Barcelona, ed. Ariel (Zetein), 1962.
Aguiar e Silva, Víctor Manuel: *Teoría de la literatura,* trad. de Valentín García Yebra, Madrid, ed. Gredos (Biblioteca Románica Hispánica), 1972.
Albérès, R. M.: *Histoire du roman moderne,* nouvelle edition, París, ed. Albin Michel, 1967.
——: *Littérature, horizon 2000,* París, ed. Albin Michel, 1974.
Alonso, Amado: *Materia y forma en poesía,* 3.ª ed., Madrid, ed. Gredos (Biblioteca Románica Hispánica), 1965.
Alonso, Dámaso: *Poesía española. Ensayo de métodos y límites estilísticos,* 3.ª ed., Madrid, ed. Gredos (Biblioteca Románica Hispánica), 1957.
Amo, Javier del: *Literatura y neurosis,* Madrid, ed. Nacional, 1974.
——: *Literatura y psicología,* Madrid, ed. Cuadernos para el Diálogo, 1976.
Amorós, Andrés: *Sociología de una novela rosa,* Madrid, ed. Taurus (Cuadernos Taurus), 1968.
——: *Vida y literatura en «Troteras y danzaderas»,* Madrid, ed. Castalia (Literatura y sociedad), 1973.
Anderson Imbert, Enrique: *Métodos de crítica literaria,* Madrid, ed. Revista de Occidente (Cimas de América), 1969.
«Andrenio»: *El renacimiento de la novela en el siglo XX. Los ensayistas. La ensenanza de la literatura,* Madrid, ed. El Mundo Latino, 1924.
Auerbach, E.: *Mimesis. La representación de la realidad en la literatura occidental,* México, ed. Fondo de Cultura Económica, 1950.
Ayala, Francisco: *Los ensayos: I: Teoría y crítica literarias,* Madrid, ed. Aguilar (Biblioteca de Autores Modernos), 1972.
Avalle d'Arco, Silvio: *Formalismo y estructuralismo (La actual ciencia literaria italiana),* Madrid, ed. Cátedra, 1974.
Barthes, Roland: *Critique et verité,* París, eds. du Seuil, 1966.
——: *Ensayos críticos,* Barcelona, ed. Seix Barral (Biblioteca Breve), 1967.
——: *Elementos de semiología,* ed. Alberto Corazón (Comunicación, serie B), 1970.
——: *El grado cero de la escritura* y *Nuevos ensayos críticos,* Buenos Aires-México-Madrid, ed. Siglo XXI, 1973.
——: *Le plaisir du texte,* París, eds. du Seuil (Tel Quel), 1973.
Bataille, Georges: *La literatura y el mal,* 3.ª ed., Madrid, Taurus (Persiles), 1977.
Binni, Walter: *Poetica, critica e storia letteraria,* Bari, ed. Laterza, 1964.

Blanchot, Maurice: *Le livre à venir,* París, ed. Gallimard, 1959.

——: *El espacio literario,* Buenos Aires, ed. Paidós (Letras Mayúsculas), 1969.

Booth, Wayne C.: *The Rethoric of Fiction,* 8.ª ed., Chicago, The University of Chicago Press, 1968. Traducción española: *La retórica de la ficción,* Barcelona, ed. Antoni Bosch, 1978.

Bos, Charles du: *Qu'est-ce que la littérature,* París, ed. Plon (Présences), 1945.

Bousoño, Carlos: *Teoría de la expresión poética,* 4.ª ed., Madrid, ed. Gredos (Biblioteca Románica Hispánica), 1966.

——: *El irracionalismo poético. (El símbolo),* Madrid, ed. Gredos (Biblioteca Románica Hispánica), 1977.

Brémond, Henri: *Priére et poésie,* París, eds. Grasset, 1926.

Butor, Michel: *Sobre literatura,* I, 2.ª ed., Barcelona, ed. Seix Barral (Biblioteca Breve), 1967.

——: *Sobre literatura,* II, Barcelona, ed. Seix Barral (Biblioteca Breve), 1967.

Castagnino, Raúl H.: *Qué es la literatura,* 4.ª ed., Buenos Aires, ed. Nova (Compendios de iniciación cultural), 1966.

——: *El concepto «literatura»,* Buenos Aires, Centro Editor de América Latina, (Enciclopedia Literaria), 1967.

——: *El análisis literario. Introducción metodológica a una estilística integral,* 5.ª edición aumentada, Buenos Aires, ed. Nova (Arte y Ciencia de la Expresión), 1967.

Castellet, José María: *Literatura, ideología y política,* Barcelona, ed. Anagrama (Argumentos), 1976.

Castro, Américo: *La realidad histórica de España,* edición renovada, 3.ª ed., México, ed. Porrúa, 1966.

Cioranescu, Alejandro: *Principios de literatura comparada,* Universidad de La Laguna, 1964.

Clancier, Anne: *Psicoanálisis, literatura, crítica,* Madrid, ed. Cátedra, 1976.

Cohen, Jean: *Estructura del lenguaje poético,* Madrid, ed. Gredos (Biblioteca Románica Hispánica), 1970.

Díaz Plaja, Guillermo: *El estudio de la literatura. (Los métodos históricos),* Barcelona, ed. Sayma (Panoramas A-Z), 1963.

——: *El oficio de escribir,* Madrid, ed. Alianza Editorial (El Libro de Bolsillo), 1969.

Díez Borque, José María: *Literatura y cultura de masas. Estudio de la novela subliteraria,* Madrid, ed. Al-Borak, 1972.

Doubrovski, Serge: *Pourquoi la nouvelle critique. Critique et objectivité,* París, ed. Mercure de France, 1966.

Dragomirescu, Michel: *La science de la littérature,* París, ed. Gamber, 1928.

Eagleton, Terry: *Literatura y crítica marxista,* Madrid, ed. Zero, 1978.

Eco, Umberto: *Obra abierta. Forma e indeterminación en el arte contemporáneo,* Barcelona, ed. Seix Barral (Biblioteca Breve), 1965.

——: *Apocalípticos e integrados ante la cultura de masas,* Barcelona, ed. Lumen (Palabra en el tiempo), 1968.

——: *La estructura ausente. Introducción a la semiótica,* Barcelona, ed. Lumen (Palabra en el tiempo), 1972.

Eliot, T. S.: *Función de la poesía y función de la crítica,* Barcelona, ed. Seix Barral (Biblioteca Breve), 1955.
——: *Criticar al crítico y otros escritos,* Madrid, Alianza Editorial (El Libro de Bolsillo), 1967.
Empson, William: *Seven types of ambiguity,* London, ed. Chatto and Windus, 1930.
Eoff, Sherman H.: *El pensamiento moderno y la novela española. (Ensayos de literatura comparada: la repercusión filosófica de la ciencia sobre la novela),* Barcelona, ed. Seix Barral (Biblioteca Breve), 1965.
Erlich, V.: *El formalismo ruso. Historia, doctrina,* Barcelona, ed. Seix Barral (Biblioteca Breve), 1974.
Escarpit, Robert: *Sociologie de la littérature,* 3.ª edición, París, ed. Presses Universitaires de France (Que-sais-je), 1964. Traducción española: Madrid, ed. Oikos Tau (¿Qué sé?), 1971.
Frye, Northrop: *Anatomy of Criticism,* New York, ed. Atheneum, 1966. Traducción castellana: *Anatomía de la crítica,* Caracas, ed. Monteávila (Estudios), 1977.
——: *La estructura inflexible de la obra literaria,* Madrid, ed. Taurus (Persiles), 1973.
Fumet, Stanislas: *El proceso del arte,* Madrid, ed. Epesa (Sol y Luna), 1946.
Gallas, Helga: *Teoría marxista de la literatura,* 2.ª edición, Madrid, Siglo XXI, 1977.
Garaudy, Roger: *D'un réalisme sans rivages. Picasso, Saint-John Perse, Kafka,* París, ed. Plon, 1963.
García Berrio, Antonio: *Significado actual del formalismo ruso,* Barcelona, ed. Planeta (Ensayos Planeta), 1973.
Garrido Gallardo, Miguel Angel: *Introducción a la teoría de la literatura,* Madrid, Sociedad General Española de Librería (Temas), 1976.
Gastón, E.: *Sociología del consumo literario,* Barcelona, Los Libros de la Frontera, 1974.
Goldman, Lucien: *Para una sociología de la novela,* Madrid, ed. Ciencia Nueva, 1967.
——: *El hombre y lo absoluto,* Barcelona, ed. Península, 1968.
Goodman, Paul: *La estructura de la obra literaria,* Madrid, ed. Siglo XXI, 1971.
Green, Otis H.: *España y la tradición occidental. (El espíritu castellano en la literatura desde «El Cid» hasta Calderón),* 4 vols., Madrid, ed. Gredos (Biblioteca Románica Hispánica), 1969.
Guillén, Claudio: *Literature as System. Essays toward the Theory of Literary History,* Princeton University Press, 1971.
Gullón, Ricardo: *La invención del 98 y otros ensayos,* Madrid, ed. Gredos (Campo Abierto), 1969.
Gullón, German y Agnes: *Teoría de la novela. (Aproximaciones hispánicas),* Madrid, ed. Taurus, 1974.
Guiraud, Pierre: *La Stylistique,* París, Presses Universitaires de France, 1954.
Guyard, M. F.: *La littérature comparée,* 3.ª ed., París, Presses Universitaires de France (Que-sais-je?), 1961.
Hall, Vernon: *A Short History of Literary Criticism,* New York, New York University Press (The Gotham Library), 1963.
Hamm, Peter: *Crítica de la crítica,* Barcelona, ed. Barral, 1971.

Hatzfeld, Helmut: *Bibliografía crítica de la nueva estilística aplicada a las literaturas románticas,* traducción de Emilio Lorenzo Criado, Madrid, ed. Gredos (Biblioteca Románica Hispánica), 1955.
Hauser, Arnold: *Historia social de la literatura y el arte,* 3.ª edición, Madrid, ed. Guadarrama, 1964.
Hernadi, Paul: *Teoría de los géneros literarios,* Barcelona, ed. Antoni Bosch, 1979.
Jakobson, Roman: *Essais de linguistique generale,* París, eds. de Minuit, 1963.
Jauss, Hans Robert: *La literatura como provocación,* Barcelona, Edicions 62, 1976.
Kayser, Wolfgang: *Interpretación y análisis de la obra literaria,* 3.ª edición revisada, Madrid, ed. Gredos (Biblioteca Románica Hispánica), 1961.
Lafuente Ferrari, Enrique: *La fundamentación y los problemas de la historia del arte,* Madrid, Real Academia de Bellas Artes de San Fernando, 1951.
Lamana, Manuel: *Existencialismo y literatura,* Buenos Aires, Centro Editor de América Latina (Enciclopedia Literaria), 1967.
Lanson, Gustave: *Essais de Méthode de critique et d'histoire littéraire,* nueva edición, París, ed. Hachette, 1965.
Lapesa, Rafael: *Introducción a los estudios literarios,* Salamanca, ed. Anaya, 1964.
Lausberg, Heinrich: *Manual de retórica literaria. Fundamentos de una ciencia de la literatura,* Madrid, ed. Gredos (Biblioteca Románica Hispánica), 1966.
Lázaro Carreter, Fernando: *Estudios de poética,* Madrid, ed. Taurus, 1976.
Levin, S. R.: *Estructuras lingüísticas de la poesía,* Madrid, ed. Cátedra, 1974.
López Estrada, Francisco: *Introducción a la literatura medieval española,* 4.ª edición renovada, Madrid, ed. Gredos (Biblioteca Románica Hispánica), 1979.
Lukács, Georges: *Théorie du Roman,* París, eds. Gonthier (Bibliotheque Mediations), 1963.
——: *Significación actual del realismo crítico,* México, eds. Era, 1963.
Macherey, Pierre: *Pour une théorie de la production littéraire,* París, ed. Maspero, 1956.
Magny, Claude-Edmonde: *Les sandales d'Empédocle. Essai sur les limites de la littérature,* nueva edición, París, ed. Payot (Petite Bibliotheque Payot), 1968.
Maravall, José Antonio: *El mundo social de «La Celestina»,* Madrid, ed. Gredos (Biblioteca Románica Hispánica), 1964.
Marías, Julián: *Literatura y generaciones,* Madrid, ed. Espasa-Calpe (Austral), 1975.
Maritain, Jacques: *La poesía y el arte,* Buenos Aires, ed. Emecé, 1955.
Martínez Bonati, Félix: *La estructura de la obra literaria. Una investigación de filosofía del lenguaje y estética,* 2.ª edición revisada, Barcelona, ed. Seix Barral (Biblioteca Breve de Bolsillo, serie Mayor), 1972.
Mauron, Charles: *Des metaphores obsédantes au mythe personnel. Introduction à la Psychocritique,* París, ed. Corti, 1962.
Menéndez Pelayo, Marcelino: *Programa de literatura española,* en *Estudios y discursos de crítica histórica y literaria,* Madrid, Edición Nacional, Consejo Superior de Investigaciones Científicas, 1941.

Michaud, Guy: *Introduction à une science de la littérature,* Istanboul, Faculté des Lettres, 1950.
Moeller, Charles: *Literatura del siglo XX y Cristicismo,* Madrid, ed. Gredos, 5 tomos a partir de 1955.
Montesinos, José F.: *Ensayos y estudios de literatura española,* nueva edición, Madrid, ed. Revista de Occidente (Selecta), 1970.
Moreno Báez, Enrique: *Nosotros y nuestros clásicos,* Madrid, ed. Gredos (La Ventana Abierta; luego pasó a llamarse Campo Abierto), 1951.
Núñez Ladeveze, Luis: *Crítica del discurso literario,* Madrid, ed. Cuadernos para el diálogo, 1974.
Pagnini, M.: *Estructura literaria y método crítico,* Madrid, ed. Cátedra, 1975.
Pérez Gállego, Cándido: *Literatura y contexto social,* Madrid, SGEL, 1975.
Pichois, Claude, y André M. Rousseau: *La literatura comparada,* versión española de Germán Colón Doménech, Madrid, ed. Gredos (Biblioteca Románica Hispánica), 1969.
Picon, Gaëtan: *El escritor y su sombra. Introducción a una estética de la literatura,* Buenos Aires, ed. Nueva Visión (Poesía y literatura), 1957.
——: *Panorama de las ideas contemporáneas,* Madrid, ed. Guadarrama (Panorama), 1958.
Prieto, Antonio: *Ensayo semiológico de sistemas literarios,* Barcelona, ed. Planeta (Ensayos Planeta), 1972.
Propp, Vladimir: *Morfología del cuento,* Madrid, ed. Fundamentos, 1971.
Read, Herbert: *Arte y sociedad,* 3.ª edición, Barcelona, ed. Península, 1977.
Reyes, Alfonso: *La experiencia literaria,* Buenos Aires, ed. Losada (Estudios Literarios), 1942.
Reyes, Alfonso: *El deslinde. Prolegómenos a la teoría literaria,* México, ed. El Colegio de México, 1944.
Revilla, Manuel de la: *Principios generales de literatura,* 3.ª ed., Madrid, ed. Iravedra, 1884.
Rico, Francisco: *El pequeño mundo del hombre. (Varia fortuna de una idea en las letras españolas),* Madrid, ed. Castalia (España y Españoles).
Richards, I. A.: *Lectura y crítica,* Barcelona, ed. Seix Barral (Biblioteca Breve), 1967.
Rifaterre, Michel: *Essai de Stylistique Structurale,* París, ed. Flammarion, 1971. Traducción española, Barcelona, ed. Seix Barral (Biblioteca Breve), 1976.
Rodríguez, Juan Carlos: *Teoría e historia de la producción ideológica,* Madrid, ed. Akal, 1974.
Salinas, Pedro: *La responsabilidad del escritor y otros ensayos,* Barcelona, ed. Seix Barral (Biblioteca Breve), 1961.
——: *Jorge Manrique o tradición y originalidad,* 3.ª ed., Buenos Aires, ed. Losada (Estudios Literarios), 1968.
——: *Literatura española siglo XX,* nueva edición, Madrid, ed. Alianza Editorial (El Libro de Bolsillo), 1970.
Sánchez Albornoz, Claudio: *España, un enigma histórico,* 2.ª ed., Buenos Aires, 1962.
Sartre, Jean-Paul: *Situations II,* París, ed. Gallimard, 1948. Traducción española: *Qué es la literatura,* 3.ª ed., Buenos Aires, ed. Losada, 1962.

Sastre, Alfonso: *Anatomía del realismo,* 2.ª edición, Barcelona, ed. Seix Barral (Biblioteca Breve), 1974.
Schumaker, W.: *Elementos de teoría crítica,* Madrid, ed. Cátedra, 1974.
Seco, Manuel: *Metodología de la lengua y literatura españolas en el Bachillerato,* Madrid, Dirección General de Enseñanza Media, 1961.
Segre, Cesare: *Crítica bajo control,* Barcelona, ed. Planeta (Ensayos Planeta), 1970.
Simón Díaz, José: *La bibliografía (Conceptos y aplicaciones),* Barcelona, ed. Planeta (Ensayos Planeta), 1971.
Spitzer, Leo: *Lingüística e historia literaria,* 2.ª ed., Madrid, ed. Gredos (Biblioteca Románica Hispánica), 1961.
Staiger, Emil: *Conceptos fundamentales de poética,* Madrid, ed. Rialp (Manuales de la Biblioteca del Pensamiento Actual), 1966.
Tacca, Oscar: *La historia literaria,* Madrid, ed. Gredos (Biblioteca Románica Hispánica), 1968.
Tinianov, Iuri: *El problema de la lengua poética,* 2.ª edición, Buenos Aires, ed. Siglo XXI, 1975.
Todorov, Tzevetan: *Poétique de la prose,* París, eds. du Seuil (Poétique), 1971.
——: *Qu'est-ce que le structuralisme?* II. *Poétique,* París, eds. du Seuil (Points), 1973.
Torre, Guillermo de: *Problemática de la literatura,* 2.ª ed., Buenos Aires, ed. Losada, col. Panoramas, 1958.
——: *Historia de las literaturas de vanguardia,* nueva edición, Madrid, ed. Guadarrama, 1965.
——: *Doctrina y estética literaria,* Madrid, ed. Guadarrama, 1970.
——: *Las nuevas direcciones de la crítica literaria,* Madrid, ed. Alianza Editorial, 1970.
Tortel, Jean: *Clefs pour la littérature,* París, eds. Seghers, 1965.
Tuñón de Lara, Manuel: *Metodología de la historia social de España,* Madrid, ed. Siglo XXI, 1973.
Van Dyck, T.: *Some Aspects of Text Grammars. A Study in theoretical Linguistics and Poetics,* The Hague, ed. Mouton, 1972.
Wehrli, Max: *Introducción a la ciencia literaria,* Buenos Aires, ed. Nova (Arte y Ciencia de la expresión), 1966.
Weisstein, Ulrich: *Introducción a la literatura comparada,* Barcelona, ed. Planeta, 1975.
Wellek, René, y Austin Warren: *Teoría literaria,* trad. de J. Gimeno Capella, Madrid, ed. Gredos (Biblioteca Románica Hispánica), 1953.
——: *Historia de la crítica moderna (1750-1950),* tomo I, Madrid, ed. Gredos (Biblioteca Románica Hispánica), 1959.
——: *Concepts of Criticism,* New Haven, Yale University Press, 1963.
Wölfflin, Enrique: *Conceptos fundamentales en la historia del arte,* 5.ª ed., Madrid, ed. Espasa-Calpe, 1970.
Woolf, Virginia: *The Common Reader,* New York, ed. Harcourt, Brace and Co., 1925.
——: *The Second Common Reader,* New York, ed. Harcourt, Brace and Co., 1932.
Yllera, Alicia: *Estilística, poética y semiótica literaria,* Madrid, Alianza Editorial (Alianza Universidad), 1974.

Zuleta, Emilia de: *Historia de la crítica española contemporánea,* Madrid, ed. Gredos (Biblioteca Románica Hispánica), 1966.
Varios autores: *Filosofía de la ciencia literaria,* México, ed. Fondo de Cultura Económica, 1946.
——: *Psychoanalisis and Literature,* New York, ed. Dutton, 1964.
——: *Théorie de la littérature. Textes des formalistes russes, réunis, présentés et traduits par Tzvetan Todorov,* París, eds. Seuil (Tel Quel), 1965.
——: *Que peut la littérature?,* París, ed. Plon (10-18), 1965.
——: *Literary History and Literary Criticism,* New York, León Edel editor, New York University Press, 1965.
——: *Marxisme du XXe siècle,* París-Génova, eds. La Palatine, 1966.
——: *Los caminos actuales de la crítica,* Barcelona, ed. Planeta (Ensayos Planeta), 1969.
——: *La stylistique. Lectures,* París, eds. Klincksieck, 1970.
——: *Rhétorique génerale,* París, ed. Larousse, 1970.
—— (dirigidos por Robert Escarpit): *Le littéraire et le social,* París, ed. Flammarion, col. Sciences de l'homme, 1970. Hay trad. española: *Hacia una sociología del hecho literario,* Madrid, Edicusa, 1974.
——: *Estructuralismo y literatura,* Buenos Aires, eds. Nueva Visión, 1970.
—— (dirigidos por Serge Doubrovski y Tzvetan Todorov): *L'enseignement de la littérature,* París, ed. Plon, 1971.
——: *La actual ciencia literaria alemana,* Salamanca, ed. Anaya (Temas y Estudios), 1971.
——: *Creación y público en la literatura española,* Madrid, ed. Castalia (Literatura y sociedad), 1971.
——: *El comentario de textos,* 3.ª ed., Madrid, ed. Castalia (Literatura y sociedad), 1973.
——: *El comentario de textos.* II. *De Galdós a García Márquez,* Madrid, ed. Castalia (Literatura y sociedad).
——: *El comentario de textos.* III. *Novela realista,* Madrid, ed. Castalia (Literatura y sociedad), 1979.
——: *Doce ensayos sobre el lenguaje,* Madrid, Fundación Juan March-Rioduero, 1974.
——: *Crítica semiológica,* Santiago de Compostela, Universidad de Santiago (Monografías), 1974.
——: *Literatura y educación,* Madrid, ed. Castalia (Theoria), 1974.
——: *Crítica contemporánea,* Madrid, ed. Cátedra, 1974.
——: *Estilo del lenguaje,* Madrid, ed. Cátedra, 1974.
——: *Literatura y sociedad,* Buenos Aires, Centro Editor de América Latina, 1977.

ÍNDICE DE NOMBRES CITADOS

SE TERMINO DE IMPRIMIR ESTA OBRA
EL 10 DE ENERO DE 1980

LITERATURA  Y SOCIEDAD

ÚLTIMOS TÍTULOS PUBLICADOS

8 / José María Martínez Cachero, Joaquín Marco, José Monleón, José Luis Abellán, Jesús Bustos, Andrés Amorós, Pedro Gimferrer, Xesús Alonso Montero, Jorge Campos, Antonio Núñez, Luciano García Lorenzo. Apéndices documentales: Premios literarios

EL AÑO LITERARIO ESPAÑOL 1974

9 / Robert Escarpit

ESCRITURA Y COMUNICACIÓN

10 / José-Carlos Mainer

ANÁLISIS DE UNA INSATISFACCIÓN: LAS NOVELAS DE W. FERNÁNDEZ FLÓREZ

11 / José Luis Abellán, Xesús Alonso Montero, Ricardo de la Cierva, Pere Gimferrer, Joaquín Marco, José María Martínez Cachero, José Monleón. Apéndices documentales: Premios literarios y Encuesta

EL AÑO LITERARIO ESPAÑOL 1975

12 / Darío Villanueva, Joaquín Marco, José Monleón, José Luis Abellán, Andrés Berlanga, Pere Gimferrer, Xesús Alonso Montero. Apéndices documentales: Premios literarios

EL AÑO LITERARIO ESPAÑOL 1976

13 / Miguel Herrero García

OFICIOS POPULARES EN LA SOCIEDAD DE LOPE

14 / Andrés Amorós, Marina Mayoral y Francisco Nieva

ANÁLISIS DE CINCO COMEDIAS
(Teatro español de la postguerra)

15 / Margit Fr

ESTUDIOS S

16 / María Rosa Lida de Malkiel

HERODES: SU PERSONA, REINADO Y DINASTÍA

17 / Juan Cano Ballesta, Antonio Buero Vallejo, Manuel Durán, Gabriel Berns, Robert Marrast, Javier Herrero, Marina Mayoral, Florence Delay, Luis Felipe Vivanco, Marie Chevallier y Serge Salaün

EN TORNO A MIGUEL HERNÁNDEZ

18 / Xesús Alonso Montero, Andrés Berlanga, Xavier Fábregas, Pere Gimferrer, Joaquín Marco, José Monleón y Darío Villanueva.

EL AÑO LITERARIO ESPAÑOL 1977

19 / Xesús Alonso Montero, Andrés Amorós, Andrés Berlanga, Xavier Fábregas, Joaquín Marco, José Monleón, Jaume Pont, Xavier Tusell y Darío Villanueva.

EL AÑO LITERARIO ESPAÑOL 1978

20 / José María Martínez Cachero

HISTORIA DE LA NOVELA ESPAÑOLA ENTRE 1936 Y 1975

21 / Julio Rodríguez-Luis, Mariano Baquero Goyanes, Andrés Amorós, Laureano Bonet, Ricardo Gullón, Angel Raimundo Fernández, Gonzalo Sobejano, José María Martínez Cachero, Marina Mayoral.

EL COMENTARIO DE TEXTOS 3. La novela realista

22 / Andrés Amorós

INTRODUCCIÓN A LA LITERATURA

23 / Vicente Lloréns

LIBERALES Y ROMÁNTICOS

24 / José Luis Abellán, Xesús Alonso Montero, Andrés Amorós, Andrés Berlanga, José María Castellet, Xavier Fábregas, Julián Gállego, José Luis Guarner, Raúl Guerra Garrido, Joaquín Marco, Tomás Marco, José Monleón, Jaume Pont, José María Vaz de Soto y Darío Villanueva.

EL AÑO CULTURAL ESPAÑOL 1979